Christian Haasz / Bastian Reiter

Digitale Fotografie

D1925909

XL-EDITION

Christian Haasz / Bastian Reiter

Digitale Fotografie

Fotografieren • Bilder bearbeiten • Fotobücher erstellen

457 Abbildungen

Bibliografische Information der Deutschen Bibliothek

Die Deutsche Bibliothek verzeichnet diese Publikation in der Deutschen Nationalbibliografie; detaillierte Daten sind im Internet über http://dnb.ddb.de abrufbar.

Alle Angaben in diesem Buch wurden vom Autor mit größter Sorgfalt erarbeitet bzw. zusammengestellt und unter Einschaltung wirksamer Kontrollmaßnahmen reproduziert. Trotzdem sind Fehler nicht ganz auszuschließen. Der Verlag und der Autor sehen sich deshalb gezwungen, darauf hinzuweisen, dass sie weder eine Garantie noch die juristische Verantwortung oder irgendeine Haftung für Folgen, die auf fehlerhafte Angaben zurückgehen, übernehmen können. Für die Mitteilung etwaiger Fehler sind Verlag und Autor jederzeit dankbar. Internetadressen oder Versionsnummern stellen den bei Redaktionsschluss verfügbaren Informationsstand dar. Verlag und Autor übernehmen keinerlei Verantwortung oder Haftung für Veränderungen, die sich aus nicht von ihnen zu vertretenden Umständen ergeben. Evtl. beigefügte oder zum Download angebotene Dateien und Informationen dienen ausschließlich der nicht gewerblichen Nutzung. Eine gewerbliche Nutzung ist nur mit Zustimmung des Lizenzinhabers möglich.

© 2012 Franzis Verlag GmbH, 85540 Haar bei München

Alle Rechte vorbehalten, auch die der fotomechanischen Wiedergabe und der Speicherung in elektronischen Medien. Das Erstellen und Verbreiten von Kopien auf Papier, auf Datenträgern oder im Internet, insbesondere als PDF, ist nur mit ausdrücklicher Genehmigung des Verlags gestattet und wird widrigenfalls strafrechtlich verfolgt.

Die meisten Produktbezeichnungen von Hard- und Software sowie Firmennamen und Firmenlogos, die in diesem Werk genannt werden, sind in der Regel gleichzeitig auch eingetragene Warenzeichen und sollten als solche betrachtet werden. Der Verlag folgt bei den Produktbezeichnungen im Wesentlichen den Schreibweisen der Hersteller.

Herausgeber: Ulrich Dorn
Satz: DTP-Satz A. Kugge, München
art & design: www.ideehoch2.de
Druck: GGP Media GmbH, Pößneck
Printed in Germany

ISBN 978-3-645-60158-0

Inhaltsverzeichnis

1 Freude am Fotografieren ... 9
1.1 Am Anfang steht die Kamera ... 10
1.2 Welches Kamerasystem passt zu mir? ... 11
1.2.1 Kompaktkameras für jede Gelegenheit ... 11
1.2.2 Bridge-Kameras für Freunde langer Brennweiten ... 13
1.2.3 Spiegelreflex- und Systemkameras für Profis ... 14
1.2.4 Probieren Sie die Kamera vor dem Kauf aus ... 15
1.3 Draufhalten und den Auslöser drücken ... 15
1.3.1 Spontane und stimmungsvolle Porträts ... 16
1.3.2 Atemberaubende Landschaftsaufnahmen ... 18
1.3.3 Unvergessliche Urlaubsmomente ... 19
1.3.4 Bewegende Augenblicke einfrieren ... 20
1.3.5 Starke Nahaufnahmen ganz ohne Zubehör ... 21
1.3.6 Auch bei wenig Licht noch tolle Bilder ... 22
1.4 Ruck, zuck zum gedruckten Abzug ... 24
1.5 Fotos unbegrenzt haltbar machen ... 25
1.5.1 Externe Festplatten sind ideale Archive ... 26
1.5.2 CD und DVD taugen nur als Zwischenlager ... 28

2 Im richtigen Augenblick ... 29
2.1 Der Weg des Lichts ... 29
2.1.1 Ablauf einer vollautomatischen Aufnahme ... 30
2.2 Motivprogramme für fast jede Situation ... 30
2.2.1 Im Zweifel besser mit der Vollautomatik ... 31
2.2.2 Gelungene Porträtaufnahmen alter Schule ... 31
2.2.3 Breite Blickwinkel von Landschaften und Gebäuden ... 33
2.2.4 Wenn es auf ausgedehnte Schärfentiefe ankommt ... 33
2.2.5 Leichte Bewegungen und rasante Action ... 34
2.2.6 Kleinere Dinge des täglichen Bedarfs ablichten ... 35
2.2.7 Exakt auf die Situation geeichte Motivprogramme ... 36
2.3 Wenn die Farbwiedergabe stimmen muss ... 37
2.3.1 Auf den vorgegebenen Weißabgleich ist Verlass ... 38
2.3.2 Im Ausnahmefall mit manuellem Weißabgleich ... 39
2.3.3 Schwierige Mischlichtsituationen meistern ... 41
2.3.4 Keine Automatik bei Belichtungsreihen ... 43
2.3.5 Farbintensive Lichtstimmungen festhalten ... 43
2.3.6 Fesselnde Bilder auch mit falschen Farben ... 44
2.4 Automatisch oder manuell scharf stellen ... 45
2.4.1 Arbeitsweise unterschiedlicher Autofokussysteme ... 46
2.4.2 Den Autofokus gezielt steuern ... 47
2.4.3 Motive, auf die man besser manuell scharf stellt ... 47
2.4.4 Autofokusmesspunkt im Bildbereich verschieben ... 48

2.4.5 Autofokus für ruhende und sich bewegende Motive 49
2.4.6 Außermittige Motive auch mit der Kompakten 51
2.4.7 Ratschläge für die richtige Scharfstellung 52
2.5 Die Belichtungsmessung 53
2.5.1 In der Regel mit der Mehrfeldmessung 55
2.5.2 Im Ausnahmefall die mittenbetonte Messung 55
2.5.3 Auf den Punkt mit der Spotmessung 56
2.5.4 Manuelle Anpassung der Belichtungswerte 56
2.6 Aufnahmefaktoren, ohne die nichts geht 58
2.6.1 Brennweite, Verschlusszeit, Blende, ISO 58
2.6.2 JPEG, wenn es schnell gehen muss 64
2.6.3 RAW für ein Maximum an Bildqualität 64
2.7 Aufnahmeprogramme für Fortgeschrittene 65
2.7.1 Einstellungen mit dem Moduswahlrad 65
2.7.2 Fotografieren mit der Programmautomatik (P) 66
2.7.3 Fotografieren mit der Blendenautomatik (S, T, Tv) 67
2.7.4 Fotografieren mit der Zeitautomatik (A, Av) 68
2.7.5 Fotografieren mit manueller Belichtung (M) 69
2.7.6 Alles eine Sache der Abstimmung 71

3 **Fesselnde Bildgestaltung 73**
3.1 Fotografische Regeln, auf die es ankommt 73
3.1.1 Den Blickfang nie aus den Augen verlieren 74
3.1.2 Hoch oder quer: keine banale Angelegenheit 75
3.1.3 Hauptmotiv und Nebenmotive positionieren 76
3.1.4 Symmetrische oder außermittige Motive 78
3.1.5 Spannendere Bilder mit dem Goldenen Schnitt 79
3.1.6 Schnelle Bildgestaltung mit der Drittel-Regel 80
3.1.7 Auf den Maßstab der Dinge kommt es an 81
3.1.8 Faktoren für die Erzeugung räumlicher Tiefe 82
3.1.9 Schärfe und Unschärfe als Gestaltungsmittel 83
3.1.10 Führungslinien, die den Blick des Betrachters leiten 83
3.1.11 Ausgewogene Helligkeitsverteilung und Farben 84
3.2 Perspektiven und ihre Wirkung 85
3.2.1 Aus der Froschperspektive wirkt alles größer 85
3.2.2 Aus der Vogelperspektive wirkt alles kleiner 86
3.2.3 Aus der Bauchnabelperspektive wirkt es anmutiger 87
3.2.4 Auf Augenhöhe fotografieren vermittelt Vertrautheit 88
3.3 Motiv und Beleuchtung anpassen 88
3.3.1 Gewohnte Sichtweise mit Licht von schräg oben 90
3.3.2 Stimmungsvolles Licht am Morgen 91
3.3.3 Optische Tiefe mit seitlicher Beleuchtung 91
3.3.4 Kontrastreiche Schatten mit Licht von oben 92
3.3.5 Gegenlicht, eine echte Herausforderung 93
3.3.6 Jetzt aber nichts wie rein ins kalte Wasser 94

4 **Digitale Dunkelkammer** ... **95**
4.1 Photoshop Elements: das Werkzeug ... **95**
4.1.1 Findiger Organizer für große Bildbestände ... 95
4.1.2 Schlaue Pinsel mit vielen Spezialeffekten ... 97
4.1.3 Assistenten geben den passenden Look ... 98
4.1.4 Buchstaben auf verschlungenen Pfaden ... 99
4.1.5 Perfekte Bildkomposition leicht gemacht ... 100
4.1.6 Was tun? Organisieren oder bearbeiten? ... 100
4.2 Ein Foto im typischen Workflow ... **103**
4.3 Fotos unter Zeitdruck optimieren ... **107**
4.3.1 Kleine Fehler schnell beheben ... 109
4.4 Häufig auftretende Bildfehler korrigieren ... **115**
4.4.1 Auf das Standardformat bringen und freistellen ... 115
4.4.2 Bilder drehen und den Horizont begradigen ... 119
4.4.3 Unscharfe Bilder gezielt nachschärfen ... 121
4.4.4 Kontrast, Lichter und Schatten betonen ... 123
4.4.5 Farbkorrekturen oder knalliger Pop-Art-Stil ... 127
4.4.6 Farbstichige Fotos wieder im rechten Licht ... 130
4.5 Fortgeschrittene Arbeitstechniken ... **132**
4.5.1 Verzerrte Perspektiven wieder korrigieren ... 132
4.5.2 Verborgene Details wieder sichtbar machen ... 138
4.5.3 Gescannte und antike Abzüge restaurieren ... 142
4.5.4 Neue Fotos im angesagten Retro-Look ... 148
4.5.5 Bildbereiche nach Lust und Laune fokussieren ... 153
4.5.6 Aus nur einem Foto tolle Collagen machen ... 157

5 **Durchblick im Bildarchiv** ... **163**
5.1 Organisieren leicht gemacht ... **163**
5.1.1 Den Vorschaubereich mit Fotos füllen ... 164
5.1.2 Fotos in unterschiedlichen Alben zusammenfassen ... 167
5.1.3 Personen an ihren Gesichtern erkennen ... 170
5.1.4 Fotos mit Smart-Tags katalogisieren ... 173
5.1.5 Mit Bewertungen die Spreu vom Weizen trennen ... 175
5.1.6 Bilder mit Stichwörtern versehen ... 176
5.1.7 Vorhandene Stichwort-Tags erweitern ... 180
5.1.8 Fotos mit der visuellen Suche aufspüren ... 182
5.1.9 Bilderstapel sorgen für mehr Übersicht ... 184
5.1.10 Non-Destruktive Bildbearbeitung mit Versionssätzen ... 186

6 **So erzählen Sie mit Ihren Fotos Geschichten** ... **189**
6.1 Fotografieren Sie vorausschauend ... **189**
6.1.1 Totale, Halbtotale, Details ... 190
6.1.2 Gegensätze ziehen sich an ... 192
6.1.3 Mit Fokus und Unscharfe gestalten ... 193
6.1.4 Kleine Geschichten erzählen ... 195
6.1.5 Requisiten zum Freistellen ... 197

6.1.6 In Schwarz-Weiß denken ... 198
6.1.7 Spannung durch Asymmetrie ... 200

7 Online-Alben, Fotobücher und Abzüge ... 203
7.1 Fotomails gestalten ... 203
7.2 Fotos in der Flickr-Community ... 206
7.3 Fotos in Facebook präsentieren ... 209
7.4 Fotos im Photoshop Showcase ... 212
7.5 Fotobücher ... 216
7.6 Auflösung typischer Fotoformate ... 217
7.6.1 Bildgröße ermitteln mit Photoshop Elements ... 218
7.6.2 DIN-Formate und Poster ... 221
7.6.3 Fotoabzüge mit Photoshop Elements vorbereiten ... 221
7.6.4 Perfekte Bildausschnitte ganz einfach ... 224
7.6.5 Bildauflösung künstlich erhöhen ... 227
7.7 Fotoabzüge direkt online bestellen ... 231
7.7.1 Aus Elements direkt zur Kodak Gallery ... 231
7.8 Fotobücher mit dem CEWE-Editor ... 236
7.8.1 CEWE-Editor herunterladen und installieren ... 237
7.8.2 Das richtige Format für Ihr Fotobuch ... 239
7.8.3 Die Arbeitsbereiche im CEWE-Editor ... 241
7.8.4 Besonderer Blickfang: die Umschlagseite ... 244
7.8.5 Gestaltung der Buchinnenseiten ... 253
7.8.6 Der Bestellvorgang von A bis Z ... 264
7.9 Fotobücher mit Photoshop Elements gestalten ... 267
7.9.1 Collagen für attraktive Aufmacherseiten ... 267
7.9.2 Motive aus dem Bild herausragen lassen ... 271
7.9.3 Auch mit B-Bildern zu tollen Aufmacherseiten ... 279
7.9.4 Text an einem Pfad entlanglaufen lassen ... 289
7.9.5 Bildband direkt aus Photoshop Elements ... 294
7.9.6 Bildband für den Druck vorbereiten ... 307
7.10 Layouttipps für das perfekte Fotobuch ... 312
7.10.1 Titelseite und Umschlag: Der erste Eindruck zählt! ... 313
7.10.2 Anlegen eines bebilderten Inhaltsverzeichnisses ... 320
7.10.3 Anregende Aufmacherseiten als Hingucker ... 322
7.10.4 Abwechslungsreiche Gestaltung der Bilderseiten ... 333

Index ... 345
Bildnachweis ... 350

1 Freude am Fotografieren

Gute Fotos zu schießen, ist keine Zauberei. Gute Bilder bestehen aus 25 % Technik, 25 % Erfahrung und 50 % Kreativität. Ist die Kamera schlecht, können die anderen Faktoren Ihre Aufnahmen trotzdem zu Hinguckern werden lassen. Fehlt noch die Erfahrung, machen Sie das mit Kreativität wett. Fehlt die Kreativität, macht man erst einmal einfache Bilder, sammelt Erfahrungen und wird über kurz oder lang ganz automatisch kreativ werden, indem man oft gesehene Motive neu abbildet.

200 mm • 1/1250 s • f/4 • ISO 100

Fotografieren Sie! Nehmen Sie, sooft es geht, die Kamera in die Hand. Denn allein schon die Tatsache, dass Sie Ihre Digicam immer schussbereit dabeihaben, lässt Sie aufmerksam und offen für neue Motive bleiben.

Dieses Buch vermittelt von allen drei Faktoren, die zum Gelingen eines spannenden Fotos beitragen, mehr als nur die Grundlagen. Informationen über die Digitalkameratechnik helfen Ihnen, die für Sie richtige Kamera zu finden und mit den technischen Feinheiten zurechtzukommen. Während Sie hier über die verschiedenen Motivwelten lesen und darüber, wie der Fotograf ein Motiv in den Griff bekommen hat, sammeln Sie automatisch erste Erfahrungen im Umgang mit Bildmotiven. Und der Kreativität wird ebenfalls auf die Sprünge geholfen, indem Sie dazu angeregt werden, Ihre Bilder bestmöglich zu präsentieren – sei es in Facebook, Flickr oder gar als eindrucksvolles Fotobuch. Worauf es letztlich ankommt, ist, dass man im richtigen Augenblick bereit ist, den Auslöser zu drücken.

1.1 Am Anfang steht die Kamera

Die Frage, welche Ausrüstung man für bestimmte Aufnahmebereiche benötigt, führt genau genommen bereits in die Irre. Eigentlich braucht man für viele fotografische Themen nicht mehr als eine einfache Kamera. Ob Sie mit einer Kompaktkamera, einer spiegellosen Systemkamera (EVIL) oder einer digitalen Spiegelreflexkamera (DSLR) Fotos machen, spielt für den Anfang keine große Rolle. Erst mit zunehmender Spezialisierung, wenn Sie also immer häufiger ein bestimmtes Thema angehen, sollten Sie darüber nachdenken, welche Ausrüstung Sie eventuell weiterbringt.

Ein Beispiel: Fotografieren Sie Objekte bis zur Größe einer Handtasche für Online-Auktionen, genügt am Anfang wohl ein weißer Karton, der an einer Wand und einem Tisch wie eine Hohlkehle befestigt ist. Tageslicht oder zwei Schreibtischlampen sind ebenfalls für erste Ergebnisse ausreichend. Mit der Zeit werden Sie aber feststellen, dass die Lampen nur unzureichendes Licht erzeugen, das Spektrum zu eingeschränkt ist und sowohl Weißabgleich als auch Farbwiedergabe schwierig sind. Hinzu kommt, dass die Kamera bei wenig Licht und langen Verschlusszeiten sehr ruhig gehalten werden muss, damit die Bilder nicht verwackeln.

Spätestens dann ist es Zeit, sich nach vernünftigen Studiolampen oder Blitzgeräten umzusehen und sich ein stabiles Kamerastativ zu besorgen. Von der Grundausstattung Kamera/Stativ/Licht ausgehend, kann man eine Menge Geld ausgeben für sinnvolle wie auch mehr oder weniger sinnfreie Dinge, die den Fotografenalltag erleichtern können. Ist Ihr Bankkonto für Hobbyausgaben nicht gerade prall gefüllt, lassen Sie sich Zeit und besorgen sich nur das, was Sie gerade wirklich brauchen.

20 mm • 1/125 s • f/5,0 •ISO 100

Dieser Aufnahme sieht man hinsichtlich Schärfe, Auflösung und Farbdarstellung nicht an, dass sie mit einer Kompaktkamera gemacht wurde. Es gibt jedoch Motive, die man mit einer Kompakten nicht so gut hinbekommt.

1.2 Welches Kamerasystem passt zu mir?

Für jeden Fotografentyp gibt es das nahezu perfekte Kamerasystem. Von der kleinen mobilen Kompaktkamera, die man um den Hals trägt, bis zum ausgewachsenen Spiegelreflexsystem ist alles nur eine Frage der Ansprüche und der finanziellen Ausstattung. Stellen Sie sich vor dem Kauf einer neuen Kamera am besten zunächst die Fragen:

- Brauchen Sie die Kamera ab und zu, um besondere Momente in Ihrem Leben festzuhalten?
- Legen Sie Wert auf einfache Bedienung, geringe Abmessungen, gute Bildqualität, den Preis der Kamera oder auf die Erweiterbarkeit des Systems?
- Ist die Kamera eher Gebrauchsgegenstand oder mehr Teil Ihres Hobbys?
- Sind Sie vielleicht für Ihre Lokalzeitung unterwegs und machen ab und zu Fotos, die veröffentlicht werden?
- Oder sind Sie enthusiastischer Amateur, der an Wettbewerben teilnimmt, seine Bilder in Ausstellungen zeigt oder sogar verkauft?

Ein Wort zum Thema Auslösegeschwindigkeit
Die ersten Generationen von Digitalkameras hatten mit einem Problem zu kämpfen, das analoge Fotoapparate kaum kannten. Sie benötigten eine Weile, bis sie einsatzbereit waren. Die Kamera musste fast wie ein Computer erst hochfahren. Wertvolle Sekunden gingen so verloren, an schnelle Schnappschüsse aus der Hüfte war kaum zu denken. Heute ist die Auslöseverzögerung kein Thema mehr. Neuere Kameras sind mittlerweile so schnell geworden, dass Sie, eben genau wie mit einer Analogkamera, nur noch das Motiv anvisieren und auslösen müssen. Der Autofokus stellt automatisch und schnell scharf, die Belichtungswerte werden auf Wunsch automatisch ermittelt, und die Aufnahme kann gemacht werden. Selbst beim Einschalten sind die Digitalen inzwischen auf dem Niveau der Analogkameras. Nur Sekundenbruchteile nach dem Drücken des Einschaltknopfs ist eine moderne Digitalkamera schon aufnahmebereit.

1.2.1 Kompaktkameras für jede Gelegenheit

Kompaktkameras sind für Gelegenheitsfotografen, Einsteiger und die schnelle Schnappschussfotografie konzipiert. Für den ambitionierten Einstieg in die ernsthafte Fotografie ist die Anschaffung einer hochwertigen Kompaktkamera sicher die vernünftigste Lösung. Sie sind klein, leicht und bieten eine verblüffend gute Bildqualität. Auf den klassischen optischen Sucher zum Durchsehen wird meistens verzichtet. Möchte man dennoch mit Sucher fotografieren, können die hier vorgestellten Geräte mit einem elektronischen Sucher nachgerüstet werden. Darüber hinaus können sie für HD-Videoaufnahmen eingesetzt werden.

Die X10 von FUJIFILM gehört zur Gruppe der Edelkompakten und überzeugt mit einer herausragenden Bildqualität. Außen Retro, innen Technik vom Feinsten – damit setzt die X10 neue Maßstäbe in der Klasse der Premium-Kompaktkameras. Mit vielen manuellen Einstellungsmöglichkeiten für jede Motivsituation ist sie die Immer-dabei-Kamera für Fotoenthusiasten.

Der größte Vorteil von Kompaktkameras liegt, neben der Größe und dem niedrigen Preis, vor allem in der einfachen Handhabung. Einschalten, Motiv anvisieren, Auslöser drücken, fertig. Gute Kompaktkameras verfügen über die Vollautomatik hinaus noch über eine Reihe an Aufnahmeprogrammen, die für bestimmte Szenen wie Nahaufnahme, Porträt, Sport, Nacht etc. gedacht sind. Wählt man für seine Bilder so ein Programm, stellt sich die Kamera auf die jeweilige Situation mit veränderten Parametern ein. Dazu kommen je nach Kamera Funktionen wie automatische Gesichtserkennung zum Scharfstellen, Verwacklungsschutz oder automatische Bildretusche, die das Fotografieren vereinfachen.

Nachteile von Kompakten

Das in der Kamera fest eingebaute Objektiv hat eine bestimmte Lichtstärke bzw. Brennweite, die in der Regel variabel ist – man spricht hier von einem Zoomobjektiv. Für Standardsituationen ist das in Ordnung, wenn man mal eine andere Brennweite braucht und z. B. Porträts in einiger Entfernung mit Telebrennweite oder ein Haus mit Weitwinkel aufnehmen möchte, stößt man schnell an die Grenzen des Möglichen. Die in Kompaktkameras eingebauten Aufnahmesensoren sind nur fingernagelgroß, wogegen die Sensoren von professionellen Kameras annähernd bzw. exakt das bekannte Kleinbildformat von ca. 36 x 24 mm haben. Die kleinen Sensoren haben wegen ihrer winzigen Abmessungen zwei prinzipielle Probleme.

- Erstens sind kleine Sensoren im Vergleich zu den großen Sensoren der Spiegelreflexkameras extrem rauschanfällig – die Fotos werden schnell grobkörnig und pixelig, je dunkler die Umgebung ist.
- Das zweite Problem betrifft die Bildgestaltung. Wenn Sie ein Kopf-Brust-Porträt z. B. für ein Passfoto machen möchten, kann es Probleme mit dem Hintergrund geben.

Ein professionelles Porträt ebenso wie ein Passfoto zeichnet sich dadurch aus, dass der Hintergrund in Unschärfe verschwimmt. Das lenkt den Betrachter auf den scharfen Bildbereich, eben den Kopf bzw. das Gesicht. Man spricht hier von geringer Schärfentiefe. Es ist also nur eine kleine Distanz scharf, der Rest (Hintergrund) ist unscharf.

Da die Schärfentiefe von der Sensorgröße bzw. vom Abbildungsmaßstab abhängt, ist sie bei sehr kleinen Sensoren extrem weit ausgedehnt. Der Hintergrund bei Porträts, die mit einer Kompaktkamera geschossen werden, ist bei ansonsten gleichen Einstellungen im

Vergleich zu einer Spiegelreflexkamera schärfer und damit störend. Der Umkehrschluss: Bilder, bei denen es auf große Schärfentiefe ankommt (ein Gebäude, Landschaften oder Nahaufnahmen), sind mit einer Kompakten einfacher abzulichten, weil die Schärfentiefe automatisch sehr weit ausgedehnt ist.

1.2.2 Bridge-Kameras für Freunde langer Brennweiten

Bridge-Kameras sind annähernd so gut mit manuellen Einstellungsmöglichkeiten ausgestattet wie Spiegelreflexkameras bzw. Systemkameras mit Wechselobjektiven. Sie haben einen elektronischen Sucher und einen Monitor zur Motiv- und Bildkontrolle. Allerdings ist wie bei einer Kompaktkamera das Objektiv fest mit dem Kameragehäuse verbunden. Man kann also keine speziellen Objektive für besondere Aufgaben verwenden. Um diesen Nachteil wettzumachen, haben Bridge-Kameras oft Megazoomobjektive mit Brennweiten vom kleinen Weitwinkel (ca. 24 oder 28 mm) bis zum Extremtele (200 mm, 400 mm und noch mehr). Man spricht hier auch vom 10-fachen oder 12-fachen Zoom etc.

Die PowerShot SX40 von Canon ist einer der herausragenden Vertreter der Bridge-Kamera-Klasse. Mit dem 35-fachen optischen Zoom ist man immer ganz nah dran am Motiv.

Während Kompaktkameras üblicherweise nur 3- oder 4-fach-Zoomobjektive verwenden (Brennweiten zwischen ca. 28 und 85 mm), wollen Bridge-Kameras auch für Freunde langer Brennweiten genügend Reserven bieten. So kann man z. B. beim Betriebsausflug auch mal versteckte Schnappschüsse aus einiger Entfernung machen und dabei die fotografierten Personen mit langer Brennweite trotzdem relativ groß im Bild zeigen. Bridge-Kameras liegen preislich deutlich über den Kompakten, liefern aber nicht unbedingt die bessere Bildqualität, sondern sind vor allem mit mehr Funktionen ausgestattet.

1.2.3 Spiegelreflex- und Systemkameras für Profis

Flexibilität durch Wechselobjektive, gute Bildqualität, schneller, höherer Preis – das sind einige der Hauptmerkmale von digitalen Spiegelreflexkameras (DSLR) und spiegellosen Systemkameras (EVIL) mit Wechselobjektiv. EVIL ist nichts Böses, die Abkürzung steht für »Electronic Viewfinder« und bezeichnet Kameras, die nicht über einen optischen Sucher wie eine Spiegelreflexkamera verfügen, dafür aber mit einem Bajonettanschluss ausgestattet sind, an den man Wechselobjektive anschließen kann. Der Vorteil von EVIL-Kameras besteht in erster Linie in deren kompakter Bauweise, da gerade der optische Sucher einen Großteil des Volumens und des Gesichts einer Spiegelreflexkamera ausmacht. Zudem werden EVIL-Kameras mit kleineren Sensoren bestückt, was die Konstruktion kleinerer Objektive ermöglicht.

Die PEN E-P3 von Olympus gehört zur Klasse der spiegellosen Systemkameras, auch als EVIL-Kameras bezeichnet. Sie glänzt mit famoser Bildqualität, einem unglaublich schnellen Autofokus und einem unübersehbaren Retro-Charme.

Außerdem gibt es bei beiden Kamerasystemen bessere Möglichkeiten, manuell in den Belichtungsprozess einzugreifen. Zwar bieten die meisten DSLRs auch einen vollautomatischen Modus, wenn man aber weiß, wie man bestimmte Aufnahmeparameter für eine bessere Bildgestaltung einsetzt, sind DSLRs schneller und übersichtlicher zu bedienen. Außerdem liefern sie durch größere Sensoren und bessere Objektive deutlich bessere Bildqualität mit weniger Bildrauschen, mehr Schärfe und konstanteren Farben.

Ob Sie mit einer Kompakten fotografieren oder gleich zu einer digitalen Spiegelreflexkamera greifen, hängt davon ab, wie viel Sie in Ihr Hobby investieren möchten. Ist es das langfristige Ziel, mit Fotos Geld zu verdienen, muss es eine DSLR sein – hier für ambitionierte Einsteiger die Canon EOS 600D.

DSLR- und Systemkameras sind schneller (besserer Autofokus zum Scharfstellen), belichten und fokussieren zuverlässiger und haben einen optischen Sucher oder einen elektronischen Sucher, der das Motiv relativ hell und scharf zeigt. Alle aktuellen Kameramodelle können zusätzlich als Videokameras verwendet werden. Je nach Hersteller ist der Verwacklungsschutz in die Objektive oder in die Kamera integriert. Eine Kamera mit Wechselobjektiven ist nur dann sinnvoll, wenn Sie sich mit den technischen und gestalterischen Möglichkeiten auseinandersetzen können und wollen. Denn wenn Sie nur mit der Vollautomatik arbeiten, bietet eine gute Kompaktkamera das weitaus bessere Preis-Leistungs-Verhältnis.

1.2.4 Probieren Sie die Kamera vor dem Kauf aus

Ob Schnappschüsse, Porträts, Landschaften, Gebäude oder Stillleben – Sie sehen durch den Sucher oder auf das Display der Kamera, legen den Bildausschnitt fest und drücken nach der manuellen oder automatischen Einstellung von Belichtung und Schärfe auf den Auslöser. Wie gut das Foto wird, also welchen ästhetischen Wert es erreicht, entscheidet allein Ihr Blick für die Gestaltung eines interessanten Motivs. Ob z. B. eine Landschaftsaufnahme mit einer digitalen oder mit einer analogen Kamera aufgenommen wurde, spielt für die Stimmung, die das Motiv transportiert, keine Rolle. Erst bei extremer Vergrößerung würde man sehen können, ob die feinsten Strukturen von Filmkorn oder den Bildpunkten (Pixeln) einer Digitalaufnahme stammen.

Einschränkungen in Bezug auf Arbeitsgeschwindigkeit, Qualität des Objektivs oder die Bedienungsfreundlichkeit der Kamera gelten bei analoger und digitaler Fotografie in gleicher Weise. Ist das Objektiv verschmutzt oder verkratzt, leidet die Bildqualität. Ist die Bedienung zu kompliziert, erzeugt das Fotografieren über kurz oder lang nur Frust. Und benötigt die Kamera mehrere Sekunden, bis sie für eine Aufnahme bereit ist, sind die Möglichkeiten für spontane Schnappschüsse zu sehr eingeschränkt. Je nach Motiv wirken sich die technischen und optischen Einschränkungen mehr oder weniger stark auf das Fotografieren aus. Tun Sie sich deshalb einen Gefallen und probieren Sie vor dem Kauf mehrere Digitalkameras bei Ihrem Fotofachhändler gründlich aus. Entscheiden Sie erst nach ein paar Versuchen, welche Kamera Ihnen am ehesten liegt und mit welchem Modell Sie am besten umgehen können.

1.3 Draufhalten und den Auslöser drücken

Für rasche Schnappschüsse sind Sie mit einer schnellen Digitalkamera ohne große Auslöseverzögerung bestens gerüstet. Sie können bequem drauflosfotografieren, bis die Speicherkarte voll ist: einfach Belichtungs- und Schärfeautomatik einschalten, draufhalten und den Auslöser drücken. Sind die Bilder nichts geworden (Kontrolle am Display), werden sie gelöscht. Kleine Belichtungsfehler lassen sich mithilfe der Bildbearbeitung auch noch korrigieren. Was auch immer Sie fotografieren wollen – eine ordentliche Digitalkamera ist für jeden Spaß zu haben.

1.3.1 Spontane und stimmungsvolle Porträts

Ständig gibt es Gelegenheiten, die zu einem stimmungsvollen Porträtfoto animieren können. Die Spontaneität, mit der digital fotografiert werden kann, unterstützt Sie dabei, außergewöhnliche Situationen nicht zu verpassen. Aber nicht nur Schnappschüsse sind mit einer Digitalkamera einfacher geworden, auch völlig durchgestylte und geplante Porträts profitieren von der neuen Arbeitsweise. Ob bei Tageslicht oder mit Blitzlicht im Studio – Sie können Perspektive und Beleuchtung so oft verändern und Probefotos schießen, bis die Bilder hinsichtlich Aufbau, Hintergrund und Licht genau so sind, wie Sie es sich vorstellen. Früher waren für solche Bildkontrollen die guten alten Polaroids zuständig, die aber gerade für Amateure aufgrund der Kosten nicht in unbegrenzter Anzahl infrage kamen. Jetzt benötigt man nur noch seine Digitalkamera und kann ausprobieren, bis der Akku leer ist. Sind Sie ein Fan von Familienporträts, fotografieren Sie einfach drauflos und kontrollieren die Bilder schnell auf dem Display. Machen Sie lieber zu viele als zu wenige Bilder und sortieren Sie die unbefriedigenden einfach später am Computer aus.

98 mm • 1/125 s • f/5,6 •ISO 50

Gerade bei Porträts führt Ausprobieren oft eher zu stimmungsvollen Fotos als ein geplantes Herangehen.

Teuflisch rote Augen bei Blitzfotos

Eines der am häufigsten vorkommenden Probleme bei Blitzfotos von Menschen in dunkler Umgebung sind rote Augen. In der analogen Fotografie war das Problem noch viel größer, da man die fertigen Abzüge nicht mehr nachträglich korrigieren konnte. Heute kann dieser Fehler während der digitalen Bildbearbeitung am Computer behoben werden. Auch die Blitzfotos mit viel zu kräftigen Schlagschatten hinter dem Motiv und überstrahlten Gesichtern lassen sich mithilfe des Computers und einem Programm zur Bildbearbeitung ausgleichen. Analog entstandene verunglückte Blitzfotos wanderten in vielen Fällen in den Papierkorb, auch wenn das Motiv an sich gar nicht so schlecht war. Die Digitalfotografie bietet die Möglichkeit, jedes Foto in Ruhe am Computer zu beurteilen und dann zu entscheiden, ob sich die Retusche eines deutlichen Schattens oder eine Nachbearbeitung lohnt.

85 mm • 1/160 s • f/16 •ISO 100

Teuflisch rote Blitzaugen lassen sich am Computer per Bildbearbeitung leicht retuschieren. Manche Kameras bieten sogar schon Funktionen zur Retusche direkt nach der Aufnahme an.

1.3.2 Atemberaubende Landschaftsaufnahmen

Die Landschaftsfotografie lebt von der bewussten Bildgestaltung. Die Geschwindigkeit der Kamera ist hier nebensächlich. Wichtig dagegen: Display und Sucher der Kamera sollten den Bildausschnitt, der später auf dem Foto zu sehen ist, möglichst genau wiedergeben. Ob der Sucher exakt arbeitet, kann man schnell mit ein paar Probeaufnahmen vor dem Kauf herausfinden. Problematisch bei der digitalen Landschaftsfotografie kann die Detailwiedergabe sein. Denn diese ist selbst mit guten Amateurspiegelreflexkameras nicht so gut, als dass die Aufnahmen mit den Fotos von Profis vergleichbar wären. Nicht umsonst arbeiten Profis in der Landschaftsfotografie mit Mittelformat- oder Großformatfilm – und nicht digital. Der Unterschied in der Auflösung zwischen Kleinbildnegativ und digitaler Aufnahme ist relativ gering.

Sie können also, wenn Sie früher Landschaften analog im Kleinbildformat fotografiert haben, getrost auf die Digitaltechnik umsteigen. Für einen Ausdruck oder Abzug in Größen bis A4 oder sogar A3 (10 Megapixel und mehr) ist die Qualität der meisten Digitalkameras auf jeden Fall ausreichend. Allerdings sollten sich echte Fans von Landschaftsfotos ernsthaft überlegen, besser gleich zu einem Spiegelreflexsystem zu greifen. Erstens sind die Sensoren größer, und zweitens kann man spezielle für die Landschaftsfotografie prädestinierte Objektive einsetzen, die denen einer Kompaktkamera um Meilen voraus sind. Beide Faktoren stehen für eine deutlich bessere Bildqualität, als kompakte oder Bridgekameras jemals erzielen können.

70 mm • 1/30 s • f/11 •ISO 100

Solche Lichtstimmungen sollte man sich nicht entgehen lassen – mit der Digitalkamera kein Problem.

1.3.3 Unvergessliche Urlaubsmomente

Noch vor ein paar Jahren war die Digitalfotografie nicht besonders für den Urlaub geeignet, weil die Bildqualität, die Kapazitäten von Speicherkarten und die Akkulaufzeiten zu gering waren. Mit modernen Digitalkameras sind Abzüge fürs Fotoalbum in der Größe von 13 x 18 cm und größer überhaupt kein Problem mehr. Auch die Speicherkarten wurden so weiterentwickelt, dass je nach Modell Hunderte von Fotos auf eine Karte passen können. Dazu kommen Geräte wie mobile Festplatten oder CD-/DVD-Brenner, die per Akku betrieben und gleich an die Digitalkamera angeschlossen werden. Oder die Speicherkarte wird direkt in einen Schacht im Gerät geschoben und ausgelesen. Die Fotos können dann auf Festplatte oder DVD gespeichert werden, und die Speicherkarte ist wieder frei für neue Bilder. Auch die Akkulaufzeiten sind heute deutlich besser als noch vor ein paar Jahren, und man muss sich keine allzu großen Sorgen darüber machen, dass die Akkukapazität nicht für einen ganzen Tag ausreichen könnte.

10 mm • 1/30 s • f/3,5 • ISO 100

Wer im Urlaub tauchen geht, kann schon für wenig Geld einfache Unterwasserkameras bekommen. Für ein paar Schnappschüsse ideal.

Ob selbst gestaltete Urlaubskarten, die man im Labor bestellen oder auch selbst ausdrucken kann, eine individuelle Bildershow auf CD/DVD für den Computer oder Fernseher oder ein Fotobuch mit den besten Motiven – auf Reisen zeigen Digitalkameras schnell, dass man den analogen Pendants keine Träne nachzuweinen braucht.

Kamera mit variabler Brennweite

Kleiner Tipp zur Reisefotografie: Besorgen Sie sich eine Digitalkamera mit variabler Brennweite (Zoomobjektiv), um für alle Eventualitäten gut gerüstet zu sein. Zwar ist die Bildqualität einer Zoomkamera nicht ganz vergleichbar mit der einer Kamera mit Festbrennweite, auf einem normalen Laborabzug sieht den Unterschied jedoch kein Mensch. Wer mit einer DSLR fotografiert, kann natürlich mehr als ein Objektiv mitnehmen, um noch flexibler bei der Motivsuche sein zu können.

1.3.4 Bewegende Augenblicke einfrieren

Weil das Fotografieren mit der Digitalkamera so viel unbeschwerter ist und Sie nicht an die Kosten denken müssen, können Sie bei Actionmotiven so viel ausprobieren, wie Sie wollen. Gerade in der Fotografie von bewegten Motiven ist viel Übung notwendig. Sie müssen sich, wenn Sie nicht einfach auf gut Glück arbeiten wollen, mit der Kamera vertraut machen und lernen, wie man sie am besten für sich bewegende Motive einstellt. Falls Sie nicht manuell in Fokussierung und Belichtung eingreifen können oder wollen, stellen Sie ein Aufnahmeprogramm ein, das für schnelle Bewegungen ausgelegt ist.

Die meisten Digitalkameras haben ein Einstellrad, auf dem Symbole für die verschiedenen Programme zu sehen sind. Das für Bewegungen geeignete Programm wird meistens durch einen Läufer symbolisiert. Ist die Kamera richtig eingestellt, halten Sie drauf und drücken im richtigen Moment – z. B. wenn ein Radfahrer, ein Auto oder auch ein Motorrad an Ihnen vorbeikommt – den Auslöser. Die Ausbeute an brauchbaren Bildern wird anfangs ziemlich gering sein. Da die Daten aber jederzeit von der Speicherkarte oder dem Computer gelöscht werden können, entsteht kein materieller Schaden durch fehlgeschlagene Versuche.

Kamera mit dem Motiv bewegen

Und noch ein Tipp für fortgeschrittene Fotografen: Ziehen Sie mit! Bewegen Sie also die Kamera mit dem Motiv mit und halten Sie den Auslöser einfach so lange gedrückt (Serienaufnahmen einstellen!), bis die Szene vorbei ist.

200 mm • 1/1000 • f/2,8 • ISO 400

Einfach die Kamera in eine Szene halten und abdrücken: Experimentieren Sie mit den unterschiedlichen Aufnahmeprogrammen Ihrer Digitalkamera, um bewegte Motive einzufangen.

Man muss es an dieser Stelle ganz klar sagen: Um wirklich professionelle Fotos von Rennwagen, Läufern oder Radfahrern hinzubekommen, benötigen Sie eine professionelle Ausrüstung. Weder die kleine digitale Kompaktkamera noch die meisten Bridgekameras sind dafür ausgelegt, schnelle Bewegungen perfekt scharf und in Topqualität aufzunehmen. Nur schnelle Spiegelreflexsysteme mit extrem lichtstarken und schnell fokussierenden Objektiven sind in der Lage, zuverlässig perfekte Sportbilder zu liefern – natürlich immer mit der Einschränkung, dass der Fotograf seine Ausrüstung auch hundertprozentig beherrscht.

1.3.5 Starke Nahaufnahmen ganz ohne Zubehör

Nahaufnahmen sind eine Stärke digitaler Kompaktkameras. Aufgrund der kleinen Sensoren und der Tatsache, dass die Aufnahmen mit Digitalkameras im Vergleich zu analogen Bildern eine viel größere Schärfentiefe aufweisen, sind perfekte Nah- und Makroaufnahmen oft ganz ohne Zubehör möglich. Der Grund für so viel Schärfentiefe bei digitalen Kompakten: Weil die Sensoren im Vergleich zum Kleinbildfilm viel kleiner sind, kommen in Digitalkameras kleinere Objektive mit entsprechend kleineren Brennweiten zum Einsatz.

Die Schärfentiefe hängt von der Brennweite ab und ist umso größer, je kleiner die Brennweite ist, mit der fotografiert wird. Für gelungene Nahaufnahmen brauchen Sie ein Stativ, weil die Verwacklungsgefahr bei solchen Bildern sehr hoch ist. Bedingt durch die Bauart, können Sie sich mit Ihrer Digitalkamera kleinen Motiven bis auf wenige Zentimeter nähern. Hat Ihre Digitalkamera zusätzlich noch ein ausklappbares Display, müssen Sie sich beim Blick durch den Sucher nicht unnötig verrenken, um den Bildausschnitt zu beurteilen. Ein Blick auf das Display genügt, und selbst ungewöhnliche Aufnahmewinkel – z. B. direkt vom Boden aus schräg nach oben – sind kein Problem.

50 mm • 1/250 s • f/11 •ISO 100

Bei Nah- und Makroaufnahmen sollte man, auch wenn digitale Kompaktkameras klein und leicht sind, dennoch mit Stativ arbeiten.

Am Zubehör für die Nah- und Makrofotografie hat sich von der analogen zur digitalen Fotografie kaum etwas geändert. Für Kompaktkameras gibt es Nahlinsen zum Aufschrauben oder Aufstecken, bei Spiegelreflexkameras kann man auf Balgengeräte, Spezialobjektive und Zwischenringe zurückgreifen. Sie können nach einem Wechsel von der analogen zur digitalen Fotografie häufig sogar das bereits vorhandene Nahzubehör weiterhin nutzen, wenn Sie Ihrem Kamerahersteller treu bleiben. Bei Kompaktkameras ist das vorhandene Zubehör allerdings nur eingeschränkt einsetzbar. Da bei diesen die Objektive komplett im Gehäuse verschwinden müssen, können nur bei wenigen Geräten Zubehörteile angeschlossen werden.

1.3.6 Auch bei wenig Licht noch tolle Bilder

Wer analog fotografiert, kennt das Problem: Die Empfindlichkeit (ISO, ASA) von Filmmaterial ist nicht beliebig steigerbar. Im Fachhandel bekommt man Filme nur bis zu einer bestimmten Empfindlichkeit. Die Bildqualität ist dann allerdings nicht mehr besonders gut, weil die Kornstruktur des Films mit hohem ISO-Wert immer sichtbarer wird. Bei einer Digitalkamera ist das zwar ähnlich – auch hier führt ein hoher ISO-Wert zu mehr Bildrauschen –, die mögliche Empfindlichkeit wurde jedoch in den letzten Jahren enorm gesteigert, sodass man in Situationen, in denen man mit analogem Film schon längst das Handtuch hätte werfen müssen, immer noch aus der Hand fotografieren kann.

105 mm • 1/50 s • f/4 •ISO 1600

Obwohl das Bild den Eindruck erweckt, das Zimmer sei hell erleuchtet gewesen, hingen in dem Raum tatsächlich nur zwei Lampen. Daher musste mit hoher Empfindlichkeit (ISO 1600) fotografiert werden.

Nur ein Beispiel: Die Spiegelreflexkamera Canon EOS 60D lässt sich mit ISO 6400, erweiterbar bis zu ISO 12800, betreiben. Sicher, das Bildrauschen ist dann deutlich sichtbar, analog fotografiert, möchte man sich das Ergebnis jedoch nicht einmal vorstellen. Was noch hinzukommt: Eine digitale Aufnahme mit hoher Empfindlichkeit kann man am Computer nachbearbeiten und z. B. auch in ein Schwarz-Weiß-Bild umwandeln. Grobkörnige Schwarz-Weiß-Aufnahmen mit hoher Empfindlichkeit hatten schon zu analogen Zeiten einen ganz besonderen Charme. Allerdings waren echte Schwarz-Weiß-Bilder deutlich teurer als normale Kleinbildnegative oder Dias.

Deshalb ist digital so toll!

Wo immer man sich gerade befindet, was immer man mit der Kamera festhalten möchte: Es gibt nichts, was man nicht zumindest ausprobieren kann. Ob die Bilder etwas werden oder nicht, hängt von vielen Faktoren ab. Dass man, wenn man sich seine Vorgehensweise bewusst macht, viel schneller seine fotografischen Fähigkeiten entwickelt als mit analogem Film, ist unbestritten. Für den Spaß an der Sache ist es völlig unerheblich, ob Sie mit einer Kompaktkamera oder mit einer Spiegelreflexkamera fotografieren. Lassen Sie Ihren Fotoapparat nur nicht zu Hause herumliegen, wenn Sie unterwegs sind. Und wenn Sie keine Lust haben, die schwere Spiegelreflexkamera mitzunehmen, lassen Sie sich eben noch eine kleine Kompakte für 150 Euro zum Geburtstag schenken. Dann entgeht Ihnen nichts mehr.

85 mm • 1/160 s • f/2,8 •ISO 200

Extrem knappe Bildausschnitte und gezielt geringe Schärfentiefe – solche professionellen Gestaltungstechniken lassen sich mit der Digitalkamera ohne Reue nach Herzenslust ausprobieren und schnell erlernen.

1.4 Ruck, zuck zum gedruckten Abzug

Übrigens – neben den neuen Möglichkeiten bei der Aufnahme sollte man auch die Tatsache nicht übersehen, dass man heute viel schneller an seine gedruckten Fotos kommen kann als noch vor ein paar Jahren mit einer analogen Kamera. Denn alle modernen Digitalkameras sind mit Schnittstellen ausgerüstet, die zur Verbindung mit einem

Sofortdrucker oder einem Druckterminal beim Fotohändler geeignet sind. Die Fotos werden einfach am Monitor der Kamera oder auf dem Terminal gesichtet, ausgewählt und anschließend ausgedruckt. Sogar automatische Belichtungs- und Schärfekorrekturen sind möglich. Gerade bei familiären Anlässen hat man mit einem kleinen Fotodrucker so die Möglichkeit, die besten Schnappschüsse sofort auszudrucken und sie den Gästen mitzugeben. Und von den vielen kleinen Fotogimmicks – von der Fototasse bis zur selbst gestalteten Fototapete – wollen wir hier gar nicht erst anfangen.

Mit einem tragbaren und akkubetriebenen Fotodrucker kann man sofort nach der Aufnahme mit dem Drucken beginnen und muss nicht mehr auf Abzüge aus dem Labor warten – hier der Canon SELPHY CP750.

1.5 Fotos unbegrenzt haltbar machen

Digitalfotografen fotografieren viel – immerhin kostet der Druck auf den Auslöser nichts weiter als ein bisschen Strom aus dem Akku. Was aber tun mit den Datenmengen, die im Laufe der Zeit beträchtlich werden können? Wer ist schon so konsequent und löscht aus all seinen Bildern alle, die nicht wirklich gut geworden sind? Meistens bewahrt man eben einfach alles auf – man weiß ja nie. Und so ist die Festplatte ganz schnell voll, ein externes Laufwerk muss her, um die Fotos auszulagern, und so geht es immer weiter.

Wenn Sie sich eine externe Festplatte zulegen, um Ihre Bilder und Videos zu sichern, achten Sie darauf, dass die verfügbaren Anschlüsse aktuell sind. Die schnelle My Book Essential von Western Digital kommt bereits mit USB 3.0 und ist abwärtskompatibel zu USB 2.0. Ein Vergleich: Die Platte überträgt 500 Fotos mit USB 3.0 in 41 Sekunden. Via USB 2.0 dauert die Übertragung der Fotos 1 Minute und 53 Sekunden.

1.5.1 Externe Festplatten sind ideale Archive

Externe Festplatten gelten zurzeit als die sichersten Archivierungsmedien für Privatanwender. Profis nutzen nach wie vor häufig spezielle Bandlaufwerke, die zwar langsam und teuer, aber eben auch besonders sicher sind. Externe Festplatten dagegen sind relativ schnell, lassen sich auch von Laien einfach anschließen und konfigurieren und bieten ständig steigende Kapazitäten (mehrere TByte) bei fallenden Preisen.

Zu empfehlen ist hier eine Technik, die übernommene Daten gleichzeitig auf zwei oder mehrere verschiedene Festplatten sichert: das RAID-System. So ein System hat den Vorteil, dass je nach Konfiguration entweder die Ausfallsicherheit durch Spiegelung der Daten erhöht oder die Geschwindigkeit z. B. für die Videobearbeitung gesteigert wird. Da das Einrichten eines sicheren RAID-Systems ein wenig Erfahrung erfordert, sei hier auf den Fachhandel verwiesen, der Sie beraten und das System zur Not auch einrichten kann.

RAID

RAID ist die Abkürzung für »Redundant Array of Independent Disks« (redundante Anordnung unabhängiger Festplatten). Wichtig für den Amateurbereich sind vor allem die Modi RAID 0, RAID 1 und RAID 5, wobei je nach Modus entweder alle vorhandenen RAID-Festplatten als eine einzige große Festplatte angesprochen werden oder auf beiden Festplatten die Daten doppelt vorliegen (Spiegelung). Falls eine der Platten ausfällt, dient die andere als automatische Sicherung. Sobald die defekte Platte ausgetauscht wird, werden die Daten vom RAID-System automatisch gleich wieder gespiegelt, um die Datensicherheit zu gewährleisten.

Die Archivierung von Digitalbildern auf der Festplatte des Hauptrechners ist aus mehreren Gründen nicht zu empfehlen. Erstens können Festplatten eines Tages kaputtgehen, wodurch dann sämtliche Daten unwiederbringlich verloren sind – es sei denn, man wendet sich an extrem teure Spezialisten zur Datenrettung –, und zweitens werden Sie sich vermutlich von Zeit zu Zeit einen neuen Computer zulegen. Zwar könnte man dann die Daten des alten Computers über eine entsprechende Schnittstelle auf den neuen übertragen, einfacher ist es jedoch, die Bilder auf einer externen Festplatte abzulegen, die man dann einfach nur wieder an den neuen Rechner ansteckt.

Einen guten Einstieg in die RAID-Technologie bietet die My Book Studio Edition II von Western Digital mit FireWire-800-Schnittstelle – ein Doppellaufwerk für zwei Festplatten mit einer Gesamtspeicherkapazität bis zu 6 TByte. Das System arbeitet mit RAID-0-Geschwindigkeit und ist kompatibel zu FireWire 400, eSATA und USB 2.0.

1.5.2 CD und DVD taugen nur als Zwischenlager

Wohin mit den vielen Bildern, wenn die Festplatte voll ist? Für viele Anwender kommt nur die Datensicherung auf DVD-Speichermedien infrage. Die Bilder lassen sich schnell und problemlos mit den aktuellen Computern auf DVDs brennen. Allerdings sollte man hier die Haltbarkeit der Medien im Auge behalten und nur sehr hochwertige Rohlinge verwenden. DVDs oder CDs sollten kühl, trocken und möglichst dunkel gelagert werden, damit die Datenstruktur lange erhalten bleibt. Außerdem sollte man zur Sicherheit immer zwei identische Datenträger erzeugen, sollte mal einer nicht mehr lesbar sein – was tatsächlich ab und zu vorkommt. Die Haltbarkeit von selbst gebrannten DVDs wird übrigens mit rund fünf bis zehn Jahren angegeben. Einige Hersteller garantieren jedoch schon rund 70 Jahre, allerdings sollte man nicht erwarten, dass man entschädigt wird, falls sich diese Einschätzung nicht bewahrheitet. Neben dem natürlichen Alterungsprozess darf man auch eine Beschädigung durch Zerkratzen nicht außer Acht lassen. Denn wenn die Datenträger aus Versehen tiefe Kratzer – vor allem in Längsrichtung – bekommen, sind sie danach unlesbar. Und noch ein Tipp: Überprüfen Sie nach dem Brennen die CD oder DVD an einem anderen Computer. Es kann durchaus passieren, dass durch einen Fehler eines Brenners die gespeicherten Daten nur auf diesem Laufwerk lesbar sind, auf einem anderen aber nicht.

Ein paar feine Kratzer in Querrichtung sind nicht weiter schlimm und lassen sich zur Not auch noch herauspolieren. Befinden sich auf einer CD oder DVD jedoch tiefe Kratzer in Längsrichtung, ist der Datenträger an diesen Stellen nicht mehr lesbar und damit für den normalen Anwender unbrauchbar.

2 Im richtigen Augenblick

Wenn Sie nicht wissen, wie die Digitalfotografie prinzipiell funktioniert, werden Sie viel Potenzial bei Ihren Motiven verschenken. Sie müssen natürlich kein ausgebildeter Fotograf oder Ingenieur für Fotoelektronik sein, um gute Fotos zu machen, aber ein paar Grundlagen zu kennen, ist äußerst hilfreich, um sich auf verschiedene Situationen einstellen zu können.

Wo früher der Film eingelegt wurde, ist heute jede Menge feinste Technik zu finden. Alle Prozesse beim digitalen Fotografieren laufen mit höchster Präzision und rasend schnell ab. Hier ein Blick in das Innenleben der neuen Olympus OM-D EM-5.

2.1 Der Weg des Lichts

Ob Sie mit einer Spiegelreflex-, einer spiegellosen System- oder einer Kompaktkamera arbeiten, ist bezüglich der grundlegenden technischen Abläufe beim Fotografieren ziemlich egal. Jede Kamera hat ein Objektiv, einen Sensor, einen Auslöser und ein paar weitere Merkmale, die immer nach dem gleichen Prinzip funktionieren. Eine Digitalkamera ist im Prinzip nichts anderes als ein abgedunkelter Kasten (Gehäuse) mit einem verschließbaren Loch (Blende/Verschluss). Das »Loch« einer modernen Kamera ist zweifach steuerbar. Der Durchmesser wird durch die Blende reguliert, die im Objektiv sitzt. Je größer der Durchmesser beim Öffnen der Blende, desto mehr Licht fällt durch das Objektiv, und desto kürzer kann die Verschlusszeit sein. Die Dauer der Öffnung (Belichtungs- oder Verschlusszeit) wird durch den Verschluss geregelt. Je kürzer die Verschlusszeit (z. B. 1/125 Sekunde), desto geringer ist die Gefahr, dass Bilder verwackeln.

2.1.1 Ablauf einer vollautomatischen Aufnahme

1. Sie tippen den Auslöser an, die Kamera stellt scharf und ermittelt die richtigen Belichtungswerte.
2. Sie drücken den Auslöser ganz durch.
3. Die Blende öffnet sich.
4. Der Verschluss öffnet und schließt sich wieder (Belichtungsvorgang).
5. Die Blende schließt sich.
6. Das Bild wird von der internen Kamerasoftware verarbeitet und auf der Speicherkarte abgelegt.

Die Kameraelektronik arbeitet also in Sekundenbruchteilen, ermittelt die Lichtverhältnisse und stellt die für eine korrekte Belichtung notwendigen Werte für Blende und Verschlusszeit automatisch ein. Nach der Belichtung wird der Sensor ausgelesen, die Daten werden digitalisiert, vom Kameraprozessor verarbeitet und schließlich als Datei auf die Speicherkarte geschrieben. Das alles geschieht in einem winzigen Augenblick, ohne dass Sie etwas davon mitbekommen. Sie können anschließend die Speicherkarte aus der Kamera nehmen, sie in ein am Computer angeschlossenes oder integriertes Lesegerät stecken und die Bilder auf den Computer überspielen.

2.2 Motivprogramme für fast jede Situation

Profis kennen die Zusammenhänge von Blende, Verschlusszeit, Empfindlichkeit (ISO), Brennweite, Weißabgleich etc. aus dem Effeff. Aber diese Erfahrung kann man von einem Einsteiger oder Amateur nicht verlangen. Daher haben die Kamerahersteller schon zu Zeiten der analogen Fotografie neben der Vollautomatik (Kamera einschalten und abdrücken) Aufnahmeprogramme für eng umrissene Motivbereiche eingeführt. Jede Kamera hat mindestens ein Aufnahmeprogramm für Landschaften und eines für Porträts. Dazu kommen Programme für Nahaufnahmen, für Sport und Bewegung, für Nacht- und für Blitzaufnahmen. Moderne Digitalkameras haben darüber hinaus noch etliche weitere Programme für die verschiedensten Fotosituationen gespeichert.

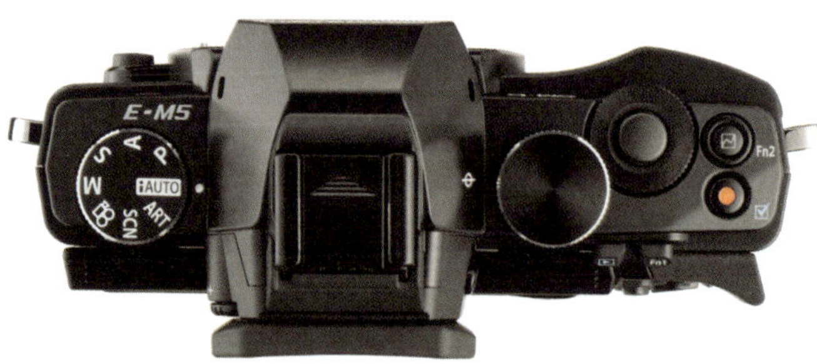

Am Programmwahlrad (P, A, S, M etc.) kann man erkennen, welche Zielgruppe die Kamera adressiert. Je weniger Programme auf dem Wahlrad zur Verfügung stehen, desto professioneller sind die Fotografen, die angesprochen werden sollen. Amateure und Einsteiger brauchen naturgemäß häufiger mal Hilfe durch automatische Programme.

2.2.1 Im Zweifel besser mit der Vollautomatik

Meistens wird die Vollautomatik mit einem grünen Symbol gekennzeichnet. Ist die Vollautomatik aktiv, entscheidet die Kamera über Blende, Verschlusszeit, Empfindlichkeit, Blitz und viele Einstellungen mehr. Vor allem das automatische Blitzen hat Vor- und Nachteile. Soll eine bestimmte Lichtstimmung wie z. B. das warme Licht am Abend mit einem Foto verdeutlicht werden, kann der Blitz dazu führen, dass Menschen in der Nähe der Kamera sehr kühl beleuchtet werden. Blitzlicht hat einen viel höheren Blauanteil als das Licht eines Sonnenuntergangs. Andererseits ist Blitzlicht in Innenräumen oder zu später Stunde im Freien oft die einzige Möglichkeit, Motive in der Nähe überhaupt richtig auszuleuchten. Wollen Sie also auf Nummer sicher gehen, wenn Sie von einer Veranstaltung oder einer Feier bei relativ wenig Licht brauchbare Bilder benötigen, vertrauen Sie am besten auf die Vollautomatik.

Meistens erhält die Vollautomatik ein grünes Symbol auf dem Programmwahlrad.

2.2.2 Gelungene Porträtaufnahmen alter Schule

Das automatische Aufnahmeprogramm für Porträts wird mit einem Kopf symbolisiert. Fotografieren Sie mit einer Kompaktkamera, stellen Sie das Aufnahmeprogramm mit hilfe einer Taste oder eines Schalters bzw. über das Kameramenü ein, an einer Bridge-, System- oder Spiegelreflexkamera wird das Programmwahlrad auf die entsprechende Position gedreht.

Wann sieht ein klassisches Porträt gut aus? Das Gesicht bzw. die Augen sollten sehr scharf sein, die Farben eher warm, um der Haut zu schmeicheln. Die Brennweite sollte nicht zu kurz sein, weil Weitwinkelbrennweiten Gesichter unnatürlich verzerren. Da sich der Betrachter beim Porträt auf das Gesicht und die Augen konzentrieren soll – Ausnahmen bestätigen die Regel –, ist möglichst geringe Schärfentiefe sinnvoll. Das bedeutet, der Hintergrund sollte möglichst unscharf sein, um nicht vom Menschen abzulenken. All das berücksichtigt die Kamera (bis auf die Brennweite, die Sie selbst einstellen müssen), wenn man mit dem Porträtprogramm fotografiert.

85 mm • 1/160 s • f/2,8 • ISO 100

Spontane Porträts macht man am besten mit dem Automatikprogramm für Porträtaufnahmen.

Die wohl wichtigste Einstellung beim Aufnehmen von Kopf-Brust-Porträts: Die Blende wird von der Porträtautomatik möglichst weit geöffnet, weil dadurch die Schärfentiefe reduziert wird. Bitte merken Sie sich dazu für Situationen, in denen Sie selbst die Blende verstellen möchten: Je größer die Blendenöffnung (kleiner Blendenwert wie z. B. f/2,8), desto geringer ist die Schärfentiefe, und desto unschärfer wird der Hintergrund.

85 mm • 1/60 s • f/1,4 • ISO 800

Der gezielte Einsatz geringer Schärfentiefe und eine große Blendenöffnung (kleiner Blendenwert wie z. B. f/1,4) stellen das Motiv perfekt vom Hintergrund frei.

Die große Blendenöffnung hat einen praktischen Nutzen, der Ihnen hilft, die Aufnahmen nicht zu verwackeln: Durch die große Öffnung kann die Verschlusszeit sehr klein gehalten werden, weil sehr viel Licht durchs Objektiv auf den Sensor fällt. Wenn Sie bei wenig Licht fotografieren, erhöht die Kamera entweder automatisch die Empfindlichkeit (ISO) oder schaltet, falls nötig, auch noch den Blitz ein. Oberste Priorität hat schließlich, die Aufnahmen nicht zu verwackeln.

Und um noch ein Detail kümmert sich eine moderne Digitalkamera automatisch: die Farben. Falls Ihre Kamera Farbeffekte oder -stile unterstützt, wird sie die Farben im Motivprogramm Porträt in Richtung Rot/Gelb verschieben, um Hauttöne wärmer darzustellen.

2.2.3 Breite Blickwinkel von Landschaften und Gebäuden

Außenaufnahmen, die einen großen Blickwinkel zeigen, sollten vom Vordergrund bis zum Hintergrund scharf sein. Die Farben auf solchen Bildern leuchten lebendig, oft geht die Farbstimmung in Richtung Blau, um den Himmel zu intensivieren. Mit dem Landschaftsprogramm, das auf dem Programmwahlrad bzw. im entsprechenden Kameramenü mit einer kleinen Gebirgskette symbolisiert wird, lassen sich in vielen Fällen ganz ausgezeichnete Fotos mit breitem Blickwinkel von Gebäuden, Landschaften und Naturansichten machen.

25 mm • 1/500 s • f/6,3 • ISO 100

Sobald man mit kurzen Brennweiten fotografiert und maximale Schärfentiefe braucht, kann man das Landschaftsprogramm nutzen.

2.2.4 Wenn es auf ausgedehnte Schärfentiefe ankommt

Bei der Fotografie von weitläufigen Motiven, aber auch bei Nahaufnahmen kommt es auf ausgedehnte Schärfentiefe an. Dazu sind zwei Parameter entscheidend: Sowohl die

Brennweite als auch die Blende müssen möglichst klein sein. Bei der Blende heißt das, der Blendenwert wird möglichst groß gewählt (f/8, f/11, f/16 etc.). Die Brennweite stellen Sie selbst ein und wählen dadurch den Blickwinkel möglichst breit. Um die Blende kümmert sich im eingestellten Aufnahmeprogramm die Kamera. Ein mögliches Problem dabei: Weil die Blendenöffnung sehr klein ist und somit wenig Licht auf den Sensor fällt, wird die Verschlusszeit je nach Lichtverhältnissen relativ lang werden. Das kann zu Verwacklungen führen, ein Stativ ist also sinnvoll. Stative für Kompaktkameras müssen nicht sonderlich schwer und teuer sein, für Außenaufnahmen sind sie jedoch so wichtig, dass Sie nicht gerade das billigste Modell verwenden sollten. Systemkameras oder Spiegelreflexkameras erfordern aufgrund ihres Gewichts stabilere Stative.

50 mm • 1/60 s • f/8,0 • ISO 100

Eine typische Aufgabe für das Automatikprogramm für Nahaufnahmen. Kleinere Objekte werden mit maximal möglicher Schärfentiefe fotografiert.

2.2.5 Leichte Bewegungen und rasante Action

Schon leichte Bewegungen können dazu führen, dass Menschen auf Fotos nicht mehr scharf abgebildet werden. Angeregte Gespräche, Gesten oder nur die Bewegungen des Kopfs führen zu unscharfen Bildern, wenn die Belichtungszeit nicht entsprechend kurz gewählt wird. Noch wichtiger wird der Faktor Verschluss- oder Belichtungszeit, wenn Sie schnellere Bewegungen z. B. bei einem Fußballspiel, einer Feuerwehrübung oder einem Radrennen festhalten müssen. Bewegungen gut zu fotografieren, zählt bereits zur hohen Kunst der Fotografie. Das Frustpotenzial ist enorm hoch, weil noch mehr Faktoren als sonst die Qualität der Bilder beeinflussen. Eigentlich sollte man hier die halbmanuellen oder manuellen Aufnahmeprogramme verwenden, was einen Einsteiger jedoch mit ziemlicher Sicherheit überfordern würde. Deshalb hat jede gute Digitalkamera ein spezielles Aufnahmeprogramm für schnellere Bewegungen und Sport.

85 mm • 1/125 s • f/16,0 • ISO 100

Bewegungsabläufe mit moderater Geschwindigkeit lassen sich sehr gut mit dem Automatikprogramm für Sport fotografieren.

Um Bewegungen möglichst scharf zu erfassen, sind zwei Dinge wichtig: eine kurze Verschlusszeit (1/125 Sekunde oder weniger) sowie ein Autofokus, der die bewegten Motive verfolgt. Für beides sorgt die Kamera, wobei der Autofokus gerade bei Kompaktkameras problematisch sein kann. Denn von einer relativ einfachen Kamera, die nicht gerade auf sportliche Events spezialisiert ist, darf man nicht erwarten, dass das Autofokussystem so schnell und zuverlässig reagiert wie bei einer Profikamera. Fotografieren Sie mit einer digitalen Spiegelreflexkamera samt lichtstarkem Objektiv, sind Sie beim Festhalten von Bewegungen gegenüber einer Kompaktkamera klar im (Geschwindigkeits-)Vorteil.

Bezüglich der Verschlusszeit sollten Sie sich noch einen Zusammenhang merken: Wenn die Verschlusszeit sehr kurz ist, um Bewegungen quasi einzufrieren, ist eine entsprechend große Blendenöffnung notwendig, damit viel Licht durchs Objektiv fallen kann. Reicht die größtmögliche Blendenöffnung nicht aus, um schnelle Verschlusszeiten einzustellen, weil das zu fotografierende Event in einem schlecht beleuchteten Innenraum stattfindet, wird die Empfindlichkeit (ISO) von der Kamera automatisch erhöht, was je nach Wert zu kräftigem Bildrauschen führen kann. Allerdings leben sogar Profis bei guten Fotos von Bewegungen gern mit ein wenig Bildrauschen, solange die Fotos nur scharf sind.

2.2.6 Kleinere Dinge des täglichen Bedarfs ablichten

Immer mehr Unternehmer glauben, sich professionelle Fotografen für einfache Produktfotos z. B. für den Onlineshop sparen zu können. Grundsätzlich spricht nichts dagegen, es mit einer einfachen Produktaufnahme selbst zu versuchen. Sie sollten sich jedoch immer bewusst sein, dass weder Ausleuchtung noch Hintergrund und Bildgestaltung (Perspektive, Brennweite, Lichtreflexe etc.) so gut werden wie beim Profi. Wenn Sie also ein handhabbares Produkt von der Größe einer Briefmarke bis zu der einer Vase in Eigenregie fotografieren, können Sie dazu das Kameraprogramm für Nah- und Makroaufnahmen verwenden. Eine kleine Tulpe auf der Kamera weist auf dieses vollautomatische Programm hin. Der Nahmodus ermöglicht Aufnahmen aus geringer Entfernung und sorgt im Prinzip für zweierlei: maximale Schärfentiefe und unverwackelte Bilder. Beide Parameter stehen sich leider gegenseitig im Weg. Die kleine Blendenöffnung für große Schärfentiefe bedingt sehr lange Verschlusszeiten, was zu verwackelten Bildern führen kann. Daher sind Kompromisse nötig.

85 mm • 1/60 s • f/10 • ISO 100

Die Produktfotografie von relativ kleinen Dingen wie dieser Laute ist nicht so banal, wie sich Amateure das vorstellen. Farben, Kontrast, Ausleuchtung und Perspektive sind Faktoren, für die man einen Blick entwickeln muss. Wenn Sie sich dennoch an solche Produktfotos wagen wollen, können Sie es anfangs mit dem Automatikprogramm für Nahaufnahmen versuchen.

Ein grundsätzlicher Rat für Produkt- und Nahaufnahmen: Verwenden Sie immer ein Stativ! Denn wenn die Kamera eine kleine Blende für große Schärfentiefe wählt, lässt sich mit den dann unvermeidbar langen Verschlusszeiten nicht mehr aus der Hand fotografieren. Außerdem sollten Sie das Blitzlicht im Auge behalten. Denn wenn die Umgebung nicht hell genug ist, wird die Kamera den Blitz automatisch auslösen. Die Motive können durch das frontale, harte Licht verflachen, es entstehen harte Schatten. Wenn die Kamera also den Blitz auslöst, müssen Sie entweder ein paar zusätzliche Lampen einschalten oder mit manuellen Einstellungen fotografieren.

2.2.7 Exakt auf die Situation geeichte Motivprogramme

Neben den bereits vorgestellten Motivprogrammen besitzen die meisten Digitalkameras noch ein Set exakt auf entsprechende Situationen abgestimmte Motivprogramme. Es gibt Programme z. B. für Speisen, Sonnenuntergänge, Kinder, Tiere, Winterszenen, Kerzenlicht, nächtliche Motive und so weiter. Wenn Sie mit der Kamera gerade eine Familienfeier zu fotografieren haben, ist es zu spät, sich über die Möglichkeiten der zusätzlichen Motivprogramme zu informieren. Sie sollten daher in einer stillen Stunde Ihre Kamera nach den verfügbaren Motivprogrammen durchsuchen, damit Sie sich beim Fotografieren einer ganz bestimmten Szene daran erinnern, ob es dafür ein spezielles Programm gibt. Einen wichtigen Tipp für den Umgang mit automatischen Programmen sollten Sie auf jeden Fall noch verinnerlichen: Überprüfen Sie vor jeder neuen Situation, welches Aufnahmeprogramm zuletzt eingestellt war. Denn wenn Sie eine Innenraumszene mit mehreren Menschen mit dem Programm für Landschaften fotografieren, wird das die Kamera nicht korrigieren und die Aufnahmeparameter so vorwählen, als würden Sie eine Landschaft aufnehmen.

2.3 Wenn die Farbwiedergabe stimmen muss

Üblicherweise haben Sie volle Kontrolle über die Farbaufzeichnung, also den Weißabgleich, durch die Kamera. In der Regel fotografiert man mit dem automatischen Weißabgleich, wenn Sie es aber mit einem Kreativprogramm zu tun haben, sollten Sie sich vor dem Abdrücken auch Gedanken über die Farben bzw. die Farbtemperatur des Motivs machen. Gerade beim Umgang mit JPEG-Dateien kann die Farbkorrektur am Computer ziemlich umständlich werden, wenn die Kamera mit dem automatischen Weißabgleich die Farbstimmung nicht richtig erwischt hat. Kommen verschiedene Lichtquellen mit unterschiedlichen Farbtemperaturen ins Spiel, sollten Sie entweder eine der Voreinstellungen für den Weißabgleich verwenden oder besser noch mit dem manuellen Weißabgleich arbeiten.

7 mm • 1/30 s • f/2,8 • ISO 160

Bei einem typischen Urlaubsmotiv sollte man annehmen, dass die Kamera den Weißabgleich gut hinbekommt. Leider ist das Bild hier etwas zu kühl geraten und hat einen unübersehbaren Magentastich.

In jedem professionellen Aufnahmeprogramm, aber auch in automatischen oder halbautomatischen Aufnahmeprogrammen mancher Kameras, haben Sie volle Kontrolle über die Farbdarstellung einer Aufnahme, also den Weißabgleich. Über den Weißabgleich, der standardmäßig automatisch von der Kamera vorgenommen wird, steuern Sie, wie die Farben eines Motivs von der Kamera interpretiert werden. Wenn auch die Automatik (AWB – Automatic White Balance) in der Regel zu guten Ergebnissen führt, müssen Sie in bestimmten Situationen eingreifen, damit die Farben nicht völlig danebenliegen. Wird ein Motiv von Lichtquellen mit unterschiedlichen Farbtemperaturen beleuchtet, wird der automatische Weißabgleich zum Glücksspiel.

2.3.1 Auf den vorgegebenen Weißabgleich ist Verlass

Die im Folgenden beschriebenen Schritte zur Auswahl eines festgelegten Weißabgleichs gelten prinzipiell für jede Digitalkamera. Zur besseren Darstellung wurde hier das Display auf der Kamerarückseite verwendet. Hat Ihre Kamera einen elektronischen Sucher, können Sie die Einstellungen auch anhand eines Blicks auf den Sucher vornehmen, der die gleiche Ansicht zeigt.

An dieser Kamera rufen Sie den Weißabgleich noch durch Drücken einer WB-Taste auf. An anderen Kameras gibt es einen Multifunktions- oder Wippschalter.

Gehen Sie zunächst in das Menü für die Weißabgleichseinstellungen. Bei den meisten Kameras lässt sich das Menü zum Verändern des Weißabgleichs ebenfalls über einen Schalter am Gehäuse aufrufen. Falls das nicht geht, rufen Sie über die Funktions- oder Menütaste das Hauptmenü der Kamera auf, in dem Sie die Weißabgleichseinstellungen finden. Wenn die Einstellung bei Ihnen über das Menü gesteuert wird, müssen Sie in der Regel zunächst das Menü komplett verlassen, bevor Sie eine Veränderung des Weißabgleichs sehen.

Welche Weißabgleichseinstellungen zur Verfügung stehen, hängt vom Kameramodell ab. Hier sehen Sie die vorgegebenen Weißabgleichseinstellungen einer Panasonic Lumix G2 für *Automatik*, *Tageslicht*, *Wolkig*, *Kunstlicht*, *Blitzlicht*, *Manuell* und *Farbtemperatur*.

53 mm • 1/10 s • f/4,3 • ISO 800

Motive in Mischlichtsituationen kann man kaum mit dem automatischen Weißabgleich fotografieren. Um die Lichtstimmung exakt wiederzugeben, muss man darauf achten, welche Lichtfarben die Kunstlichtquellen haben, und den Weißabgleich entsprechend – am besten manuell – justieren.

2.3.2 Im Ausnahmefall mit manuellem Weißabgleich

Will man Farben ganz genau reproduzieren, muss man den Weißabgleich manuell vornehmen. Dazu braucht die Kamera allerdings ein wenig Hilfe in Form einer Fläche, die farblich völlig neutral ist. Das kann eine weiße Fläche, aber auch eine graue sein, die keinen Farbstich enthält. Problem bei weißen Flächen ist, dass die meisten infrage kommenden einfachen Flächen wie Papier, eine Wand oder ein weißes Hemd eben doch einen minimalen Farbstich haben, der dem Auge nicht auffällt. Man muss sich nur einmal weißes Papier verschiedener Hersteller und unterschiedlicher Grammatur ansehen und wird im direkten Vergleich das Problem erkennen.

105 mm • 1/250 s • f/4 • ISO 100

Wenn Sie Probleme mit dem Weißabgleich haben und Ihre Bilder farbstichig werden, brauchen Sie eine Graukarte aus dem Fotofachhandel. Mit ihr können Sie Ihre Kamera manuell auf das vorhandene Licht einstellen. Wie der manuelle Weißabgleich mit Ihrer Kamera funktioniert, können Sie dem Kamerahandbuch entnehmen.

Profis nutzen für den exakten Weißabgleich eine graue oder weiße Referenzkarte (gibt es in DIN A5 oder DIN A4 im Fotofachhandel). Diese Karte wird ins Motiv gehalten und so groß wie möglich abfotografiert. Anschließend wählt man über das entsprechende Menü der Kamera den manuellen Weißabgleich aus und stellt als Referenz das eben gemachte Foto von der Graukarte ein. Wichtig: Ändert sich die Lichtsituation, muss man die Graukarte erneut fotografieren. Bei einem Livekonzert oder im Theater, wo die Beleuchtungsfarbe ständig wechselt, hat ein manueller Weißabgleich also keinen Sinn. Hier sollte man sich auf die Automatik verlassen.

Hier sieht man die Displayanzeige einer EOS 1000D. Zunächst wird über das Weißabgleichsmenü der manuelle Weißabgleich (*Manuell*) gewählt und anschließend das zuvor fotografierte Referenzbild mit der weißen Fläche eingestellt.

85 mm • 1/160 s • f/4 • ISO 100

Um Farben per Bildbearbeitung ausgleichen zu können, verwenden Profis Farbreferenztafeln mit unterschiedlichen Farbfeldern. Die Messwerte der Farbfelder sind bekannt, wodurch man ein Foto im Nachhinein mit ein wenig Aufwand – und dem entsprechenden Programm – anpassen kann. Der Trick: Man macht ein Foto mit und ein weiteres Foto ohne Farb-/Graukarte, korrigiert dann das erste Bild mithilfe der grauen Referenzflächen und merkt oder speichert sich für die Korrektur des zweiten die Einstellungen. Auch für die natürliche Wiedergabe von schwierigen Farben wie Hauttönen kann eine Farb-/Graukarte enorm hilfreich sein – sofern Zeit bleibt, sie einzusetzen.

2.3.3 Schwierige Mischlichtsituationen meistern

Fotografiert man in einer Mischlichtsituation, also z. B. in einem mit Kunstlicht beleuchteten Raum, durch dessen Fenster Tageslicht dringt, wird es etwas komplizierter. Der Weißabgleich der Kamera wird je nach Intensität der beiden Lichtfarben die eine oder andere mehr gewichten, was zu Farbstichen führen kann. Im konkreten Beispiel hilft es, die Farbtemperatur bzw. den Weißabgleich vorzuwählen, der dem Innenraum entspricht. Man wählt also an der Kamera die entsprechende Voreinstellung, um die Farben im Innenraum neutral wiederzugeben. Würde man die Einstellung Tageslicht wählen, würde der Raum gelblich rot gezeigt, weil die Kamera, einfach ausgedrückt, das blaue Tageslicht mit Gelb ausgleichen würde. Je nach Mischlichtsituation muss man sich entscheiden, ob man der Kamera mit der Weißabgleichsautomatik die Entscheidung überlässt oder ob man eine Voreinstellung auswählt, die zumindest dem Großteil des Motivs entspricht.

40 mm • 1/30 s • f/4 • ISO 800

Die beiden Aufnahmen zeigen, wie Mischlicht den automatischen Weißabgleich beeinflussen kann. Der Raum wird von Neonröhren beleuchtet, durch große Außenfenster im Rücken des Fotografen fällt Tageslicht. Das ursprüngliche Foto oben war in den Schattenbereichen zu dunkel. Im RAW-Konverter Aperture 3 von Apple konnte der Weißabgleich wieder korrigiert werden.

2.3.4 Keine Automatik bei Belichtungsreihen

Der automatische Weißabgleich ist eigentlich eine sehr praktische Einrichtung. Immerhin wird ein Großteil der Bilder farblich ansprechend wiedergegeben. Problematisch kann die Automatik aber werden, wenn man mehrere Fotos schnell hintereinander anfertigt. Klassisches Beispiel: Panoramen. Wenn man für ein Panorama drei, fünf oder mehr Bilder macht und die Kamera dabei schwenkt, stellt sie für jede Aufnahme einen leicht veränderten Weißabgleich ein. Bei der Montage bekommt man in dem Fall große Schwierigkeiten, weil man die Fotos dann farblich aufeinander abstimmen muss. Und da die menschliche Wahrnehmung in Bezug auf Farbstiche recht empfindlich reagiert, artet so etwas schnell in eine Sisyphusarbeit aus.

Deshalb muss man bei Bilderreihen zuerst eine geeignete Weißabgleichsvoreinstellung wählen und anschließend die Fotos machen. Ganz nebenbei, was für Panoramen gilt, gilt natürlich ebenso für Belichtungsreihen, aus denen man HDR-Bilder erstellen möchte. Zwar wirken sich hier kleine Unterschiede in den Farben nicht ganz so gravierend aus, weil die Bilder exakt überlagert werden, wer aber auf höchste Qualität Wert legt, verwendet auch hier immer den gleichen Weißabgleich.

Bei diesem Querformatpanorama wurde als Weißabgleich die Einstellung *Bewölkt* gewählt, um die Farben in den Teilbildern identisch hinzubekommen.

2.3.5 Farbintensive Lichtstimmungen festhalten

Es gibt fotografische Situationen, in denen Sie sich nicht auf den automatischen Weißabgleich Ihrer Digitalkamera verlassen sollten. Auch die Voreinstellungen oder der manuelle Weißabgleich können manchmal dazu führen, dass ein Foto jede Stimmung verliert. Wenn Sie etwa eine in das rote Licht der untergehenden Sonne getauchte Szenerie mit einer Weißabgleichseinstellung fotografieren, die die rote Lichtfarbe ausgleicht, wird Ihr Foto recht langweilig. Die Abendstimmung lebt gerade vom Licht der roten, untergehenden Sonne.

Die Stimmung im Licht grünlicher Leuchtstoffröhren in einem Café ist genauso schwierig: Dieses Kunstlicht können Sie mit dem automatischen Weißabgleich nicht problemlos einfangen. Mit der Voreinstellung für Leuchtstoffröhren dürften Ihre Fotos jedoch farblich neutral werden. Der automatische Weißabgleich Ihrer Kamera kann bei farbintensiven Motiven tatsächlich zum Problem werden, wenn er die Farben neutralisiert.

Hier müssen Sie die Weißabgleichsvoreinstellungen durchprobieren, um die beste Lichtstimmung zu erzielen.

40 mm • 1/100 s • f/4 • ISO 640

Würde man so ein Motiv farblich neutralisieren und das Licht der Deckenbeleuchtung ausgleichen, wäre die Stimmung dahin. Achten Sie bei einer solchen Szene ganz besonders auf die richtige Voreinstellung.

2.3.6 Fesselnde Bilder auch mit falschen Farben

Mit Farben zu experimentieren, ist eine tolle Möglichkeit, seiner Aufnahme zu einem neuen Ausdruck zu verhelfen. In der analogen Fotografie kann man Farbfilter einsetzen oder bewusst den falschen Film – Tageslichtfilm für Kunstlichtbeleuchtung und umgekehrt – verwenden. Die Fotos zeigen dann unnatürliche, ungewöhnliche Farben, die den Blick des Betrachters zunächst anziehen. Stimmen neben der ungewöhnlichen Farbgebung auch noch Motiv und Bildaufbau, fesseln solche Bilder gerade wegen der »falschen« Farben.

Die Möglichkeiten, mit Farben zu experimentieren, sind mit der digitalen Fotografie ins Unermessliche gestiegen. In der Bildbearbeitung am Computer kann man jedem Bild mit ein wenig Know-how jeden beliebigen Farbcharakter verleihen. Auch ein mit einem Rotfilter digital aufgenommenes Foto, das damit einen entsprechenden Rotstich hat, kann am Computer nachträglich jede nur erdenkliche Farbnuance annehmen.

200 mm • 1/800 s • f/5,6 • ISO 1600

Die rötliche Beleuchtung der Fackel könnte mit dem manuellen Weißabgleich zwar ausgeglichen werden, das Foto wirkt aber gerade wegen des intensiven Lichts.

2.4 Automatisch oder manuell scharf stellen

Wenn Sie z. B. mit der Zeitautomatik/Blendenvorwahl arbeiten und die Schärfentiefe durch die Wahl der Blende beeinflussen, ist es naheliegend, dass man sich auch über den Autofokus bzw. die manuelle Fokussierung Gedanken macht. Immerhin ist es per Zeitautomatik möglich, durch die Wahl einer großen Blendenöffnung die Schärfentiefe eng zu begrenzen. Und dann muss der Schärfepunkt natürlich perfekt sitzen, damit auch wirklich das scharf ist, was scharf sein soll. Wenn Sie z. B. ein Porträt mit offener Blende schießen und der Schärfepunkt auf der Nasenspitze anstatt auf den Augen liegt, können Sie die Bilder gleich in den virtuellen Mülleimer werfen – es sei denn, Sie wollten tatsächlich die dicke Warze auf der Nase als Hauptmotiv groß rausbringen.

47 mm • 1/30 s • f/14 • ISO 100
Selbst wenn Ihre Kamera einen schnellen Autofokus besitzt, müssen Sie für scharfe Aufnahmen solcher Bewegungen einen speziellen AF-Modus (nachführenden Autofokus) nutzen, damit die Kamera das Motiv verfolgt und permanent scharf stellt.

2.4.1 Arbeitsweise unterschiedlicher Autofokussysteme

Je nach Kameramodell werden grundsätzlich zwei unterschiedliche Autofokussysteme eingesetzt. Man spricht vom aktiven und vom passiven Verfahren. Beim aktiven Autofokus wird von der Kamera ein Infrarotmessstrahl in Richtung Motiv ausgesendet. Bei dieser Art der Messung wird die tatsächliche Entfernung zum Motiv ermittelt und die Fokussierung entsprechend angepasst. Großer Vorteil des aktiven Verfahrens ist die Möglichkeit, auch im Dunkeln zuverlässig automatisch fokussieren zu können. Die aktive Messung wird oft in Kompaktkameras eingesetzt, die vor allem für die spontane Fotografie von Standardmotiven, z. B. Menschen bei Feiern oder im Urlaub, geeignet sind. Ungenau wird der aktive Autofokus bei spiegelnden Oberflächen wie Glas oder Wasser, bei denen der Messstrahl eventuell abgelenkt wird. Auch der Tele- sowie der Nahbereich sind problematisch, weil das Hauptmotiv nicht mehr korrekt vom Strahl getroffen wird.

Professionellere Digitalkameras, etwa digitale Spiegelreflexkameras, arbeiten mit dem passiven Autofokus. Hierbei werden die Entfernung zum Motiv und die erforderliche Fokussierung durch die Messung von Kontrastkanten festgestellt. Sehr einfach ausgedrückt, ermitteln spezielle Sensoren in der Kamera den maximalen Kontrast an feinen Strukturen innerhalb des Motivs. Das Prinzip dahinter: Je höher der Kontrast an einer Kontur ist, desto schärfer ist die Darstellung. Unschärfe durch falsche Fokussierung verringert den Kantenkontrast. Schwierigkeiten haben passive Autofokussysteme, wenn ein Motiv keine sichtbaren Strukturen oder Details aufweist. Der glatte Lack eines Autos, in dem sich der blaue Himmel spiegelt, ist ein Beispiel, bei dem Sie entweder manuell oder auf ein Objekt, das sich im gleichen Abstand wie die Motorhaube befindet, fokussieren müssten.

Damit der Autofokus korrekt arbeiten kann, benötigt er Kontrastkanten. Die Kamera auf die fast kontrastlose Wasserfläche zu richten, würde daher nichts nützen.

2.4.2 Den Autofokus gezielt steuern

Wenn Sie mit Autofokus arbeiten, bietet Ihre Kamera mehrere Möglichkeiten zur Steuerung. Üblicherweise visieren Sie das Motiv an, tippen den Auslöser an, und die Kamera stellt scharf. Mit den Kreativprogrammen können Sie den Autofokus-Modus an Ihre Motive anpassen und außerdem die Autofokusmessfelder einzeln sowie in Gruppen (nicht bei allen Kameras möglich) aktivieren. Dadurch legen Sie exakt fest, worauf die Kamera fokussieren soll. Welchen Autofokus-Modus Sie verwenden, hängt vom Motiv ab. Landschaften, Gebäude und alle anderen statischen Motive werden mit dem einfachen Single-Autofokus fotografiert. Die Kamera stellt dabei nur ein einziges Mal scharf, die Einstellung wird nach erfolgreicher Fokussierung nicht mehr verändert. Fotografieren Sie Bewegungen, kommt der Autofokus-Modus ins Spiel, bei dem die Kamera die Schärfe permanent nachjustiert. Entnehmen Sie Ihrem Kamerahandbuch, wie dieser Autofokus-Modus bei Ihrem Modell heißt und wie Sie ihn bei Verwendung der Kreativprogramme manuell anpassen können.

2.4.3 Motive, auf die man besser manuell scharf stellt

Neben der Unterstützung durch den Autofokus lässt sich mit jedem Aufnahmeprogramm manuell fokussieren. Macht ein Motiv hinsichtlich der automatischen Scharfstellung Probleme – Haare, Fell und glänzende Flächen sind solche Kandidaten –, stellen Sie einfach den Regler am Objektiv auf M/MF und drehen am Fokusring. Gleiches empfiehlt sich für Aufnahmen im Nah- und Makrobereich oder wenn Sie die Schärfentiefe eng begrenzen wollen.

32 mm • 1/1000 s • f/6,8 • ISO 50

Fotografieren Sie Objekte wie diese Wasserspritzer, müssen Sie manuell fokussieren. Der Autofokus kann bei spiegelnden Oberflächen Probleme bereiten, außerdem wäre er bei schnell spritzenden Wassertropfen natürlich zu langsam.

2.4.4 Autofokusmesspunkt im Bildbereich verschieben

Je hochwertiger eine Digitalkamera ist, desto variabler lässt sich der Autofokus einsetzen. Sie können also den Autofokusmesspunkt innerhalb des Bildbereichs mehr oder weniger verschieben und einen festen Messpunkt auswählen, um auf ein Motiv außerhalb der Bildmitte zu fokussieren. Spiegelreflexkameras haben drei, fünf oder mehr feste Messpunkte, die im Sucher dargestellt werden. Jeder Messpunkt kann einzeln angewählt werden und ist dann für die Fokussierung zuständig. Gerade bei Motiven, die sich nicht in der Bildmitte befinden, ist die Verschiebung oder Anwahl eines Autofokusmesspunkts sinnvoll. Wie Sie die Autofokusmesspunkte auswählen und den Messpunkt Ihrer digitalen Kompaktkamera verschieben, erfahren Sie im Kamerahandbuch.

105 mm • 1/100 s • f/4 • ISO 100

Im Sucher bzw. auf dem Display werden die Autofokusmessfelder von digitalen Kameras durch Markierungen (hier rechteckig) dargestellt. Über eine Taste am Gehäuse lassen sich die Messfelder einzeln anwählen bzw. bei manchen Modellen auch bewegen, um auf Motive außerhalb der Mitte scharf zu stellen.

Im Nahbereich auf AF verzichten

In der Makrofotografie kann es sinnvoll sein, auf den Autofokus zu verzichten und manuell zu fokussieren. Im Nah- und Makrobereich ist die Schärfentiefe sehr gering und daher die richtige Fokussierung für gelungene Aufnahmen enorm wichtig. Deshalb sollten Sie die Schärfe besser manuell einstellen und zum millimetergenauen Scharfstellen die auf einem Stativ oder einem Einstellschlitten befindliche Kamera vor- und zurückbewegen.

2.4.5 Autofokus für ruhende und sich bewegende Motive

Bei besser ausgestatteten Digitalkameras können Sie zusätzlich auch die Arbeitsmethode des Autofokus auswählen. Man unterscheidet hier den Autofokus für unbewegte und sich bewegende Motive. Die übliche Standardeinstellung für die Arbeitsweise des Autofokus ist dafür vorgesehen, statische oder sich nur langsam bewegende Motive zu fotografieren. Schnappschüsse, aber auch bewusst gestaltete Landschafts- und Gebäudeaufnahmen oder Stillleben lassen sich damit am besten realisieren.

Ein typischer Fall für den nachführenden Autofokus. Wenn Ihre Kamera mit einer solchen Funktion ausgestattet ist, können Sie sich bewegende Motive leichter in der Schärfe halten.

Die zweite Methode ist der nachführende Autofokus, über den nur hochwertige Digitalkameras und Spiegelreflexmodelle verfügen. Sie funktioniert am besten bei Motiven, die sich mit relativ konstanter Geschwindigkeit auf die Kamera zu oder von ihr weg bewegen. Das Autofokussystem passt den Schärfepunkt ständig neu an und bezieht sogar die Zeit zwischen dem Drücken des Auslösers und dem Öffnen des Verschlusses mit ein, um das Hauptmotiv in der Schärfe zu halten.

Der Umgang mit dem nachführenden Autofokus kann anfangs ein wenig frustrierend sein, da die Ausbeute an wirklich scharfen Bildern nie so hoch ist wie beim Fotografieren statischer Motive. Machen Sie beim nächsten Radrennen oder bei einem Marathonlauf viele Fotos, um zu üben. Wenn beim Arbeiten mit dem nachführenden Autofokus ein oder zwei perfekte Fotos herausspringen, sollten Sie zufrieden sein. Benutzen Sie bei Sportaufnahmen ein Einbeinstativ.

Einbeinstativ für den schnellen Standortwechsel

Wenn Sie mit dem nachführenden Autofokus arbeiten, sollten Sie ein Stativ benutzen. Für Sportaufnahmen hilfreich ist ein Einbeinstativ, weil Sie damit schnell den Standort wechseln können. Dreibeinstative sind zwar noch stabiler, mit ihnen kann es aber ziemlich schwierig werden, sich beispielsweise durch Zuschauerreihen zu zwängen.

105 mm • 1/100 s • f/4 • ISO 100

Mit der Standardeinstellung des Autofokus wird die Kamera auf das Motiv gerichtet und der Auslöser halb durchgedrückt. Dadurch wird der Autofokus aktiviert. Hat die Kamera scharf gestellt, drücken Sie den Auslöser ganz durch, und die Aufnahme ist im Kasten.

2.4.6 Außermittige Motive auch mit der Kompakten

Viele Schnappschusskameras verfügen nicht über die Möglichkeit, den Autofokusmesspunkt zu verschieben. In diesem Fall müssen Sie die Fokuseinstellung speichern, um ein außermittiges Motiv zu fotografieren. Dazu richten Sie die Kamera auf das Hauptmotiv und drücken den Auslöser halb durch. Wird die Kamera im Automatikmodus betrieben, werden dadurch die Belichtungswerte und auch die Fokussierung festgelegt.

Wenn Sie den Auslöser halb durchgedrückt halten, verändern sich Belichtungswerte und Fokussierung nicht, und Sie können die Kamera so schwenken, dass sich das Hauptmotiv nicht mehr in der Bildmitte befindet.

Klassisches Beispiel: Sie fotografieren zwei Menschen, die sich etwas entfernt voneinander befinden. Fokussieren Sie zunächst auf eine der beiden Personen mit halb gedrücktem Auslöser und schwenken Sie die Kamera dann, sodass sich die beiden Menschen links und rechts von der Mitte befinden. Drücken Sie den Auslöser schließlich ganz durch. Würden Sie die Kamera auf den Bereich zwischen den Personen richten, würde der Autofokus auf den Hintergrund scharf stellen.

20 mm • 1/6 s • f/1,7 • ISO 125

Um auf die weiße Marmorstatue rechts zu fokussieren, wurde die Kamera zunächst auf sie gerichtet, und der Auslöser wurde halb durchgedrückt. Danach wurde die Kamera nach links geschwenkt, um den gewünschten Bildaufbau zu erhalten.

2.4.7 Ratschläge für die richtige Scharfstellung

- Wenn Ihre Kamera kein spezielles Messfeld bietet, sollten Sie sich angewöhnen, immer zuerst auf Ihr Hauptmotiv zu fokussieren, den Auslöser halb durchzudrücken und dann die Bildgestaltung vorzunehmen. Das erspart Ihnen misslungene Bilder mit unscharfen Personen, aber einem perfekten Hintergrund.

- Die meisten Kameras brauchen ein wenig Zeit, um auf das Motiv scharf zu stellen. Allerdings können Sie bei vielen Modellen den Auslöser durchdrücken und die Kamera dazu zwingen, den Fokussierungsprozess abzubrechen. Dabei werden die Bilder jedoch mit großer Wahrscheinlichkeit unscharf. Es gibt auch Kameras, die nicht auslösen, solange der Autofokus nicht meldet, dass korrekt scharf gestellt ist. Hier hilft dann nur, auf manuellen Fokusbetrieb umzustellen oder zu warten, bis fokussiert ist.
- Neben der Zeit für die Scharfstellung sollten Sie auch noch die Auslöseverzögerung einplanen. Gerade bei Tieren oder Kindern kann die Summe beider Verzögerungen kritisch werden, und die Situation ist vorbei.
- Der Autofokus funktioniert besser bei heller Umgebung. Wenn Sie abends im Freien oder in schlecht beleuchteten Räumen fotografieren, kann deshalb der Wechsel zum manuellen Fokussieren sinnvoll sein.
- Üben Sie die manuelle Fokussierung anhand der Angaben im Handbuch Ihrer Kamera. Stehen Sie vor einer schwierigen Situation und der Autofokus funktioniert nicht, ist es zu spät, sich mit der Handhabung vertraut zu machen.
- Um ein sich schnell näherndes Objekt scharf zu fotografieren, kann die manuelle Fokussierung manchmal die bessere Lösung sein. Stellen Sie den Fokus dazu manuell auf einen Punkt ein, den das Objekt passieren wird. Wenn Sie den Verschluss zum richtigen Zeitpunkt, an dem das Motiv den fokussierten Punkt erreicht, auslösen, wird es scharf abgebildet. Vermutlich müssen Sie für diesen Trick ein wenig mit Ihrer Kamera üben, um herauszufinden, wie lange die sogenannte Auslöseverzögerung dauert. Darunter versteht man die Zeit zwischen dem Betätigen des Auslösers und dem Öffnen des Verschlusses. Bei vielen digitalen Kompaktkameras liegt die Auslöseverzögerung bei einigen Zehntelsekunden. An dieses Zeitintervall müssen Sie sich erst gewöhnen. Der Auslöser muss entsprechend kurz vor dem Zeitpunkt ausgelöst werden, an dem das Objekt den gewünschten Standort erreicht.

2.5 Die Belichtungsmessung

Die Belichtungsmessung ist ein Faktor, den die meisten Fotografen geflissentlich ignorieren. Das liegt unter anderem daran, dass man sich in der Regel auf die Kamera und ihre automatischen Einstellungen zur Belichtungswertermittlung verlassen kann. Über eine bestimmte Anzahl an Messfeldern werden auf bestimmte Weise Mittelwerte für die Belichtung errechnet, die dann in die Werte für Blende, Verschlusszeit und Empfindlichkeit umgesetzt werden. Es ist aber ein alles andere als banaler Vorgang, wie die Kamera die Belichtungswerte ermittelt. Deshalb haben sogar die einfachsten DSLRs sowie die Systemkameras und die Kompakten zumindest drei Messmethoden im Programm die Mehrfeldmessung, die mittenbetonte Messung und die Selektivmessung. Einige Kameramodelle bieten zusätzlich noch die Spotmessung, bei der ein sehr kleiner Motivbereich wie z. B. das Gesicht einer entfernten Person ausgemessen werden kann. Wenn Sie bei der Kontrolle Ihrer Fotos auf dem Display feststellen, dass die Belichtung nicht optimal geklappt hat, liegt das in vielen Fällen an der ungeeigneten Messmethode.

18 mm • 1/400 s • f/14 • ISO 100

Aufnahmen mit extremem Gegenlicht kann man nur dann richtig belichten, wenn man die korrekte Messmethode – hier die Mehrfeldmessung – einsetzt.

2.5.1 In der Regel mit der Mehrfeldmessung

Der Standard aller Kameras ist die Mehrfeldmessung, bei der ein Mittelwert aus sämtlichen Messwerten gebildet wird. Es gibt also keinen Bereich, der wichtiger wäre. Bei der Mehrfeldmessung wird das gesamte Sichtfeld der Kamera einfach in gleich große Bereiche geteilt. Die Bereiche werden dann vermessen, wobei der mittlere Bildbereich ein wenig höher gewichtet wird, denn üblicherweise befindet sich das Hauptmotiv in der Mitte. Diese Methode ist Standard bei allen Kameras im Automatikmodus und führt in den allermeisten Fällen zu guten Belichtungen. Selbst bei Gegenlicht, das immer etwas knifflig ist, klappt es mit der Mehrfeldmessung ganz gut.

Mehrfeldmessung.

Haben Sie nun aber ein Motiv vor sich, das überdurchschnittlich hell oder dunkel ist, kann es zu Fehlbelichtungen kommen. Setzen Sie in dem Fall besser eine der anderen Messmethoden ein und ermitteln Sie die Werte an den Motivbereichen, die wichtig sind. Im Umgang mit der Spotmessung sollten Sie übrigens am besten mit der Messwertspeicherung arbeiten. Sie »zielen« dabei auf Ihr Motiv und drücken die Messwertspeichertaste, wodurch sich die Kamera die Werte für Verschlusszeit und Empfindlichkeit eine Weile merkt. Anschließend schwenken Sie die Kamera so, dass die Bildgestaltung passt, und drücken den Auslöser.

2.5.2 Im Ausnahmefall die mittenbetonte Messung

Die mittenbetonte Messung ist dagegen ein wenig intelligenter, weil die Kamera das Sichtfeld interpretiert. Sie nimmt an, dass das Hauptgeschehen in der Bildmitte stattfindet, lässt aber z. B. sehr hellen Himmel weniger in die Bewertung der Lichtverhältnisse einfließen. Sie gewichtet die Belichtungsmessung entsprechend. Das klappt meistens ganz hervorragend, jedoch nicht immer, beispielsweise wenn das Hauptgeschehen eben nicht in der Mitte stattfindet und vielleicht sogar zusätzlich sehr hell oder sehr dunkel ist. Leichte Veränderungen der Kameraposition (oder des Motivs) können zu unterschiedlichen Belichtungen führen.

Mittenbetonte Messung.

2.5.3 Auf den Punkt mit der Spotmessung

Wenn es mal ganz genau sein muss und z. B. ein Gesicht im krassen Gegenlicht angemessen werden soll oder eine Graukarte zur Verfügung steht, ist die Spotmessung zu empfehlen. Hierbei wird nur ein ganz kleiner Bereich im Sichtfeld vermessen, bei der Spotmessung ist der Bereich noch kleiner als bei der Selektivmessung. Üblicherweise sitzt der Spotmesspunkt in der Mitte, kann aber bei vielen Kameras zusammen mit dem Autofokusmessfeld verschoben werden. Die Spotmessung ist bei unregelmäßig beleuchteten Ereignissen wie z. B. Rockkonzerten sehr hilfreich. Man muss nur immer auf die Gesichter (Hauttöne) messen und diese Werte dann für die Belichtung verwenden. Das geschieht entweder über die Speicherung der Messwerte oder indem man die Werte manuell einstellt.

Spotmessung.

2.5.4 Manuelle Anpassung der Belichtungswerte

Es gibt Situationen, in denen der Belichtungsmesser der Kamera Unterstützung braucht. Ein konkretes Beispiel: Fotografieren Sie eine weiß gekleidete Braut vor einer weißen Wand, können Sie den Belichtungsmesser der Kamera vergessen bzw. müssen selbst mitdenken. Das Bild wird, weil die Kamera auf 18%iges Grau geeicht ist, viel zu dunkel, Brautkleid und Wand wirken nicht weiß, sondern grau. Das Beispiel in Zahlen: Wäre für eine korrekte Belichtung eine Verschlusszeit von 1/60 Sekunde bei Blende f/8 notwendig (nur theoretisch), würde die Kamera einen Wert von ca. 1/250 Sekunde ermitteln, läge also um ca. zwei Lichtwerte (EV, LW – Lichtwert) zu niedrig. Das Gleiche umgekehrt passiert dem schwarz gekleideten Bräutigam im schattigen Kirchenportal: Er wird bei einer Objektmessung zu hell. Was tun?

Ganz einfach: Die Belichtungswerte müssen manuell kompensiert werden. Praktisch jede Kamera verfügt über die Möglichkeit der Belichtungskompensation. Suchen Sie einen Knopf, Schalter oder einen Menüpunkt mit Plus-/Minuszeichen. Das Prinzip ist immer das gleiche: Man lässt die Kamera die Belichtungswerte ermitteln und korrigiert diese Werte dann nach unten (–) oder oben (+), wodurch die Belichtung verlängert oder verkürzt wird. Das erfordert einige Erfahrung und einen wachen Geist. Fragen Sie sich immer, ob und wie sehr ein Motiv von 18%igem Grau abweicht, und korrigieren Sie die Belichtung entsprechend. Ist das Motiv heller, erhöhen Sie die Belichtung um eine oder zwei Stufen (+1, +2), ist es dunkler, verringern Sie die Werte.

17 mm • 1/250 s • f/9 • ISO 100

Weite, helle Flächen und dazu noch Gegenlicht – da liefert die Belichtungsautomatik keine zuverlässigen Ergebnisse mehr. Hier wurde per manueller Belichtungskorrektur die Verschlusszeit um zwei Lichtwerte von 1/1000 auf 1/250 Sekunde verlängert.

Für welche Motive muss man die Belichtung manuell anpassen?	
Schnee	Belichtung um ca. 2 Stufen erhöhen
Heller Sandstrand	Belichtung um ca. 1 Stufe erhöhen
Landschaft mit viel hellem Himmel	Belichtung um ca. 1 Stufe erhöhen
Landschaft mit Sonne im Sucher	Belichtung um ca. 2 bis 3 Stufen erhöhen
Dunkler Anzug vor dunklem Auto	Belichtung um ca. 2 Stufen verringern
Person im Scheinwerferlicht vor dunklem Hintergrund	Belichtung um ca. 1 bis 2 Stufen verringern (oder Spotmessung vornehmen)
Nachtaufnahme mit wenig Beleuchtung	Belichtung um ca. 2 bis 3 Stufen erhöhen

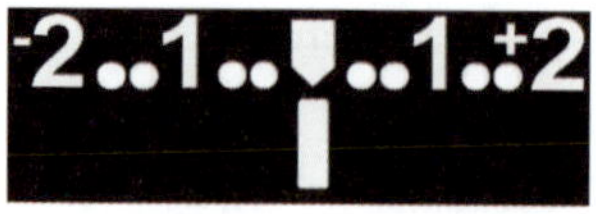

So oder ähnlich sieht die Belichtungskorrekturanzeige auf dem Display oder im Sucher einer Digitalkamera aus.

2.6 Aufnahmefaktoren, ohne die nichts geht

Bevor wir uns mit der hohen Schule der halbautomatischen Belichtungsprogramme beschäftigen, erhalten Sie zuerst eine kurze Beschreibung der wichtigsten Aufnahmeparameter, mit denen Sie vor dem Druck auf den Auslöser konfrontiert werden – sofern Sie mit einer Kamera fotografieren, die manuelle Einstellungsmöglichkeiten zulässt.

2.6.1 Brennweite, Verschlusszeit, Blende, ISO

Je länger die Brennweite, desto näher können Sie ein Motiv »heranholen«. Je kürzer die Brennweite, desto mehr haben Sie vom Motiv auf dem Bild. Außenaufnahmen macht man üblicherweise mit kurzen Brennweiten (z. B. 35 mm), Menschen porträtiert man mit Brennweiten um ca. 80 mm.

Brennweite 17 mm

Brennweite 35 mm

Brennweite 50 mm

Brennweite 105 mm

Brennweite 200 mm

Während man mit kurzen Brennweiten jedes Motiv vergrößern und damit die Proportionen stark überzeichnen kann, liefern mittlere Brennweiten harmonische und lebensechte Aufnahmen. Verwendet man sehr lange Brennweiten, rücken hintere Motivteile scheinbar nach vorn, und das Motiv wird wiederum etwas verzerrt.

Blende

Die Blende ist eine variable Öffnung im Objektiv, die sich beim Belichtungsvorgang kurz öffnet. Je niedriger der eingestellte Blendenwert (z. B. f/2,8), desto mehr Licht fällt durchs Objektiv, und desto kürzer kann die Verschlusszeit sein (kein Verwackeln). Je größer der Blendenwert (z. B. f/11), desto kleiner die Öffnung und desto länger die Verschlusszeit. Konkret: Je kleiner die kleinste einstellbare Blendenzahl, desto weniger Licht benötigen Sie zum Fotografieren. Ein Objektiv mit einer Lichtstärke von f/2,8 lässt mehr Licht durch als eines mit f/5,6.

Blende 4

Blende 5,6

Blende 11

Blende 16

Blende 22

Mit offener Blende reduziert man die Schärfentiefe. Dies kann man gut dazu nutzen, den Blick des Betrachters auf einen bestimmten Motivbereich zu lenken. Möchte man von vorn bis hinten alles scharf zeigen, fotografiert man mit geschlossener Blende. Aber Vorsicht: Je kleiner die Blende, desto mehr kommt es zu einer Beugungsunschärfe. Kontrollieren Sie solche Fotos besonders genau hinsichtlich ihrer Schärfe an den Bildrändern.

Verschlusszeit

Die Verschlusszeit (gleich Belichtungszeit) wird in Bruchteilen von Sekunden angegeben. Je kürzer die Verschlusszeit, desto geringer die Gefahr verwackelter Aufnahmen. Fotografieren Sie z. B. mit einer Verschlusszeit von 1/15 Sekunde, sorgen selbst kleinste Bewegungen für unscharfe Fotos. Ab ca. 1/60 oder 1/125 Sekunde können Sie davon ausgehen, dass Ihre Bilder scharf werden, wenn Sie die Kamera ruhig halten und sich das Motiv nicht zu sehr bewegt.

ISO-Empfindlichkeit

Je empfindlicher eine Kamera bzw. der Sensor eingestellt ist (hoher ISO-Wert), desto weniger Licht wird zum Fotografieren benötigt, und man kann auch mal bei schlechter Beleuchtung Aufnahmen machen. Das einfallende Licht wird von der Kamera elektronisch verstärkt. Der Nachteil hoher ISO-Werte ist, dass die Bilder verrauschen und grobkörnig werden. Für Zeitungsabdrucke ist das akzeptabel, für großformatige Fotoprints nicht. Wenn Sie mit hohen ISO-Werten fotografieren müssen, ist Bildrauschen also unvermeidlich.

Digitalkameras neuerer Bauart haben dagegen automatische Rauschunterdrückungssysteme integriert. Jedes Bild, das als JPEG-Datei auf der Speicherkarte liegt, wurde zuvor von der Kamerasoftware unter anderem hinsichtlich des Bildrauschens optimiert. Das betrifft sowohl das Farb- als auch das Helligkeitsrauschen. Bei RAW-Dateien ist diese Korrektur nicht nötig, da RAW-Fotos üblicherweise vom Fotografen manuell am Computer verarbeitet und optimiert werden – wie in der guten alten Dunkelkammer.

Die Problematik bei der kamerainternen Rauschunterdrückung liegt darin, dass sie manchmal übers Ziel hinausschießt und die Bilder zu weich werden. Wenn Sie das Gefühl haben, High-ISO-Aufnahmen verlieren zu sehr an Details und Schärfe, können Sie die Rauschunterdrückung durch die Kamera in der Regel über das Kameramenü beeinflussen. Mit einem vollautomatischen Aufnahmeprogramm ist das normalerweise nicht möglich. Wie Sie die Rauschunterdrückung an Ihrer Kamera steuern, erfahren Sie durch einen Blick in Ihr Kamerahandbuch, ein Standardverfahren dazu gibt es nicht.

ISO 100 – Vergleich

ISO 400 – Vergleich

ISO 800 – Vergleich

ISO 1600 – Vergleich

ISO 3200 – Vergleich

Anhand dieser Bilder und der Bildausschnitte können Sie sehen, wie sich mit zunehmender Empfindlichkeit (ISO) das Bildrauschen verstärkt. Die Fotos wurden mit einer Canon G12 gemacht.

2.6.2 JPEG, wenn es schnell gehen muss

Wer so weit ist, mit einem der halbautomatischen Aufnahmeprogramme anstelle der Vollautomatik zu arbeiten, sollte auch den Unterschied zwischen den Bildformaten JPEG und RAW kennen. Sie eröffnen sich mit RAW-Daten alle Möglichkeiten für die Nachbearbeitung Ihrer Bilder am Computer. Das JPEG-Dateiformat (Joint Photographic Experts Group) ist jedoch die Standardeinstellung aller Digitalkameras. JPEG-Bilder kann man praktisch auf jedem Gerät ansehen, das Bilder verarbeitet. Computer, Smartphones und Tablets erkennen JPEGs immer zuverlässig. Außerdem lassen sich die Daten von der Speicherkarte ohne Umwege gleich ausdrucken oder z. B. an Druckstationen im Fachhandel bestellen. JPEGs sind mehr oder weniger komprimiert, um Speicherplatz zu sparen. Je nach Kompressionsfaktor geht das auf Kosten der Bildqualität.

Auch für die Erstellung von Serienbildern ist die Entscheidung für das JPEG- oder RAW-Fomat ein nicht zu unterschätzender Faktor. Da JPEG-Dateien deutlich kleiner als RAW-Bilder sind, sind normale Digitalkameras beim Speichern von JPEGs deutlich schneller, und es lassen sich mehr Bilder in Serie schießen. Wenn es auf maximale Geschwindigkeit ankommt, sollten Sie auch alle anderen Faktoren kontrollieren, die die Abläufe eventuell verlangsamen könnten. Dazu gehört vor allem die Autofokusmethode, aber auch die Geschwindigkeitsklasse der Speicherkarte. Je höher die Klasse, desto schneller sind Lese- und Schreibgeschwindigkeit. Klasse 6 sollte es bei geplanten Serienbildern schon sein, um die Möglichkeiten einer modernen DSLR oder Systemkamera auszureizen.

Bildbearbeitung durch die Kamera

Moderne Kameras optimieren JPEG-Bilder direkt nach der Aufnahme und noch vor dem Ablegen auf der Speicherkarte. Welche Korrekturen und Arten der Optimierung die Kamera vornimmt, lässt sich über Menübefehle steuern. Sie können unter anderem die Sättigung, den Kontrast und die Scharfzeichnung manuell steuern, womit dann alle nachfolgend aufgenommenen Bilder in der festgelegten Weise von der Kamera bearbeitet werden. Je nach Kamera sind die Bearbeitungsparameter unterschiedlich. Wie oben schon erwähnt, wirkt sich die interne Bildbearbeitung nur auf JPEG-Bilder aus. RAW-Bilder werden von der Verarbeitung nicht beeinflusst.

2.6.3 RAW für ein Maximum an Bildqualität

Während man bei Schnappschüssen durchaus mit JPEGs arbeiten kann, sollte man bei besonderen Aufnahmen eher auf RAW-Daten setzen. Profis tun das eigentlich immer. Die Kamera speichert die vom Sensor erfassten Bildinformationen (Pixel) nahezu unbearbeitet, die Entwicklung und Umwandlung der Bilder in das JPEG-Format oder ein anderes gängiges Bilddateiformat erfolgt mit einer RAW-Konverter-Software wie Adobe Photoshop Lightroom oder Apple Aperture. Aktuelle Kameras bieten auch die Möglichkeit, von jeder Aufnahme je eine JPEG- und eine RAW-Version gemeinsam abzuspeichern. In Zeiten günstiger Speicherkarten und externer Festplatten die Methode der Wahl. Der große Vorteil von RAW-Daten liegt darin, dass Sie ein Maximum an Bildqualität aus Ihren Aufnahmen herausholen können, während Sie Belichtung, Kontrast, Farben, Rauschunterdrückung und so weiter nachträglich verändern können. Korrekturen an JPEG-Dateien führen immer zu Verlusten bei der Bildqualität.

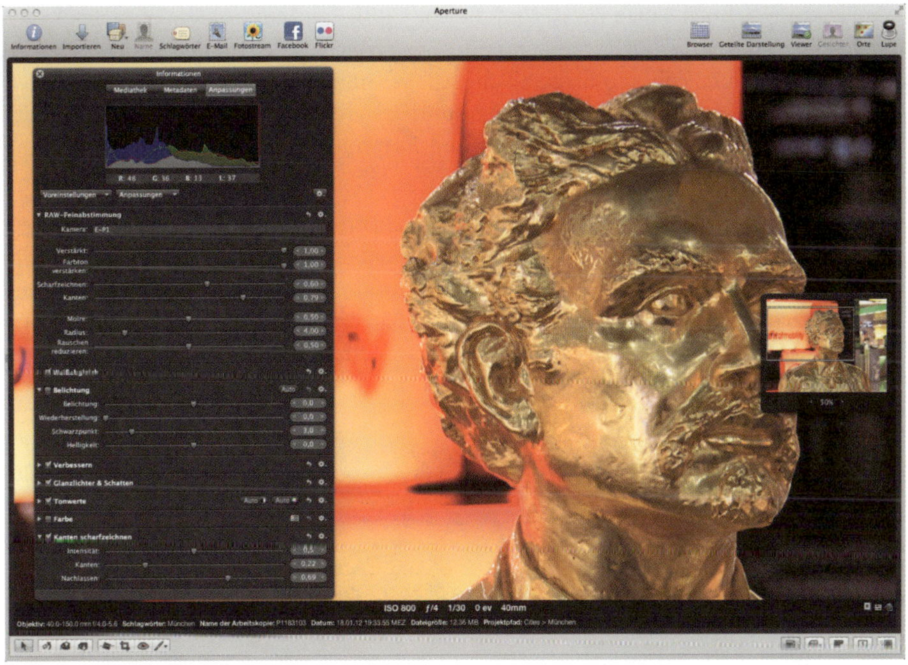

Die digitale Dunkelkammer für ein Maximum an Bildqualität – hier die RAW-Konverter- und Bildverwaltungssoftware Apple Aperture im Einsatz.

2.7 Aufnahmeprogramme für Fortgeschrittene

Haben Sie gerade angefangen, sich mit der Digitalkamera auseinanderzusetzen, werden Sie in vielen Fällen vermutlich mit der Vollautomatik oder einem Motivprogramm arbeiten. Sie müssen sich dann über die richtigen Belichtungswerte keine Gedanken machen, haben also die Möglichkeit, sich ganz auf die Bildgestaltung mithilfe von Brennweite und Kamerastandort zu konzentrieren. Es spricht nichts dagegen, in den allermeisten Fällen genau so vorzugehen. Denn gerade die fortgeschrittenen Automatikfunktionen einer Digitalkamera sorgen in der Regel für unverwackelte und korrekt belichtete Bilder. Um nun das durch ausgereifte Technik gewonnene Potenzial auch wirklich auszuschöpfen, sollten Sie die Grundlagen für gelungene Bildgestaltung kennen. Und Sie sollten sich auch bewusst machen, wo die Grenzen der Technik liegen.

2.7.1 Einstellungen mit dem Moduswahlrad

High-End-Kompaktkameras, spiegellose Systemkameras und Spiegelreflexkameras geben dem Fotografen neben den bereits genannten Automatikprogrammen zusätzlich noch Aufnahmeprogramme an die Hand, die entweder halbautomatisch funktionieren oder bei denen die Kamera komplett manuell eingestellt wird. In der Regel stellen Sie diese Aufnahmeprogramme mit einem Moduswahlrad ein, das auf der Kameraoberseite angebracht ist.

Wenn es ganz schnell gehen muss, sind die vorgegebenen Motivprogramme wie Landschaft, Panorama, Kerzenlicht, Sonnenuntergang, Feuerwerk und andere sinnvoll. Haben Sie aber etwas mehr Zeit, probieren Sie die halbautomatischen Aufnahmeprogramme P, A, S und M aus. Denn erst mit diesen Programmen werden Sie die Zusammenhänge zwischen Brennweite, Blende, Verschlusszeit und Empfindlichkeit praktisch erlernen und begreifen.

Da diese Aufnahmeprogramme etwas für Fortgeschrittene sind, müssen Sie nicht nur die Belichtungswerte, sondern auch alle anderen Parameter im Blick behalten, die Sie über das Kameramenü erreichen. Denn in den halbautomatischen Aufnahmeprogrammen sind sämtliche Einstellungen der Kamera verfügbar, arbeiten Sie mit einem der Motivprogramme zeigen die meisten Kameras nur eine reduzierte Auswahl an Menübefehlen.

Das hier gezeigte Wahlrad gehört zu einer Olympus PEN E-P3. Neben den Aufnahmeprogrammen P, A, S, M stellt man mit dem Wahlrad die Vollautomatik iAUTO ein, aktiviert ART-Filter, Video und über SCN die Motivprogramme, die anschließend über den Kameramonitor ausgewählt werden. Die Belegung entspricht der der meisten Moduswahlräder anderer Kamerahersteller mit Ausnahme von Canon: Hier ist A gleich Av und S gleich Tv.

2.7.2 Fotografieren mit der Programmautomatik (P)

Das einfachste der halbautomatischen Programme heißt Programmautomatik oder Programmverschiebung (P). Hierbei stellt die Kamera Verschlusszeit und Blende laut der ermittelten Belichtungswerte (Antippen des Auslösers) ein. Das Interessante an P: Sie können nach dem Antippen des Auslösers mit einem Einstellrad/Wahlrad die Werte für Blende und Verschlusszeit parallel verschieben und für ein Porträt z. B. eine große Blendenöffnung wählen. Die Verschlusszeit wird dann automatisch korrekt angepasst, damit die Belichtung stimmt.

40 mm • 1/20 s • f/7,1 • ISO 800

Schnappschüsse, bei denen es mehr ums Motiv als um die Bildgestaltung durch Blende und Verschlusszeit geht, kann man meistens mit der Programmautomatik schießen. Die Programmautomatik arbeitet ähnlich wie die Vollautomatik. Sie können sich in der Regel auf die automatisch ermittelten Belichtungswerte der Kamera verlassen, haben jedoch die Möglichkeit, sämtliche Parameter wie Blende, Empfindlichkeit oder Weißabgleich bei Bedarf zu verändern.

2.7.3 Fotografieren mit der Blendenautomatik (S, T, Tv)

Das Programm zur primären Steuerung der Verschlusszeit heißt Blendenautomatik oder auch Zeitvorwahl (S, T, Tv). Sie geben eine Verschlusszeit vor, und die Kamera passt die Blende entsprechend an, um korrekt zu belichten. Die Blendenautomatik ist vor allem interessant in lichtkritischer Umgebung, wenn man nicht verwackeln möchte. Man gibt dann z. B. eine relativ sichere Verschlusszeit von 1/125 Sekunde vor, tippt den Auslöser an und verlässt sich darauf, dass die Kamera die anderen Werte für Blende und ISO korrekt einstellt. Ebenfalls sinnvoll lässt sich die Blendenautomatik bei Fotos von Bewegungen einsetzen. Möchten Sie eine Bewegung knackscharf zeigen, wählen Sie eine sehr kurze Zeit wie z. B. 1/1000 Sekunde vor und überlassen der Kamera den Rest.

31 mm • 0,5 s • f/2,8 • ISO 100

Wer mit der Zeitvorwahl/Blendenautomatik arbeitet, legt die Verschlusszeit fest, die für ein bewegtes Motiv sinnvoll ist. Je schneller die Bewegung, desto kürzer muss die Zeit sein. Aber auch für den bewussten Einsatz von Bewegungs- und Verwischeffekten ist die Verschlusszeit wichtig. Die Kamera stellt dabei die richtige Blende automatisch ein.

2.7.4 Fotografieren mit der Zeitautomatik (A, Av)

Das Gegenteil zur Blendenautomatik ist die Zeitautomatik (A, Av), auch als Blendenvorwahl bezeichnet. Da mit der Blende die Schärfentiefe gesteuert wird, bietet sich das Programm immer für diese Art der Bildgestaltung an. Stellen Sie eine kleine Blende (einen großen Wert) ein, ist die Schärfentiefe hoch (Landschaften, breite Außenansichten), mit einer großen Blendenöffnung (einem kleinen Wert) reduzieren Sie die Schärfentiefe auf ein Minimum (Porträts mit unscharfem Hintergrund). Die Kamera passt die Verschlusszeit entsprechend an.

59 mm • 1/180 s • f/11 • ISO 400

Mit der Blendenvorwahl/Zeitautomatik wird die Blende eingestellt, um die für das Motiv sinnvolle Schärfentiefe festzulegen. In der Makrofotografie arbeitet man z. B. mit kleinen Blenden wie f/11, f/16 oder f/22. Die Kamera ermittelt automatisch die passende Verschlusszeit.

2.7.5 Fotografieren mit manueller Belichtung (M)

Wer alles unter Kontrolle haben möchte, arbeitet mit dem manuellen Belichtungsprogramm M. Hierbei zeigt die Kamera im Sucher oder auf dem Display lediglich an, ob die gewählten Werte für Blende und Verschlusszeit zu einer korrekten Belichtung führen. Verändern mussen Sie die Werte jedoch von Hand.

200 mm • 1/320 s • f/2,8 • ISO 1600

In schwierigen Lichtverhältnissen Bewegungen zu fotografieren, erfordert das manuelle Einstellen sämtlicher Belichtungswerte. Das klappt nur mit dem Programm M.

2.7.6 Alles eine Sache der Abstimmung

Sobald Sie auf den Auslöser Ihrer Digitalkamera drücken, wird der Verschluss geöffnet, und durch die Blende hindurch fällt Licht auf den Sensor. Dieser nimmt das auftreffende Licht für jeden einzelnen Bildpunkt auf und leitet es an den Prozessor der Kamera zur Aufbereitung und Speicherung weiter. Um ein korrekt belichtetes Foto zu bekommen, müssen Verschlusszeit (das Zeitintervall, in dem Licht durch das Objektiv auf den Sensor fallen kann) und Blende (Öffnung mit bestimmtem Durchmesser, durch die Licht einfällt) präzise aufeinander abgestimmt sein. Nur bei jeweils ganz bestimmten Blende-Verschlusszeit-Paaren stimmt die Belichtung.

Das bedeutet für den bewussten Einsatz von Blende und Verschlusszeit: Wird einer der beiden Werte für gestalterische Zwecke verändert, muss der andere Wert entsprechend angepasst werden. Ist etwa für die korrekte Belichtung eines Motivs eine Blende von 5,6 bei einer Verschlusszeit von 1/250 Sekunde nötig und wird die Blende auf 2,8 vergrößert (ein kleinerer Blendenwert bedeutet eine Vergrößerung der Blendenöffnung), muss die Verschlusszeit auf 1/500 Sekunde verringert werden, da eine Blende von 2,8 wegen der größeren Öffnung mehr Licht auf den Sensor fallen lässt. In der Summe muss das auf den Sensor fallende Licht also gleich bleiben.

15 mm • 1,0 s • f/5,6 • ISO 100

15 mm • 0,8 s • f/5,6 • ISO 100

Diese beiden Fotos entstanden unter den gleichen Lichtverhältnissen, jedoch mit unterschiedlichen Zeit-Blende-Kombinationen. Einmal wurde mit Blende 5,6, einmal mit Blende 11 fotografiert, die Kamera passte die notwendige Verschlusszeit automatisch an. In beiden Fällen war die Belichtung korrekt, und jeweils die gleiche Menge Licht fiel auf den Sensor.

In den beiden Tabellen unten (Blendenreihe und Verschlusszeitenreihe) sehen Sie mögliche Werte für Blenden und Verschlusszeiten. Neben den vollen Blenden- und Verschlusszeitenwerten stehen die Werte für dazwischenliegende 1/3-Stufen. Manche Kameras lassen sich auch auf 1/2-Stufen einstellen, diese Werte werden hier jedoch nicht gesondert wiedergegeben, da für die exakte Belichtungssteuerung 1/3-Stufen besser geeignet sind.

Ausschnitt einer Blendenreihe ganzer Blendenstufen										
1	1,4	2	2,8	4	5,6	8	11	16	22	32

Ausschnitt einer Blendenreihe mit 1/3-Blendenstufen											
1	1,1	1,2	1,4	1,6	1,8	2	2,2	2,5	2,8	3,2	3,5

Ausschnitt einer Verschlusszeitenreihe in Sekunden										
1	1/2	1/4	1/8	1/15	1/30	1/60	1/125	1/250	1/500	1/1000

3 Fesselnde Bildgestaltung

Wenn man mal begriffen hat, wie eine Digitalkamera funktioniert, kann man sich auf das Wesentliche konzentrieren und versuchen, richtig gut gestaltete Fotos zu schießen. Erfahren Sie jetzt, wie Sie die Gestaltungstricks der Profis in der alltäglichen Fotografie nutzbringend einsetzen können.

18 mm • 5 s • f/4,5 • ISO 100

Lichtführung, Bildaufteilung, Kontraste, Farben und Schärfe – hier stimmt einfach alles, um das Foto zu einem perfekten Blickfang zu machen.

3.1 Fotografische Regeln, auf die es ankommt

Wenn Sie ein Bild bewusst gestalten, arbeiten Sie schon kreativ. Allerdings ist nicht jede Gestaltung ein kreativer Geniestreich. Denn die meisten Gestaltungsregeln lassen sich wie das Zehnfingertippen erlernen und durch Übung vertiefen. Die Fotografie ist zum Großteil echtes Handwerk. Ein geübter Fotograf erkennt ganz besondere Situationen und setzt sie entsprechend in Szene. Kreativität und Intuition kann man natürlich nicht vermitteln, die Grundlagen der Technik haben Sie bereits kennengelernt. Jetzt geht es also um das gestalterische Handwerk.

180 mm • 1/1600 s • f/4,5 • ISO 400

Solche Motive, die man leicht selbst schießen kann, sieht man immer wieder auf Homepages und in der Werbung. Die Bildgestaltung lebt von knapper Schärfentiefe, prägnanten Linien und hohem Kontrast.

Regeln bewusst brechen

Wenn hier über gestalterische Regeln gesprochen wird, ist die Rede von Regeln, die für Menschen im westlichen Kulturkreis gelten. Andere Länder, anderes Gestaltungsempfinden. Ein kleines Beispiel dazu: Wir schreiben von links nach rechts, die arabische Schrift läuft von rechts nach links. Wir empfinden eine von links nach rechts gehende Bewegung als aktiv und angreifend, eine Bewegung von rechts nach links wird dagegen eher als abwehrend und passiv empfunden. Der Inhalt eines Fotos kann also stark davon abhängen, wo auf der Erde das Bild gerade betrachtet wird. Das bewusste Brechen ästhetischer Regeln kann bereits ein außergewöhnliches Bild hervorbringen, man sollte jedoch wissen, was man tut bzw. wie die potenziellen Betrachter mit einem Motiv vermutlich umgehen werden.

3.1.1 Den Blickfang nie aus den Augen verlieren

Betrachtet man die eigenen Fotos am Computer oder als Ausdruck, stellt man sehr häufig fest, dass ein vermeintlich atemberaubender und interessanter Blickfang kaum mehr zur Geltung kommt. Das passiert zum Beispiel ständig beim Fotografieren von Landschaften oder weiten Ansichten mit kurzer Brennweite. Wo aber liegt das Problem? Immerhin war das Motiv doch schön, die Belichtung hat gut geklappt, und die Hauptmotive wie Menschen oder Gebäude sind auch zu sehen. Selbst wenn Licht, Belichtung und Inhalte stimmen, kann eine Aufnahme trotzdem komplett danebengehen, wenn man sich nicht an ein paar einfache Grundregeln zur Gestaltung hält. Kamerastandort, Brennweite, Bildausschnitt, das Weglassen von unwichtigen Inhalten, knappe oder weite Schärfentiefe und die Positionierung des eigentlichen Blickfangs sind die wichtigsten Faktoren für bessere Bilder.

150 mm • 0,5 s • f/16 • ISO 100

Manchmal ist der Blickfang unschwer zu erkennen. Rot zieht die Blicke immer auf sich.

3.1.2 Hoch oder quer: keine banale Angelegenheit

Gerade in der bewussten Bildgestaltung kommt ein immer wieder zu wenig beachteter Faktor ins Spiel – das Bildformat. Meistens hält man die Kamera so, dass Querformataufnahmen entstehen. Man sollte aber zunächst die Gestaltungselemente im Motiv analysieren und besonders die Führungslinien erkennen, um sich anhand dessen für das Hoch- oder das Querformat zu entscheiden. Und dann gibt es natürlich noch Motive, die bei schräger Kamerahaltung am besten zur Geltung kommen. Kleiner Tipp für die Familienfeier: einfach mal bei ein paar Aufnahmen die Kamera etwas schräg halten, dann wirken die Bilder gleich peppiger.

85 mm • 1/20 s • f/4 • ISO 800

85 mm • 1/160 s • f/8 • ISO 100

Ob Sie das Hoch- oder das Querformat verwenden, ist bei vielen Motiven keine einfache Entscheidung. Versuchen Sie am besten beides.

3.1.3 Hauptmotiv und Nebenmotive positionieren

Ein weiterer grundlegender Faktor beim Fotografieren ist die Positionierung des Hauptmotivs im Bild. Egal ob es sich um einen Menschen, eine Personengruppe oder ein Gebäude handelt, die meisten Amateure nehmen das Hauptmotiv zunächst in der Mitte des Suchers/Bildschirms ins Visier. Es gibt durchaus Situationen wie z. B. die Spieglung des Motivs in einer Wasserfläche, in denen Symmetrie angebracht ist. Man könnte hier die Schnittkante zwischen Motiv und Spiegelung in der Mitte des Bilds anordnen. Bis auf diese wenigen Ausnahmen ist es aber meistens sinnvoll, als Erstes eine außermittige Platzierung auszuprobieren. Allein durch diesen kleinen Trick, sein Motiv aus der Mitte zu rücken, gewinnt ein Bild gleich an Spannung.

200 mm • 1/200 s • f/5,6 • ISO 100

Es ist Ihre Entscheidung, wo Sie ein Hauptmotiv im Bild zeigen. Anfänger neigen dazu, alles in der Mitte zu platzieren, was in den seltensten Fällen zu spannenden Aufnahmen führt.

Probieren Sie das doch einfach mal aus und machen Sie in paar Fotos einer Kaffeetasse, die auf einem Tisch steht. Die Tasse wird abwechselnd mittig, links, rechts, etwas weiter oben und weiter unten fotografiert. Sie werden schnell erkennen, welche Auswirkungen die Platzierung des Hauptmotivs haben kann. Verändert man nun noch die Entfernung bzw. die Brennweite, ergeben sich durch die Neugewichtung von Tasse, Tisch und Hintergrund ebenfalls neue Sichtweisen. Ist man weit weg, wirkt das Motiv klein, verloren, zerbrechlich. Geht man nah ran, kommt das Motiv groß raus, und man kann – je nach Brennweite – geradezu skurrile Perspektiven erzeugen.

In der Regel gibt es nicht nur ein Hauptmotiv in einem Bild, sondern dazu auch ein oder mehrere Nebenmotive. Machen Sie sich klar, was wirklich wichtig ist. Was ist also Ihr Hauptmotiv? Eine Person, eine Personengruppe, ein Gebäude, ein Produkt? Alles andere im Vorder- oder Hintergrund wird dann nachrangig behandelt. Das Problem in vielen Aufnahmesituationen ist, dass ein Hauptmotiv von mehreren starken Nebenmotiven begleitet wird. Dann kann ein Betrachter den eigentlichen Sinn einer Aufnahme nicht sofort erfassen. Das aber wäre sehr wichtig für ein zur Veröffentlichung bestimmtes Bild. Beobachten Sie sich einmal selbst dabei, wie schnell Sie Fotos betrachten und auch gleich wieder weglegen. Sie werden feststellen, dass die allermeisten Amateurbilder inhaltlich zu diffus sind und man schnell das Interesse verliert.

24 mm • 1/50 s • f/11 • ISO 100

Das Hauptmotiv – die Kirchtürme – wird durch ein starkes Nebenmotiv – den herbstlichen Baum – unterstützt.

Also, was ist das Hauptmotiv, und wie trennt man es vom Rest des Bilds bzw. verstärkt seine Wirkung? Zunächst – wie weiter unten beschrieben (s. übernächster Abschnitt) – durch die Positionierung nach Goldenem Schnitt oder Drittel-Regel. Als Nächstes muss man sich überlegen, wie man störende Elemente im Bild eliminiert. Das klappt in der Regel dadurch, dass man die Kameraposition oder die Brennweite verändert. Im nächsten Schritt werden Nebenmotive arrangiert, ebenfalls durch leichte Veränderungen der Kameraposition bzw. der Brennweite. Wenn möglich, kann man Nebenmotive natürlich auch verschieben. Dazu ein wichtiger Tipp: Man sollte darauf achten, Überlappungen zu vermeiden, wenn sie nicht Teil der Bildaussage sind. Denn wenn sich Konturen verschiedener Bildelemente überlappen, nimmt der Betrachter die Elemente fälschlich als Einheit wahr.

Motive umrunden

Um sich die Wirkung unterschiedlicher Positionen eines Objekts im Bild zu vergegenwärtigen, machen Sie ein paar Versuche mit einem einfachen Motiv, das Sie mit Ihrer Kamera umrunden können. Es ist dabei egal, ob es sich um eine Gartenbank, einen Baum oder ein Fahrrad handelt – Hauptsache, Sie können aus verschiedenen Blickwinkeln fotografieren. In der Produktfotografie können Sie den Gegenstand natürlich einfach drehen bzw. anders in Relation zu weiteren Motiven im Bild positionieren. Machen Sie eine Fotoreihe von 10 bis 20 Bildern und betrachten Sie sie am besten am Computerbildschirm. Sie werden schnell erkennen, dass das Hauptmotiv völlig anders wirkt, je nachdem, aus welcher Perspektive und Richtung Sie fotografieren.

3.1.4 Symmetrische oder außermittige Motive

Oft liest man, dass man sich vor Symmetrie hüten solle. Platziert man Motive außermittig, gewinnt ein Bild an Spannung. Auf die meisten Motive trifft das durchaus zu, aber es gibt eben auch solche, bei denen man diese eherne Regel einfach brechen muss. Das Model wurde für diese Körperstudie in die Mitte des hochformatigen Bilds genommen. Das Bild lebt insbesondere von Kontrasten, sowohl von hintergründigen als auch von offensichtlichen.

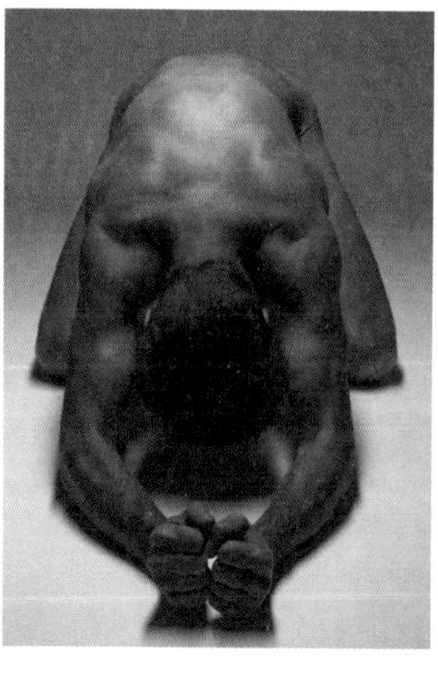

70 mm • 1/160 s • f/11 • ISO 100

Die extremen Helligkeitsunterschiede bilden interessante gestalterische Kontraste, die man sofort sieht. Der hintergründige Kontrast hat etwas mit der Symmetrie der Bildgestaltung zu tun. Denn obwohl das Bild horizontal symmetrisch ist, erkennt man deutlich, dass auch ein durchgestylter Körper im Detail immer unsymmetrisch bleiben wird.

3.1.5 Spannendere Bilder mit dem Goldenen Schnitt

Wohl die wichtigste Regel zur Platzierung von Motiven in einem Bild ist der Goldene Schnitt. Nicht nur in der Fotografie, sondern sogar ursprünglich in der Architektur und Bildhauerei wurde und wird die Gestaltung im Sinne des Goldenen Schnitts vorgenommen. Aber nicht nur Künstler, sondern auch Grafiker und Designer verwenden diese alte Regel. Aber was ist nun der Goldene Schnitt, und wie kann man ihn in der Praxis einsetzen?

135 mm • 1/125 s • f/2,8 • ISO 1600

Der Läufer im Goldenen Schnitt allein macht den Reiz des Motivs noch nicht aus. Erst die Führungslinien des Feldwegs und die Laufrichtung führen den Blick des Betrachters ins Bild hinein.

Er ist in erster Linie ein Teilungsverhältnis. Ein Punkt P teilt eine Strecke mit den Endpunkten A und B dann im Goldenen Schnitt, wenn das Verhältnis von AP (längere Teilstrecke) zu PB (kürzere Teilstrecke) dem Verhältnis von AB (Gesamtstrecke) zu AP (längere Teilstrecke) entspricht. Der Zahlenwert der Division beträgt in beiden Fällen ca. 1,618 oder entspricht einem Verhältnis von 62 : 38. Dieses Teilungsverhältnis entspricht in etwa dem Längenverhältnis zwischen menschlichem Unter- und Oberarm, was man an gut gestalteten Skulpturen aus der Antike oder auch an sich selbst nachmessen kann. Für die fotografische Praxis bedeutet der Goldene Schnitt, dass man Strecken (Höhe, Breite) im Verhältnis von 62 : 38 teilt und an den Schnittpunkten Haupt- und Nebenmotive platziert. Das Gleiche gilt für prägnante Linien, die durch Ihre Bilder laufen.

Ein Vogel auf einem Gartenzaun ist ja eigentlich nichts Besonderes. Um diese normale Aufnahme eines Vogels in eine gute zu verwandeln, wurden hier mehrere Stilmittel eingesetzt. Fotografiert wurde mit langer Brennweite und offener Blende für geringe Schärfentiefe. Dann wurde das Bild am Computer um ca. 25 % beschnitten und der Inhalt so verschoben, dass der Kopf des Vogels die Fläche in etwa im Goldenen Schnitt (Seitenverhältnis ungefähr 3 : 5) teilt. Anschließend wurde die Farbsättigung erhöht, um den

Warm-Kalt-Kontrast (Rot-Grün) zu verstärken. Und schließlich kam noch eine künstliche Vignette hinzu, um den Blick des Betrachters auf den Bildmittelpunkt und den Vogel zu lenken.

400 mm • 1/400 s • f/3,2 • ISO 1000

Der kleine Vogel sitzt perfekt im Goldenen Schnitt.

3.1.6 Schnelle Bildgestaltung mit der Drittel-Regel

Üblicherweise hat man nicht genügend Zeit und Ruhe, beim Fotografieren exakt den Goldenen Schnitt anzuwenden. Viel einfacher und dabei kaum weniger professionell ist die Drittel-Regel mit einem Teilungsverhältnis von ca. 66 : 33. Die Drittel-Regel ist eine Vereinfachung des Goldenen Schnitts und trägt ebenfalls zu spannenderen Bildern bei. Alle modernen Digitalkameras blenden auf Wunsch ein Gitternetz auf dem Display ein, das das Sucherbild horizontal und vertikal drittelt. Im Sucher bzw. auf dem Monitor entstehen also neun Segmente, die das Motiv aufteilen. Wenn Sie die Funktion einmal gefunden haben, sollten Sie das Gitternetz immer aktiv lassen. Auch wenn Sie nicht bewusst darauf achten, werden Sie mit der Zeit Ihre Bilder ganz automatisch an den Linien ausrichten. Personen oder gestalterische Linien wie der Horizont, eine Häuserkante oder eine Baumreihe werden entweder an den Schnittpunkten oder entlang der zwei horizontalen und vertikalen Linien platziert. Führungslinien, die den Blick durch das Bild leiten, sind perfekt, um ein Bild aufzuteilen. Ein Tipp: Probieren Sie die Gestaltung nach der Drittel-Regel in einer ruhigen Stunde aus und beobachten Sie, wie sich Ihre Bilder durch eine andere Ausrichtung verändern.

Für eine spannendere Bildgestaltung ist es hilfreich, Motive nach der Drittel-Regel auszurichten. Üblicherweise gibt man dem Himmel bei solchen Motiven entweder ein Drittel oder wie hier zwei Drittel Raum. Allein durch die Bilddrittelung entsteht automatisch eine harmonische Komposition.

Horizont nach der Drittel-Regel ausrichten

Nach der Regel der Bilddrittelung richtet man den Horizont am besten an einer der beiden imaginären Linien aus, die das Bild im oberen oder unteren Drittel teilen. Meistens bietet es sich an, den Horizont an die untere Linie zu legen, sodass im unteren Bilddrittel z. B. eine Landschaft, im oberen hauptsächlich Himmel zu sehen ist. Seien Sie nicht zu vorschnell bei dieser Entscheidung und probieren Sie beide Varianten aus – einmal mit mehr, einmal mit weniger Himmel. Die Ergebnisse wirken völlig unterschiedlich. Ähnlich lässt sich auch in der Produktfotografie arbeiten. Haben Sie z. B. eine Kante zwischen Aufnahmetisch und Hintergrund auf dem Bild, können Sie die Position der Kamera variieren und die Kante entweder im oberen oder im unteren Drittel ansetzen.

3.1.7 Auf den Maßstab der Dinge kommt es an

Möchten Sie verdeutlichen, wie groß ein Gebäude, wie weit eine Landschaft ist, beziehen Sie Menschen als Maßstab mit ins Bild ein. So erkennt man auf den ersten Blick, wie groß (oder klein) die Umgebung ist. Natürlich sind nicht nur Menschen geeignet, Größenverhältnisse zu verdeutlichen. Man denke nur an die berühmte Streichholzschachtel, um die Winzigkeit eines technischen Gadgets wie einer Minikamera zu zeigen. Jedes Motiv, von dem jedermann weiß, wie groß es ist, kann als Maßstab in einem Bild dienen.

31 mm • 1/500 s • f/7,3 • ISO 100

Möchten Sie z. B. verdeutlichen, wie weit eine Landschaft ist, beziehen Sie Menschen als Maßstab mit ins Bild ein. So erkennt der Betrachter auf den ersten Blick die Dimensionen der Umgebung.

3.1.8 Faktoren für die Erzeugung räumlicher Tiefe

Fotos sind zweidimensional. Wie schafft man aber in einem Foto den Eindruck von räumlicher Tiefe? Die allerwichtigsten Gestaltungsmittel sind Vordergrund, Mittelgrund und Hintergrund. Der Begriff Mittelgrund sagt aus, dass es zwischen den beiden Ebenen ganz vorn und ganz hinten noch einen weiteren Bereich gibt, in dem sich etwas abspielt. Das Hauptmotiv kann natürlich in jeder der Ebenen stehen, es kommt nur darauf an, das Auge des Betrachters auf diesen Blickfang zu lenken. Wenn die Gestaltungsebenen in einem Bild klar voneinander getrennt sind – es können nur zwei oder auch mehrere Hauptebenen sein –, entsteht ganz automatisch der Eindruck räumlicher Tiefe. Ebenfalls gut für räumliche Tiefe: parallele Linien, die nach hinten zusammenlaufen, oder gleich große Dinge, die hintereinander gestaffelt auf dem Bild unterschiedlich groß erscheinen.

45 mm • 1/200 s • f/11 • ISO 100

Der Größenvergleich zwischen dem Jungen im Vordergrund und dem eigentlich viel höheren Mast einer Beleuchtungsanlage verdeutlicht die räumliche Tiefe im Bild.

3.1.9 Schärfe und Unschärfe als Gestaltungsmittel

Neben der Platzierung von Haupt- und Nebenmotiven gibt es noch ein fast ebenso wichtiges Mittel zur Bildgestaltung – die Schärfe. Das Hautmotiv ist normalerweise scharf, der Rest kann mehr oder weniger unscharf sein. Scharfe Bildelemente ziehen ganz automatisch den Blick an, unscharfe Teile werden dagegen kaum beachtet. Klassisches Beispiel: Kopfporträts z. B. für einen Internetauftritt oder ein Passfoto werden so aufgenommen, dass der Hintergrund unscharf ist und nicht ablenkt. Das Problem bei der technischen Umsetzung liegt darin, dass man die Belichtungswerte, insbesondere die Blende, manuell einstellen muss, um die Schärfentiefe steuern zu können. Mit einer großen Blendenöffnung (kleine Blendenzahl wie z. B. f/4 oder f/2,8) bleibt die Schärfentiefe klein. Das bedeutet für Sie, Sie können entweder mit dem Aufnahmeprogramm für Porträts arbeiten (die Kamera stellt eine relativ große Blendenöffnung ein), oder Sie probieren die Blendenvorwahl (A, Av) aus. In diesem Fall wählen Sie einen Blendenwert vor und überlassen der Kamera die restlichen Einstellungen.

400 mm • 1/40 s • f/5,6 • ISO 200

Wenn man mit langer Brennweite und offener Blende fotografiert, erhält man fast automatisch einen unscharfen Hintergrund, der nicht vom Hauptmotiv ablenkt.

3.1.10 Führungslinien, die den Blick des Betrachters leiten

Jeder Mensch sucht beim Betrachten eines Motivs nach Strukturen, die der Orientierung dienen. Gute Bildgestaltung zeichnet sich dadurch aus, dass der Blick zu bestimmten Punkten geführt und dort möglichst lange gefesselt wird. Wichtig sind Führungslinien immer dann, wenn man nicht mit knapper Schärfentiefe oder Helligkeiten eindeutig den

Blick zum Hauptmotiv führen kann. Führungslinien können sichtbare Linien (Straßen, Mauern, die Kanten oder Muster eines Gegenstands) sein, aber auch gedachte Linien wie z. B. die Blickrichtung zweier Menschen oder Tiere.

40 mm • 1/200 s • f/7,1 • ISO 200

Hier sind die Führungslinien gut zu erkennen, die deutlichen Einfluss auf die Bildinterpretation haben.

Aber nicht nur in der Landschaftsfotografie sind Linien wichtig für die Bildgestaltung. Gerade auch beim Fotografieren von Menschen lenken Linien den Blick aufs Wesentliche. Gliedmaßen, Körperkonturen oder harte Schattenkanten erzeugen Linien, die man für die Bildgestaltung einsetzen kann.

3.1.11 Ausgewogene Helligkeitsverteilung und Farben

Neben der Blende ist für Bildgestaltung und Blickführung die Helligkeitsverteilung eines Motivs sehr wichtig. Der Blick wird von hellen Bereichen angezogen, Dunkles wird eher ignoriert. Achten Sie also darauf, dass Ihr Hauptmotiv heller als der Rest des Bilds ist. Und noch einen Faktor gibt es, auf den Sie ganz einfach achten können: Farben. Signalfarben wie Rot, Orange oder Gelb ziehen den Blick an. Eine rote Krawatte kann ein Farbtupfer in einem Porträt sein, lenkt aber möglicherweise vom Gesicht ab.

18 mm • 1/320 s • f/9 • ISO 100

Wohin sehen Sie als Erstes? Natürlich auf den roten Schiffsschornstein.

3.2 Perspektiven und ihre Wirkung

In der Bildgestaltung kommt es fast immer auf die Perspektive an. Sie können die Perspektive sowohl horizontal als auch vertikal verändern. Bedenken Sie, dass Sie einem Betrachter Ihrer Fotos immer vermitteln, aus welcher Position Sie die Aufnahmen gemacht haben. Er sieht das Motiv genau wie Sie im Moment des Auslösens.

3.2.1 Aus der Froschperspektive wirkt alles größer

Bei Schnappschüssen – in den meisten Fällen steht oder sitzt man – macht man sich in der Regel keine Gedanken darüber, wie ein Motiv vielleicht aus einer anderen Perspektive wirken könnte. Wenn Sie in Bezug zu Ihrem Motiv einen besonders tiefen Blickpunkt einnehmen, die Perspektive also vertikal nach unten variieren, spricht man von der Froschperspektive. Alles, was Sie fotografieren, wirkt dann viel größer. Je kleiner die gewählte Brennweite ist und je näher Sie sich am Motiv befinden, desto stärker wirkt der Effekt.

7 mm • 1/640 s • f/4 • ISO 100

Froschperspektive bedeutet, dass man die Kamera sehr nah über dem Boden hält. Wenn man dann noch mit Weitwinkelbrennweite fotografiert, wirkt der Tennisball riesig.

Besonders interessant ist die Froschperspektive immer dann, wenn Sie Objekte ablichten, von denen der Betrachter weiß, dass sie eigentlich sehr klein sind. Eine Blume oder ein Pilz von schräg unten – mit ausklappbarem Kameradisplay zur Bildkontrolle kein Problem –, Kinder oder kleine Haustiere sind tolle Motive für die Froschperspektive. Durch den ungewöhnlichen Blickwinkel erregen Sie beim Betrachter mit Sicherheit Aufmerksamkeit. Aber nicht immer ist die Froschperspektive eine Frage der bewussten gestalterischen Entscheidung.

Fotografieren Sie z. B. in der Häuserschlucht einer Großstadt Wolkenkratzer, bleibt Ihnen oft keine andere als die Froschperspektive. Meist steht nicht genügend Platz zur Verfügung, um Hochhäuser aus der Entfernung aufzunehmen. Das kann einerseits reizvoll sein, um die Größe der Gebäude zu verdeutlichen, andererseits führt diese Art der Perspektive unweigerlich zur schrägen Darstellung eigentlich senkrecht in den Himmel ragender Gebäude – eine extreme Form der stürzenden Linien, die sich nur in gewissen Grenzen mithilfe der Bildbearbeitung korrigieren lässt.

3.2.2 Aus der Vogelperspektive wirkt alles kleiner

Fotografieren Sie im Gegensatz zur Frosch- aus der Vogelperspektive, wirken Menschen und Objekte klein, zuweilen zerbrechlich. Besonders deutlich empfindet man den Reiz der Vogelperspektive, wenn man größere Objekte, beispielsweise Gebäude und Landschaften, etwa aus einem Flugzeug aufnimmt – übrigens eine tolle Möglichkeit, sein

Urlaubsalbum aufzuwerten. Wenn Sie in eine Großstadt fliegen, machen Sie Fotos aus dem Flugzeug und stellen diese Aufnahmen denen im Album gegenüber, die in den Straßen aus der Froschperspektive geschossen wurden. Auch hohe Gebäude, Türme und Brücken, Berge und Hügel können einen tollen Blick auf die Landschaft weit unten bieten.

105 mm • 1/5 s • f/4 • ISO 100

Vogelperspektive extrem: Für die interessante Bildgestaltung wurde fast senkrecht von oben fotografiert.

Es kommt darauf an, ein Motiv in den Bildaufbau mit einzubeziehen, das die Entfernung und den eigenen Standpunkt verdeutlicht. Aber nicht nur im Urlaub oder bei Außenaufnahmen ist die Vogelperspektive eine interessante Variante. Auch in der Studiofotografie, bei Produkten oder Porträts kann es nicht schaden, einfach mal etwas anderes auszuprobieren. Wenn die Perspektive etwas Altbekanntes auf neue oder zumindest ungewöhnliche Art und Weise zeigt, bleibt der Blick des Betrachters sicher viel länger an Ihren Aufnahmen hängen.

3.2.3 Aus der Bauchnabelperspektive wirkt es anmutiger

Blättern Sie mal durch einen beliebigen Modekatalog oder durch ein Modemagazin und achten Sie darauf, aus welcher Höhe die Models vom Fotografen aufgenommen wurden. Vermutlich werden Sie feststellen, dass die allermeisten Standardmodefotos, vielleicht mit Ausnahme der experimentellen aus schrägen Perspektiven und mit schrillen Farben, aus der Bauchnabelperspektive aufgenommen wurden. Der Fotograf hält dabei die Kamera auf Höhe des Bauchnabels und arbeitet mit einer Brennweite von ca. 85 mm (analog zum Kleinbildformat). Brennweite und Perspektive haben den Effekt, dass die Körper unmerklich gestreckt werden und die Proportionen anmutiger wirken als bei anderen Perspektiven. Man könnte sagen, die Darstellungen der sowieso schon zurechtgemachten Models werden noch »schöner« – für Betrachter aus dem westlichen Kulturkreis.

3.2.4 Auf Augenhöhe fotografieren vermittelt Vertrautheit

Die Augenhöhe ist immer dann interessant, wenn man Motive vor der Kamera hat, mit denen man sich sonst nicht auf Augenhöhe befindet. Kleine Kinder, Haustiere, die Freiheitsstatue – im Ernst: Die Augenhöhe erzeugt beim Betrachter des Bilds bei besonders kleinen oder großen Motiven ein neues Gefühl. Wenn man etwas eigentlich Vertrautes plötzlich aus einer ungewöhnlichen Sicht erfährt, gewinnt man im besten Fall einen neuen Blickwinkel auf das Motiv und die Welt. Und darum geht es schließlich im Leben eines Fotografen – aber auch eines jeden anderen Menschen.

85 mm • 1/100 s • f/14 • ISO 100

Wenn man sich mit seinem Model auf Augenhöhe begibt, erzeugt man mehr Vertrautheit als bei Perspektiven von oben oder unten.

3.3 Motiv und Beleuchtung anpassen

Das Wort Fotografie kommt aus dem Griechischen und bedeutet »Malen mit Licht«. Aber anders als ein Maler mit Pinsel und Leinwand, dessen Werke über lange Zeit entstehen können, hat der Fotograf oft nur einen kurzen Augenblick zur Verfügung, in dem

Motiv und Beleuchtung optimal passen. Die Kunst des Fotografierens besteht zum großen Teil darin, Lichtstimmungen zu erkennen, diese in die Bildgestaltung einzubeziehen und die Lichtverhältnisse ästhetisch ansprechend und technisch korrekt festzuhalten.

Das feurige Licht eines atemberaubenden Sonnenuntergangs, die festliche Beleuchtung eines Weihnachtsmarkts oder das Glitzern im Wasser eines Springbrunnens zur Mittagszeit sind außergewöhnliche Lichtimpressionen. Fotografisch interessante Lichtsituationen zu erkennen, hängt zum großen Teil von Ihrer Erfahrung ab. Je länger Sie fotografieren, desto mehr Motive werden Sie finden – und zwar von ganz allein. Denn immer wenn Sie mit der Kamera unterwegs sind, schulen Sie ganz automatisch Ihren Blick für außergewöhnliche Bilder. Neben der Erfahrung beim Erkennen von Motiv und Lichtstimmung brauchen Sie aber außerdem das technische Wissen, um diese Augenblicke mit der Kamera optimal in gelungenen Aufnahmen zu verewigen.

40 mm • 1,3 s • f/11 • ISO 100

Das sanfte Licht eines Herbstabends sorgt für warme Stimmungen.

Sind Sie mit der Kamera draußen unterwegs, sollten Sie genau darauf achten, wo sich die Sonne gerade befindet, und wann immer möglich Ihren Standort zum Motiv entsprechend anpassen. Je nachdem, aus welcher Richtung das Licht auf ein Motiv fällt, lassen sich völlig andere Eindrücke erzielen. Das gilt übrigens für jede Art der Fotografie, die mit Sonnenlicht arbeitet. Ob Makro- oder Landschaftsaufnahmen – die Richtung des Sonnenlichts bzw. des künstlichen Lichts im Studio ist meistens entscheidend.

3.3.1 Gewohnte Sichtweise mit Licht von schräg oben

Das Licht von schräg oben entspricht der gewohnten Sichtweise des Menschen. Die Schatten fallen nach schräg unten. Konturen werden deutlicher herausgearbeitet, je tiefer das Licht steht. Wenn Sie draußen fotografieren, stellen Sie sich so hin, dass Sie die Sonne im Rücken bzw. schräg hinter sich haben. Die Beleuchtung ist dann relativ ausgeglichen, und Sie haben keine Probleme mit sogenannten Blendenflecken.

24 mm • 1/160 s • f/8 • ISO 100

Bei diesem Foto kam die noch relativ hoch stehende Sonne von rechts. Die starken Kontraste verleihen der Aufnahme Tiefe und Struktur.

Blendenflecken

Scheint die Sonne mehr oder weniger direkt in das Objektiv der Kamera, entsteht auf den Fotos eine Reihe kreisrunder Blendenflecken in verschiedenen Größen und Farben. Solche Flecken können bei Motiven, die etwa die Hitze eines Sommertags oder das gleißende Licht auf einem Gletscher thematisieren, reizvoll sein. Sie reduzieren aber punktuell die Farbsättigung und lassen sich mithilfe der Bildbearbeitung nur mit allerhöchstem Aufwand retuschieren, wenn die Flecken über detailreichen Motiven liegen. Blendenflecken können übrigens auch im Studio zum Problem werden, wenn Sie nicht auf die Position der Beleuchtungseinrichtungen achten. Strahlt ein Blitz direkt in die Kamera, kommt es zu unschönen Überstrahlungseffekten. Falls es sich nicht vermeiden lässt, in Richtung der Sonne oder einer starken Lichtquelle zu fotografieren, lassen sich Blendenflecken durch den Einsatz einer Gegenlichtblende minimieren. Ebenfalls hilfreich, wenn Sie keine Gegenlichtblende für Ihre Objektiv besitzen: Schatten Sie das Objektiv so gut es geht mit der Hand oder einem Stück schwarzem Karton ab.

Dramatik am Himmel. Haben Sie die Gelegenheit, ein aufziehendes Gewitter als Kulisse für Landschaftsaufnahmen zu fotografieren, sollten Sie die Chance nicht verpassen. Da die meisten Fotos von inhaltlichen oder gestalterischen Kontrasten leben, wirkt eine Landschaft automatisch interessant, wenn sie zum einen Teil in der Sonne, zum anderen Teil unter dicken Wolken liegt.

3.3.2 Stimmungsvolles Licht am Morgen

Für stimmungsvolle Urlaubs-, Landschafts-, Natur- und Architekturfotos ist das Licht des frühen Morgens und des späten Nachmittags ideal. Seitlich einfallendes Sonnenlicht arbeitet die Strukturen deutlich durch kontrastreiche Licht-Schatten-Übergänge heraus. Das rötliche Licht des beginnenden und endenden Tags taucht die Motive in warme Farben.

3.3.3 Optische Tiefe mit seitlicher Beleuchtung

Licht von der Seite ist für die Darstellung von Konturen optimal und verleiht jedem Motiv von der Münze auf dem Fototisch bis zur Waldlandschaft optische Tiefe – ein Grund, weshalb Landschaftsfotografen gern früh morgens oder am späten Nachmittag arbeiten, wenn die Sonne sehr tief steht. Andere Motive als Landschaften, die mit seitlichem Licht angestrahlt werden, sind jedoch oft etwas schwierig zu belichten, da die beleuchtete Motivseite je nach Intensität der Lichtquelle extrem hell ist und die der Lichtquelle abgewandte Seite im Schatten liegt. Das kann den Sensor Ihrer Digitalkamera überfordern, weil er das vorherrschende Helligkeitsspektrum nicht erfassen kann. Sie müssen sich entscheiden, ob Sie lieber die hellen Bereiche oder die dunklen korrekt belichtet haben möchten, und die Kamera zur Belichtungsmessung auf den entsprechenden Motivteil richten. Eine Möglichkeit bei Porträts oder Produktfotos besteht darin, die im Schatten liegende Seite mit einem Reflektor aufzuhellen. Dazu kann man z. B. eine Styroporplatte oder einen Spiegel verwenden, der das Hauptlicht in die Schatten hinein reflektiert.

17 mm • 1/125 s • f/11 • ISO 100

Das seitlich einfallende Sonnenlicht modelliert die Oberfläche der Statuen im Vordergrund. Ähnliches Licht setzt man auch oft in der Studiofotografie z. B. bei Aktaufnahmen oder Porträts von kantigen Männern ein.

3.3.4 Kontrastreiche Schatten mit Licht von oben

Bei Licht von oben – zum Beispiel an einem heißen Hochsommertag – wirken Licht und Schatten hart und kontrastreich. Landschaften sehen flach aus, weil die Schatten relativ klein sind. Beim Fotografieren von Personen im Freien ist das Mittagslicht ebenfalls problematisch, weil Gesichter extrem tiefe Schatten unter Augen, Nase und Kinn erhalten. Allerdings hat das Mittagslicht auch den Vorteil, dass es vom Betrachter intuitiv erkannt wird. Urlaubsfotos zur Mittagszeit in einem mediterranen Land vermitteln sehr gut die Hitze, das grelle Licht, ganz allgemein die Stimmung eines heißen Urlaubstags. In der Produktfotografie ist Licht senkrecht von oben eigentlich nur dann sinnvoll, wenn zusätzliche Lichtquellen ins Spiel kommen, die den Charakter einer Aufnahme bestimmen. Das bedeutet, die Lichtquelle von oben dient nur dazu, insgesamt mehr Licht ins Motiv zu bringen. Auf den fertigen Bildern wird man das Oberlicht nicht sofort erkennen.

3.3.5 Gegenlicht, eine echte Herausforderung

Eine echte Herausforderung für jeden Fotografen sind Gegenlichtaufnahmen, bei denen die Hauptlichtquelle ein Motiv von hinten anstrahlt. Dazu gehören z. B. Naturdetails wie Bäume oder Blüten, die vor der dahinterstehenden Sonne zu Silhouetten werden, oder Menschen in einem dunklen Torbogen, die man aus einem Innenraum heraus aufnimmt. In der Studiofotografie ist Gegenlicht allein meistens nur für bestimmte Schattenrisseffekte sinnvoll, allerdings kann es als zusätzliche Lichtart die Konturen einer von vorn beleuchteten Person oder eines Produkts sehr gut herausarbeiten. Gelungene Gegenlichtmotive wirken besonders professionell und stimmungsvoll, sodass sich der Aufwand, sich mit den damit verbundenen Schwierigkeiten auseinanderzusetzen, auf alle Fälle lohnt.

14 mm • 1/100 s • f/4,5 • ISO 200

Gegenlicht, hier die untergehende Sonne, kann dunkle Silhouetten erzeugen. Allerdings muss man sehr genau belichten, damit nicht das Motiv im Vordergrund hell wird und der Hintergrund völlig überstrahlt.

Gegenlicht wirkt gestalterisch auf zweierlei Art: Es lässt zum einen massive, undurchsichtige Objekte als dunkle, scherenschnittartige Silhouetten erscheinen und verursacht zum anderen um halbtransparente und durchscheinende Motive einen hellen Lichtsaum – ein interessanter Effekt. Zu den Silhouettenbildern gibt ist es außerdem noch eine Alternative: Stellt man die Belichtung so ein, dass das von hinten angestrahlte Hauptmotiv hell dargestellt wird, wird der helle Hintergrund natürlich völlig überstrahlt. Auch das kann sehr reizvoll aussehen, wenn man z. B. einen Menschen vor hell strahlendem Hintergrund zeigt und das Bild später am Computer noch weichzeichnet.

Warum arbeiten Modemagazine und Kataloge immer wieder mit Models im Gegenlicht? Weil's toll aussieht und gleich mehrere gestalterische Vorteile hat. Gegenlicht vermittelt eine helle, warme, strahlende Stimmung, was grundsätzlich ja nicht schlecht ist für eine Modeaufnahme. Ein Problem gibt es aber: Man muss das Hauptmotiv zusätzlich von vorn ausleuchten, da es sonst völlig im Schatten versinken würde. Das klappt entweder mit einem Reflektor oder Blitzlicht.

85 mm • 1/100 s • f/3,5 • ISO 400

Der Hintergrund lenkt, weil er im linken Bildbereich hell ist, nicht vom Hauptmotiv ab. Und selbst wenn im Hintergrund Häuser, Fahnenmasten oder irgendetwas anderes stören würde, wird es bei entsprechender Kameraperspektive einfach überstrahlt, zumal solche Aufnahmen meist mit offener Blende für geringe Schärfentiefe gemacht werden.

3.3.6 Jetzt aber nichts wie rein ins kalte Wasser

Die ideale Kamera und das Wissen um Gestaltungsregeln – all das ist nichts wert, wenn man keine Ideen hat. Wer sich ein Buch über Fotografie kauft, möchte sicherlich einiges über technische und fotografische Grundlagen erfahren, doch jetzt ist es höchste Zeit für den Sprung ins kalte Wasser. Denken Sie darüber nach, was Sie fotografieren und was Sie vielleicht ausdrücken wollen, und machen Sie Bilder. Sie werden sehen, dass die Inhalte mancher Informationen erst dann ihre Wirkung entfalten, wenn Sie die Praxis kennengelernt haben. Und plötzlich werden Sie verstehen, was Schärfentiefe bedeutet, warum man ein Stativ braucht und wie das mit dem Mitziehen zu verstehen ist. Und wenn Sie mit einer Speicherkarte voller Bilder wieder nach Hause kommen, lesen Sie das nächste Kapitel, um zu lernen, wie es damit weiter geht.

4 Digitale Dunkelkammer

Wenn es um die Bildbearbeitung am Computer geht, egal ob unter Windows oder Mac OS X, Adobe Photoshop Elements ist für viele die erste Wahl. Die anfangs etwas undurchsichtige Menüstruktur erweist sich schon nach kurzer Einarbeitungszeit als überaus sinnvoll aufgebaut und ermöglicht einen rundum flüssigen Workflow. Damit lösen Sie nahezu jedes Bildbearbeitungsproblem im Nu.

4.1 Photoshop Elements: das Werkzeug

In die Version 10 von Photoshop Elements sind wieder viele sinnvolle Detailverbesserungen und eine Handvoll neuer Funktionen eingeflossen. Bevor wir mit der Bildbearbeitung beginnen, geben wir Ihnen zunächst einen kurzen Überblick darüber, was sich von Version 9 auf 10 alles geändert hat.

4.1.1 Findiger Organizer für große Bildbestände

Der Photoshop Elements Organizer erleichtert Ihnen nun die Suche nach bestimmten Bildern. So können Sie per visueller Suche große Bildbestände nach Fotos mit ähnlichen Formen und Farben durchforsten lassen – die Trefferrate dieser cleveren Suchfunktion ist erstaunlich hoch, wie das unten stehende Bild beweist.

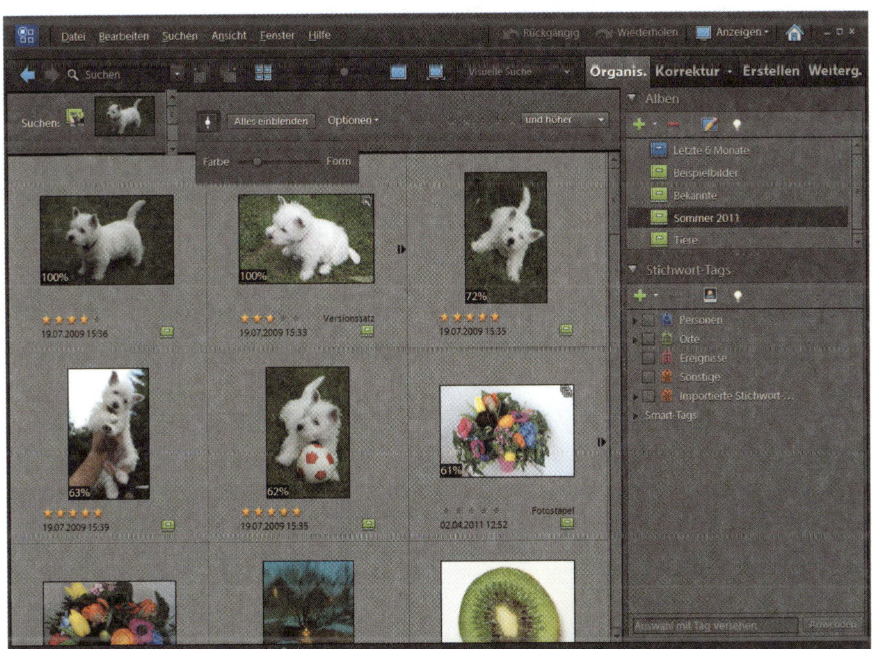

Die visuelle Suche des Organizer erleichtert das Aufspüren ähnlicher Bilder.

Ähnlich effizient erweist sich die Suche nach Doubletten in Ihrem Fotoarchiv: einfach die Funktion *Nach doppelten Fotos suchen* anklicken, und schon präsentiert Ihnen der Organizer doppelt, dreifach oder gar mehrfach vorhandene Bilddateien. Per Mausklick können Sie die überzähligen Exemplare dann entweder löschen oder bequem zu Bilderstapeln zusammenfassen.

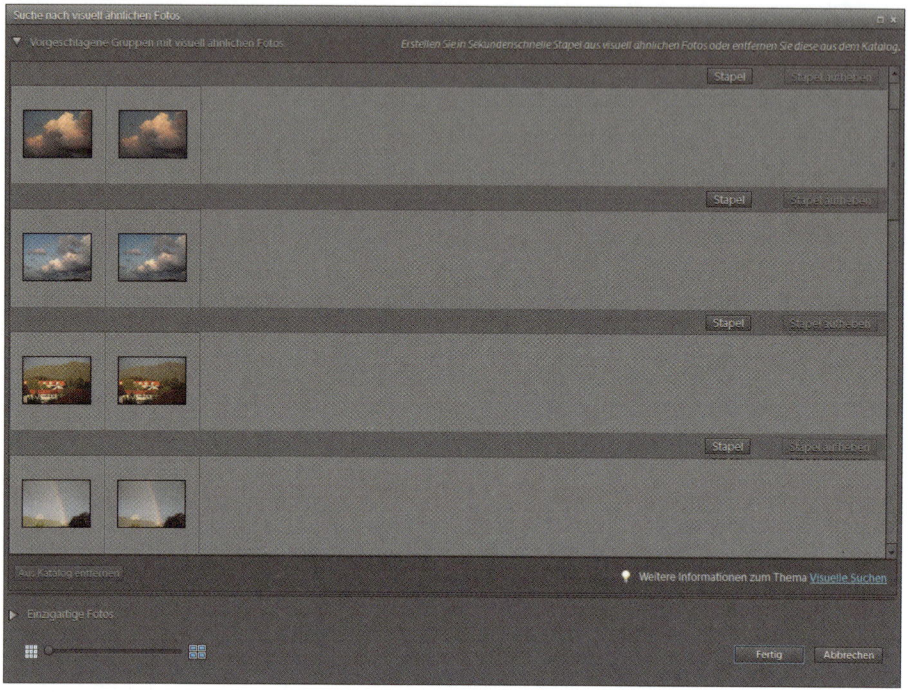

Doppelt oder mehrfach vorhandene Bilddateien lassen sich mit dem Organizer in Sekundenschnelle ermitteln, darstellen und zu Bilderstapeln zusammenfassen.

Auch die Interaktion des Photoshop Elements Organizer mit dem Social Network Facebook wurde verbessert. So können Sie Ihre Facebook-Freundesliste direkt aus dem Organizer heraus herunterladen und die Namen mithilfe der Personensuche mit Ihren Fotos abgleichen.

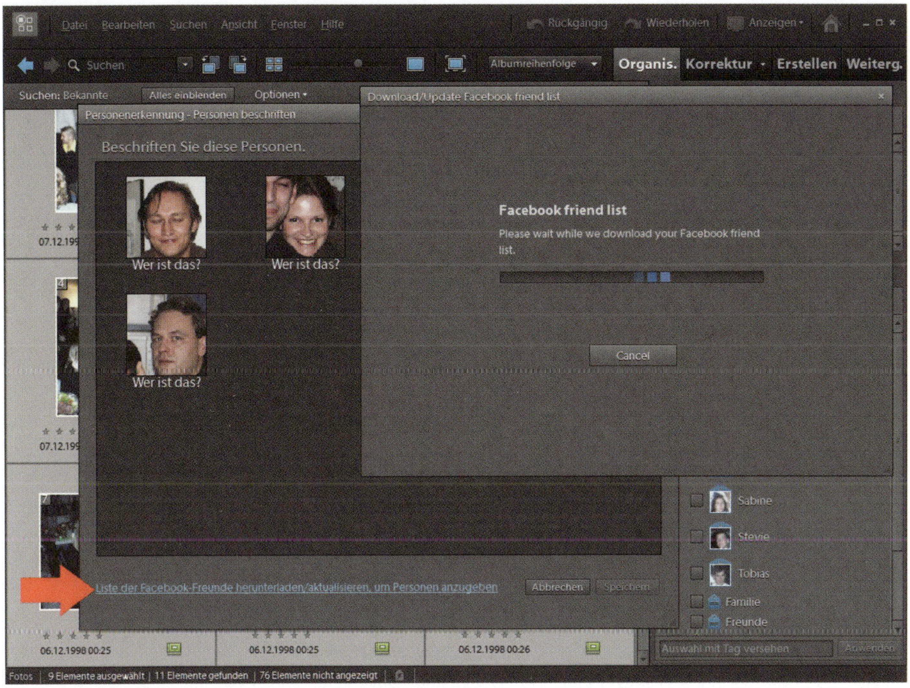

Photoshop Elements arbeitet jetzt noch enger mit dem Social Network Facebook zusammen.

4.1.2 Schlaue Pinsel mit vielen Spezialeffekten

Die »schlauen Pinsel«, die schon aus der Vorversion bekannt sind, haben 30 zusätzliche Effekte erhalten und arbeiten nun wesentlich präziser. So können Sie mit nur wenigen Mausklicks Bildteile in eine Bleistiftskizze verwandeln und komplette Hintergründe durch eine Vielzahl von vordefinierten Mustern ersetzen. Dabei haben Sie im Ebenenmenü volle Kontrolle über die Stärke und die Deckkraft des »aufgemalten« Effekts.

Mit der überarbeiteten und erweiterten *Smartpinsel*-Funktion versehen Sie Bildteile im Handumdrehen mit spektakulären Effekten – hier wurde ein Papagei in wenigen Sekunden in eine Bleistiftskizze verwandelt.

4.1.3 Assistenten geben den passenden Look

Die Assistentenriege von Photoshop Elements hat Zuwachs bekommen. Mit dem *Orton-Effekt* erzeugen Sie traumähnliche Bilder mit weichgezeichneten Objektkanten und unwirklich verstärkten Lichtern. Der Blendeneffekt *Feldtiefe* erlaubt das selektive Beeinflussen der Bildschärfe, um beispielsweise ein Motiv durch gezieltes Schärfen in den Fokus zu rücken. Und mit dem Assistenten *Bilderstapel* können Sie ein Foto spektakulär in Szene setzen, indem Sie es in einzelne Fotoabzüge unterteilen lassen.

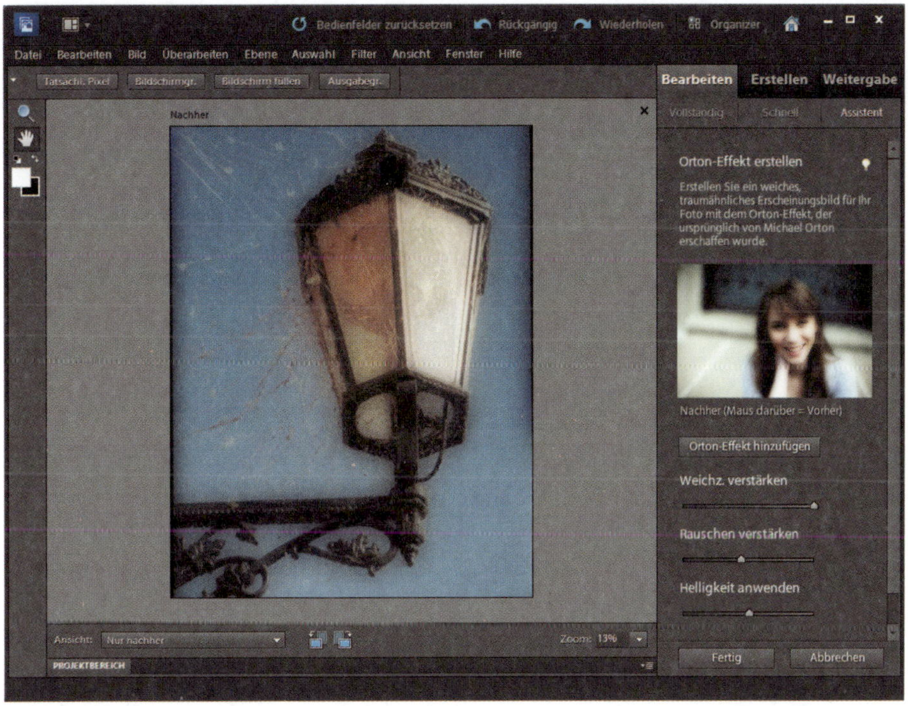

Der malerische Orton-Effekt ist einer von drei brandneuen Assistenten in Photoshop Elements 10.

4.1.4 Buchstaben auf verschlungenen Pfaden

Auch das *Textwerkzeug* wurde mit der Version 10 flexibler gestaltet. Sie können nun Wörter an Formen oder selbst definierten Pfaden entlanglaufen lassen. Dabei steht Ihnen eine Fülle an vordefinierten Formen zur Verfügung – vom einfachen Kreis bis hin zum Herz.

Texte folgen nun auf Wunsch auch ganz verschlungenen Pfaden.

4.1.5 Perfekte Bildkomposition leicht gemacht

Der Rahmen des Assistenten *Foto freistellen* bietet nun dank des Ausklappmenüs *Überlagerungen* praktische Hilfslinien für die perfekte Bildkomposition. So können Sie gestrichelte Hilfslinien einblenden lassen, die Ihnen die Bildaufteilung nach den Regeln der Drittellösung und sogar des als besonders ästhetisch angesehenen Goldenen Schnitts ermöglichen.

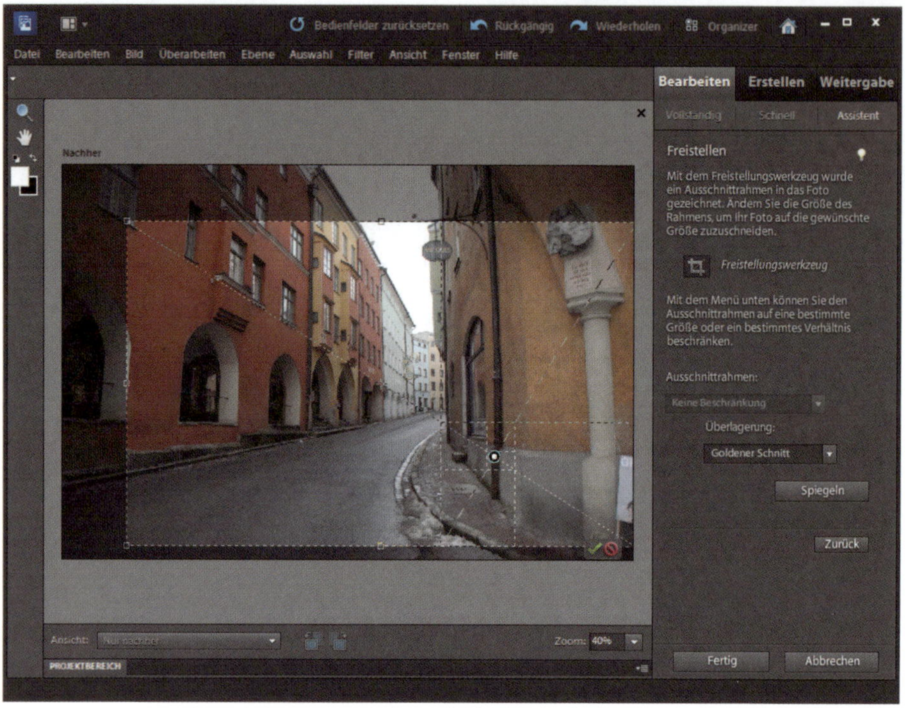

Die neuen Hilfslinien des Assistenten *Foto freistellen* helfen Ihnen bei der perfekten Bildkomposition – hier nach den Regeln des Goldenen Schnitts.

4.1.6 Was tun? Organisieren oder bearbeiten?

Sobald Sie Photoshop Elements 10 gestartet haben, werden Sie von einem Willkommensbildschirm begrüßt. Die Schaltfläche *Organisieren* öffnet den Organizer. Momentan ist für uns der Button *Bearbeiten* von größerer Bedeutung. Da es sich um eine recht umfangreiche Applikation handelt, müssen Sie nach dem Klick auf *Bearbeiten* einige Sekunden warten, bis sich auf dem Bildschirm etwas tut.

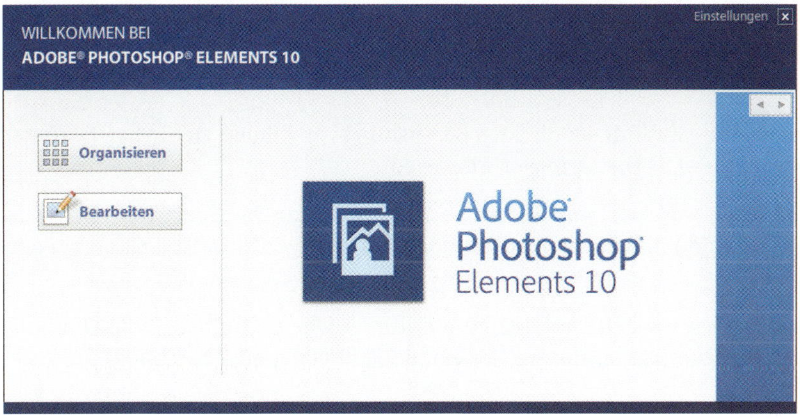

Die direkt nach dem Programmstart verfügbaren Optionen *Organisieren* und *Bearbeiten* bringen Sie direkt zum Editor respektive zum Organizer von Photoshop Elements.

Sobald die Ladeprozedur abgeschlossen ist, erscheint der Editor von Photoshop Elements auf dem Bildschirm. Links erkennen Sie die Bearbeitungswerkzeuge, in der Mitte den hellgrauen Anzeigebereich für die Bilder und rechts die Aufgabenleiste, die den gesamten Workflow der Bildbearbeitung in sich vereint.

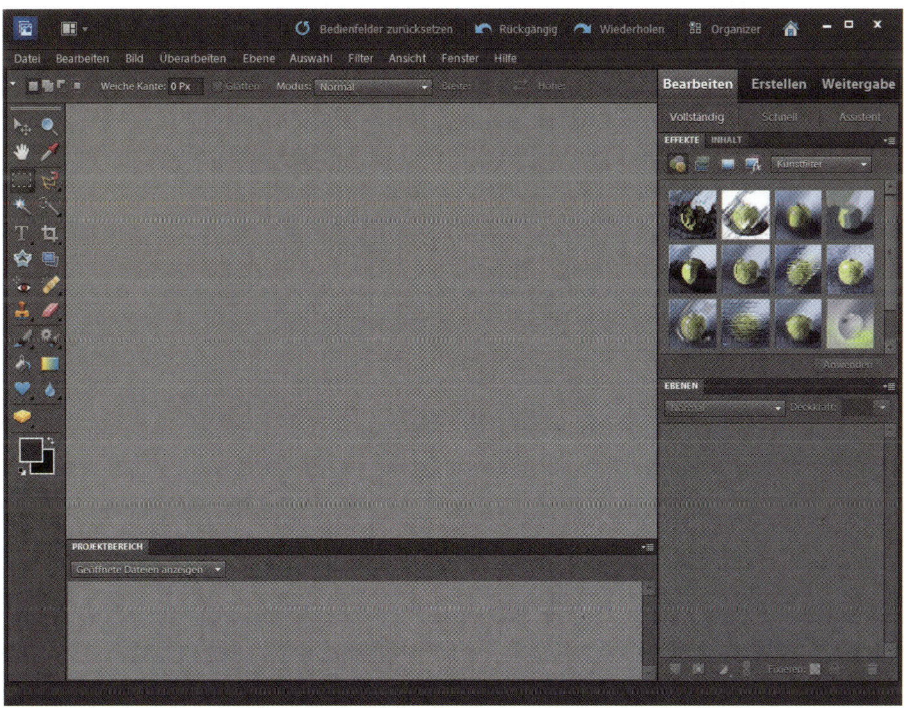

Aller Anfang ist leicht: Photoshop Elements 10 gibt sich direkt nach dem ersten Programmstart noch recht übersichtlich. Rechts sehen Sie die Aufgabenleiste.

Die drei Hauptmodi des Editors

Die oberste Registerreiterebene der Aufgabenleiste unterteilt sich in *Bearbeiten, Erstellen* und *Weitergeben.*

- ***Bearbeiten***: Alles, was mit der direkten Bearbeitung von Bildern zu tun hat. Darunter fallen Korrekturen, Verbesserungen, Effekte etc.
- ***Erstellen***: Alles, was man mit Bildern so machen kann. Das Spektrum reicht von Fotoabzügen und Bildbänden über Kalender und Collagen bis hin zu Diashows und CD-Hüllen.
- ***Weitergabe***: Alles, was mit der Distribution Ihrer Bilder zu tun hat – vom Onlinealbum über die Fotomail bis hin zur Präsentation auf Flickr oder Facebook.

Die Aufgabenleiste im Überblick mit den drei grundlegenden Modi *Bearbeiten, Erstellen* und *Weitergeben.*

Das eingebaute Fotolabor

Die Registerkarte *Bearbeiten* unterteilt sich wiederum in drei Kategorien:

- ***Vollständig***: Der Modus für Experten. Hier stehen Ihnen alle Bildbearbeitungsfunktionen von Photoshop Elements zur Verfügung – inklusive der Werkzeugpalette am linken Bildrand und der Bedienfelder *Ebenen* und *Korrekturen* am rechten Rand des Bildschirms.
- ***Schnell***: Die wichtigsten Funktionen zur schnellen Bildbearbeitung zwischendurch – von der Beleuchtung über die Farbe bis hin zur Bildschärfe. Die Funktionen sind übersichtlich nach Kategorien geordnet und lassen sich über Schieberegler steuern.
- ***Assistent***: Lösungen für typische Bildprobleme sowie Schritt-für-Schritt-Anleitungen für anspruchsvolle Bildbearbeitungsaufgaben. Hier werden auch die Profiwerkzeuge aus dem Modus *Vollständig* genutzt, jedoch mit verständlichen Erklärungen und dem sofortigen Zugriff auf die jeweiligen Funktionen direkt aus dem Assistentenfenster heraus.

Der Bearbeitungsmodus *Schnell* ist ideal geeignet zur flinken Korrektur typischer Fotofehler.

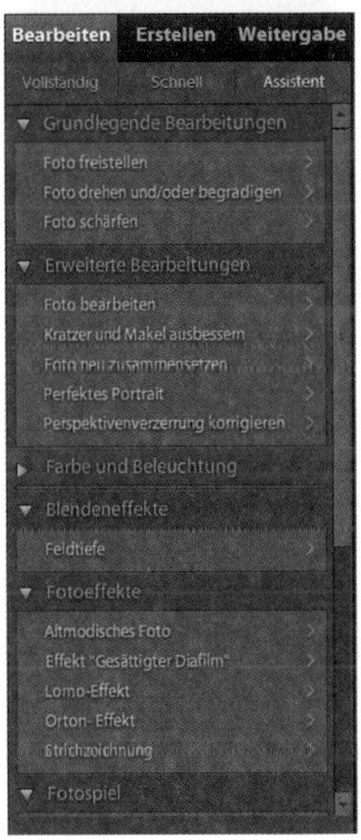

Der Bearbeitungsmodus *Assistent* führt Sie Schritt für Schritt durch die Lösungswege typischer Bildbearbeitungsaufgaben.

4.2 Ein Foto im typischen Workflow

Nachfolgend erläutern wir Ihnen Schritt für Schritt den typischen Workflow in Photoshop Elements anhand eines alltäglichen Beispiels: ein Foto laden, Belichtung, Farben und Schärfe justieren, in ein Standardformat bringen und am Ende per E-Mail versenden.

1. Fotodatei laden

Wählen Sie *Datei/Öffnen* (beziehungsweise [Strg]+[O] oder [cmd]+[O]). Suchen Sie im Standarddialog des Betriebssystems nach dem gewünschten Bild und laden Sie es per Doppelklick in den Editor.

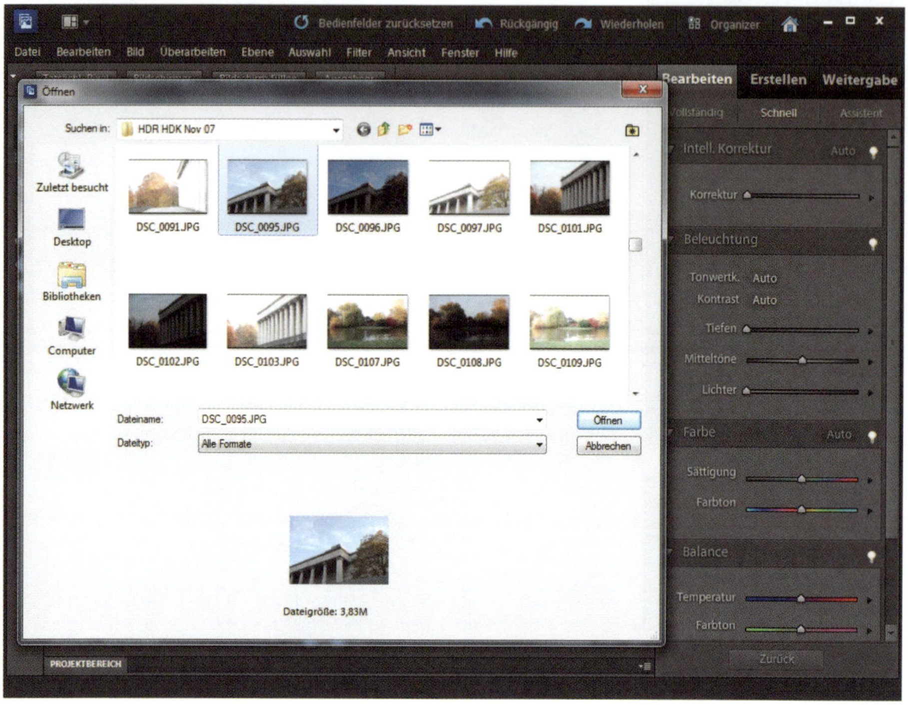

Mithilfe des Standarddialogs *Öffnen* Ihres Betriebssystems laden Sie das gewünschte Bild in den Editor von Photoshop Elements.

2. Schnellkorrektur durchführen

Klicken Sie im Aufgabenbereich rechts auf den Reiter *Bearbeiten* und darunter auf die Option *Schnell*. Ziehen Sie den Regler *Intelligente Korrektur* nach rechts, um die Kontraste im Bild zu verstärken und die Farben zum Leuchten zu bringen. Ein Wert im Bereich von 50 bis 70 ist hierbei ideal. Bestätigen Sie die Aktion mit einem Klick auf das Häkchen, das neben dem Schriftzug *Intelligente Korrektur* erscheint.

Mit dem Regler für die intelligente Korrektur bringen Sie die Farben zum Strahlen und verstärken die Kontraste im Bild.

3. Auf Standardformat zuschneiden

Nun klicken Sie auf die Registerkarte *Assistent* und wählen aus der ersten Sektion *Grundlegende Bearbeitungen* die Option *Freistellen*. Öffnen Sie das Ausklappmenü *Ausschnittrahmen* und wählen Sie das Standardfotoformat *13 x 18 cm*. Im Bild erscheint ein Auswahlrahmen mit dem entsprechenden Seitenverhältnis, den Sie durch Anklicken und Ziehen der Bearbeitungspunkte an den Ecken vergrößern oder verkleinern können. Sind Sie mit dem Bildausschnitt zufrieden, bestätigen Sie mit einem Klick auf das grüne Häkchen am Rahmen unten rechts. Verlassen Sie den Assistenten durch Anklicken der Schaltfläche *Fertig*.

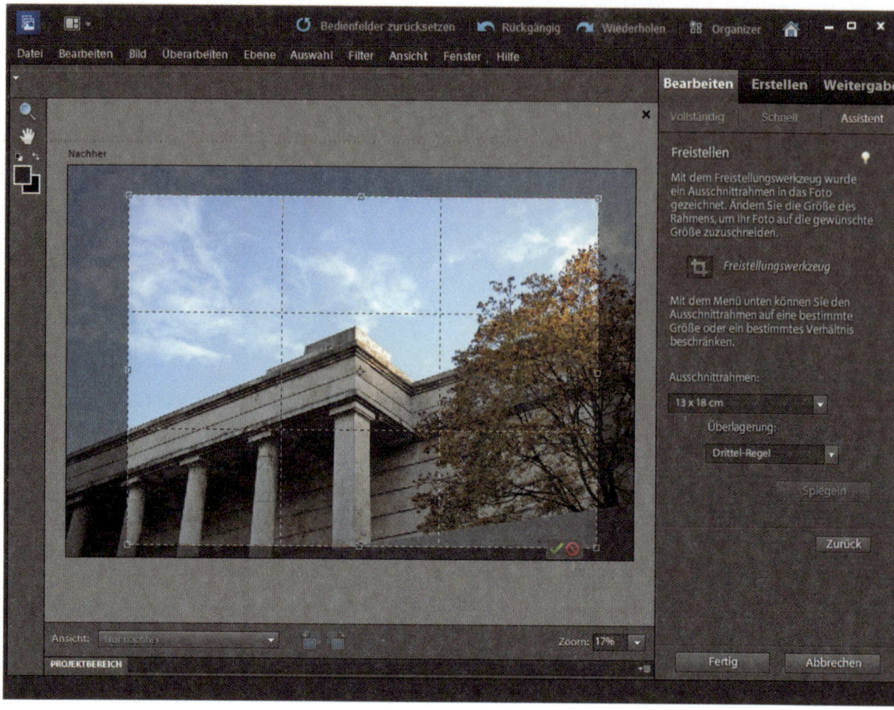

Der Assistent hilft Ihnen dabei, Fotos auf Standardformate zuzuschneiden.

4. Foto per E-Mail verschicken

Auf der Registerkarte *Weitergabe* finden Sie den Eintrag *E-Mail-Anhänge*. Nachdem Sie die bearbeitete Datei neu benannt und gespeichert haben, wird der Organizer geladen. Hier wurde die gerade bearbeitete Datei bereits in den rechten Arbeitsbereich *E-Mail-Anhänge* übernommen. Entscheiden Sie sich unter *Maximale Fotogröße* für die gewünschten Pixelmaße für das Foto und variieren Sie den Schieberegler *Qualität*, um Speicherplatz zu sparen.

Im Organizer von Photoshop Elements bereiten Sie die bearbeitete Bilddatei für den E-Mail-Versand vor.

Nachdem Sie auf *Weiter* geklickt haben, gelangen Sie in die Bildschirmmaske für den Nachrichtentext und die Empfänger. Geben Sie unter *Nachricht* einen Text ein und klicken Sie erneut auf *Weiter.* Nun erscheint ein Nachrichtenfenster Ihres installierten E-Mail-Clients mit dem zuvor eingegebenen Text und der komprimierten Bilddatei als Anhang. Jetzt können Sie Ihr Foto auf die Reise schicken!

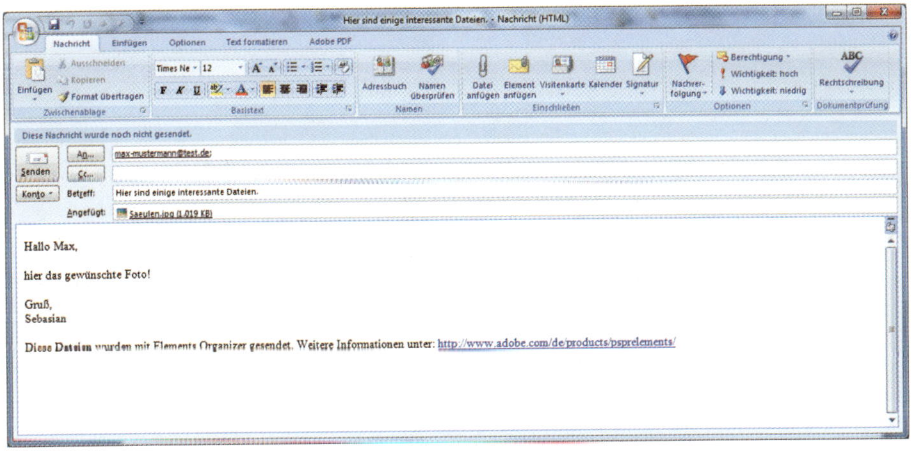

Photoshop Elements übergibt Bilddatei und Nachrichtentext automatisch an Ihren E-Mail-Client.

Der perfekte Workflow

So wie in unserem einfachen Beispiel funktioniert der Workflow mit Photoshop Elements 10 stets intuitiv und reibungslos. Am Anfang steht die Bearbeitung des Fotos in einem der drei Modi und am Ende die Weitergabe über verschiedenste Medien. So können Sie beispielsweise ein Bild im Bearbeitungsmodus *Vollständig* umfassend retuschieren, mithilfe der Assistentenfunktion komplexe Bearbeitungsschritte vereinfachen und das fertige Bild als Teil einer Onlinepräsentation oder Ihres Facebook-Albums weitergeben.

4.3 Fotos unter Zeitdruck optimieren

Wenn Sie nur wenig Zeit haben, ist der Bearbeitungsmodus *Schnell* von Photoshop Elements genau die richtige Wahl für Sie. Auf den folgenden Seiten erfahren Sie, wie Sie Fotos in wenigen Minuten mit der Schnellkorrektur optimieren.

Vorher: Matte Farben, schlechte Kontraste, trüber Himmel und leichte Unschärfen in den Bäumen – ein idealer Kandidat für die Schnellkorrektur von Photoshop Elements.

Nachher: Famose Kontraste mit vielen Details, erkennbare Strukturen im Himmel und höhere Bildschärfe – das Foto nach der Schnellkorrektur.

4.3.1 Kleine Fehler schnell beheben

Sie wollen ein Foto mit typischen Bildfehlern auf Vordermann bringen, können aber nur fünf Minuten Zeit dafür erübrigen? Kein Problem mit der Schnellkorrektur von Photoshop Elements.

1. Foto laden

Laden Sie das gewünschte Foto mit *Datei/Öffnen* (oder [Strg]+[O]) in den Editor von Photoshop Elements.

2. Intelligente Korrektur nutzen

Klicken Sie im Aufgabenbereich rechts auf *Bearbeiten* und darunter auf *Schnell*. Die intelligente Korrektur, im Funktionsstapel ganz oben zu finden, liefert oftmals sehr gute Ergebnisse. Versuchen Sie es einfach mal mit einem Klick auf *Auto*; Photoshop Elements analysiert jetzt die Bilddatei und versucht, Farben, Kontraste und Bildschärfe zu verbessern.

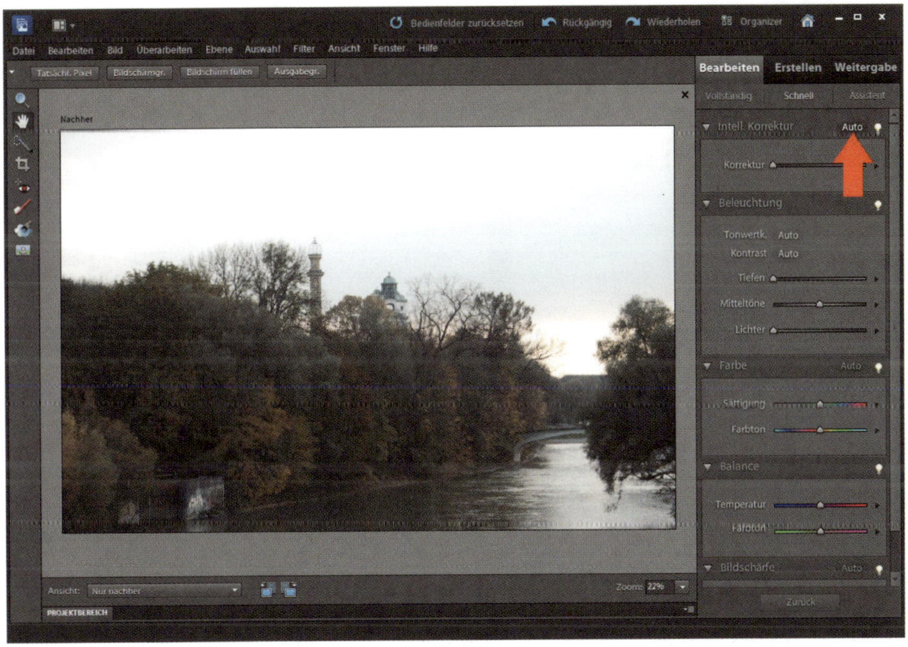

Ein Klick auf die Schaltfläche *Auto* über dem Regler für die intelligente Korrektur veranlasst Photoshop Elements zu einer automatischen Bildanalyse und -korrektur.

> **Ansichtssache**
>
> Wenn Sie in Echtzeit beurteilen möchten, wie die Änderungen zwischen Original und nachbearbeitetem Bild ausfallen, nutzen Sie einfach das Ausklappmenü *Ansicht* unten rechts. Neben der Standardvariante *Nur nachher* – also lediglich das bearbeitete Bild in Vollbildansicht – stehen Ihnen auch noch die Optionen *Vorher und nachher – horizontal* (links Original, rechts bearbeitet) *sowie Vorher und nachher – vertikal* (oben Original, unten bearbeitet) zur Verfügung.

Liefert die Automatikfunktion keine zufriedenstellenden Ergebnisse, verschieben Sie den Regler *Intelligente Korrektur* bei gedrückt gehaltener linker Maustaste schrittweise nach rechts, wodurch die Kontraste verstärkt und die Farben zunehmend leuchtender werden.

Sagt Ihnen die Änderung nicht zu, klicken Sie einfach auf das kleine *X* neben dem Schriftzug *Intelligente Korrektur*, um die Aktion rückgängig zu machen. Bei Gefallen klicken Sie dagegen auf das graue Häkchen.

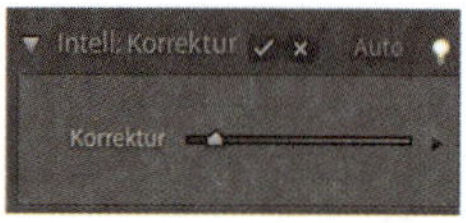

Sie bestätigen die intelligente Korrektur durch einen Klick auf das graue Häkchen oder nehmen die Änderungen mit dem *X* zurück.

3. Beleuchtung einstellen

In der Sektion *Beleuchtung* können Sie Ihr Bild sozusagen virtuell nachbelichten. Auch hier liefern die Automatikfunktionen für *Tonwertkorrektur* und *Kontrast* in den meisten Fällen sehr gute Ergebnisse. Nach zwei Mausklicks wirkt das Bild schon sehr viel schärfer und differenzierter, wie anhand der Vorher-nachher-Darstellung gut zu erkennen ist. Darüber hinaus kommen die Farben und die Kontraste wesentlich besser zur Geltung.

Dank der Vorher-nachher-Darstellung von Photoshop Elements können Sie die Auswirkungen der Automatikfunktionen für Tonwertkorrektur und Kontrast auf einen Blick beurteilen.

Natürlich bietet Photoshop Elements auch bei der Beleuchtung drei Regler für manuelle Korrekturen.

- *Tiefen*: Wenn Sie diesen Regler nach rechts schieben, werden die dunklen Bereiche im Bild aufgehellt.

- *Mitteltöne*: Mit diesem Regler hellen Sie die mittleren Bildbereiche auf.
- *Lichter*: Der Regler *Lichter* dient dem Aufhellen der hellen Bereiche im Bild.

Wenn Sie also beispielsweise ein Foto geladen haben, das starke Schatten aufweist und insgesamt zu dunkel wirkt, können Sie durch Verschieben des Reglers *Tiefen* die Schatten aufhellen und dort auch Details zum Vorschein bringen, die zuvor nicht zu sehen waren.

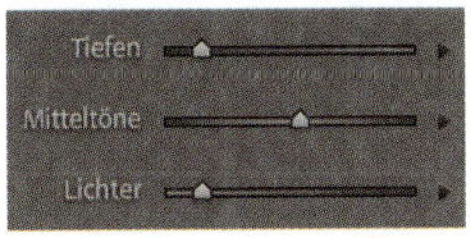

Mit den drei Schiebereglern *Tiefen*, *Mitteltöne* und *Lichter* regeln Sie die Beleuchtung des Fotos präzise nach.

Erscheinen Ihnen die Schieberegler zu abstrakt, bietet Ihnen Photoshop Elements eine visuelle Korrekturmöglichkeit an. Klicken Sie einfach auf das schwarze Dreieck rechts neben dem gewünschten Schieberegler, um sich eine Reihe von Vorschauminiaturen anzeigen zu lassen. Ein Klick auf die entsprechende Miniatur führt die Korrektur durch. Bewegen Sie den Mauszeiger lediglich über eine Miniatur, sehen Sie im Vorschaubereich die Auswirkungen der Korrektur. Tipp: Wenn Sie die Maustaste über einer Miniatur gedrückt halten, können Sie den entsprechenden Wert feinregeln.

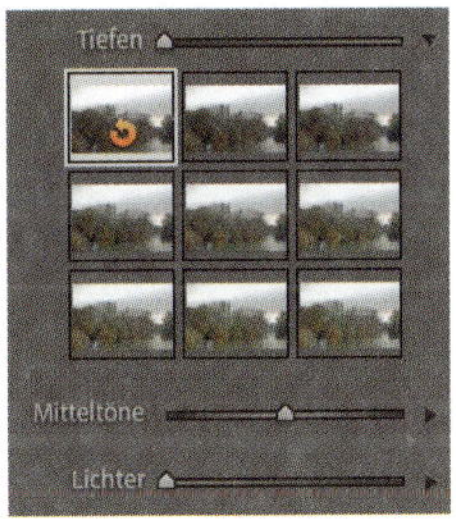

Ein Klick auf das schwarze Dreieck bringt Miniaturen zum Vorschein, die eine schnelle visuelle Korrektur erlauben.

4. Farben regulieren

In der Sektion *Farbe* können Sie die Farbigkeit Ihrer Fotos beeinflussen. Indem Sie den Regler *Sättigung* aus der Mittelposition (*0*) heraus nach links verschieben, entfärben Sie das Foto schrittweise. Ein Wert von *–100* führt zu einem Schwarz-Weiß-Bild. Um die Farben im Bild zu intensivieren, verschieben Sie den Sättigungsregler nach rechts.

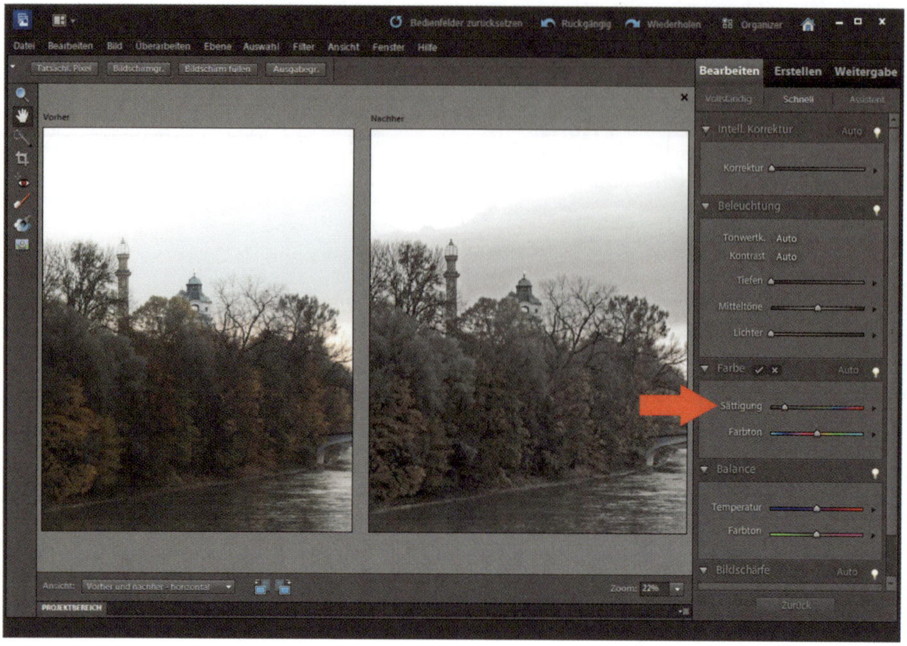

Wenn Sie den Regler *Sättigung* nach links verschieben, nehmen Sie sukzessive die Farben aus dem Bild.

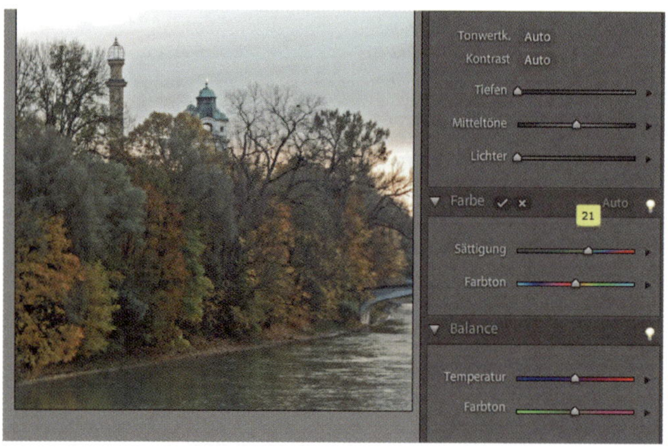

Das Verschieben des Sättigungsreglers nach rechts hat eine Intensivierung der Farben zur Folge.

Mit dem Regler *Farbton* verschieben Sie das gesamte Farbspektrum im Bild, was in typischen Falschfarbenaufnahmen resultiert und teilweise surrealistisch anmutende Farbkompositionen auf den Bildschirm zaubert.

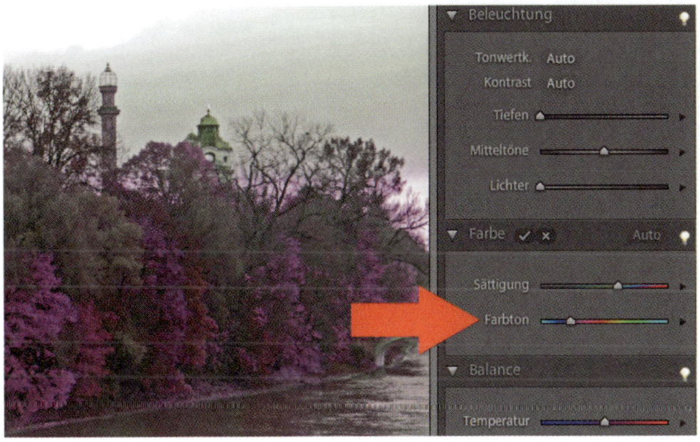

Da der Regler *Farbton* das gesamte Farbspektrum verschiebt, erzielen Sie damit surrealistisch wirkende Falschfarbenbilder.

5. Farbbalance verändern

Auch die Sektion *Balance* beschäftigt sich mit den Farben im Bild. Verschieben Sie den Regler *Temperatur* nach rechts, wird der gesamte Bildeindruck allgemein wärmer (Rottöne werden verstärkt). Im negativen Bereich (nach links) werden die Blautöne hervorgehoben, sodass ein insgesamt kühlerer Eindruck entsteht.

Mit dem Regler *Temperatur* lassen Sie ein Foto eher wärmer oder eher kühler wirken.

Der Regler *Farbton* eignet sich ideal dazu, Farbstiche aus dem Bild zu entfernen. Weist das Foto beispielsweise einen Rot- oder Gelbstich auf, verschieben Sie den Regler einfach ein klein wenig nach links in den blaugrünen Bereich. Umgekehrt entfernen Sie durch Verschieben des Reglers nach rechts einen Grün- oder Blaustich.

Der Regler *Farbton* dient dem Entfernen beziehungsweise Abmildern von Farbstichen in Fotos.

6. Bildschärfe erhöhen

Wenn ein Foto hoffnungslos unscharf ist, hilft auch der *Schärfen*-Regler nicht mehr. Doch bei leicht unscharfen Aufnahmen wirkt diese Funktion wahre Wunder. Auch hier liefert die *Auto*-Einstellung wieder sehr gute Ergebnisse, die bei Bedarf durch manuelles Justieren der Bildschärfe weiter optimiert werden können.

Achtung: Übertreiben Sie es nicht mit der Nachschärfung. Bereits ab einem Wert von 150 kann es zu unschönen Säumen um Kontrastkanten herum kommen.

Die Funktion *Schärfen* verleiht leicht unscharfen Aufnahmen ein deutliches Plus an Brillanz.

7. Korrigiertes Bild speichern

Damit ist die Schnellkorrektur abgeschlossen, und Sie müssen das Bild nur noch mit *Datei/Speichern unter* auf der Festplatte verewigen. Geben Sie der Bilddatei einen neuen Namen respektive einen Anhang wie zum Beispiel *_korrigiert*, um nicht versehentlich die Originaldatei zu überschreiben.

4.4 Häufig auftretende Bildfehler korrigieren

Der Bearbeitungsmodus *Schnell* stößt besonders bei größeren Bildproblemen schnell an seine Grenzen. Damit weniger versierte Anwender nicht auf den komplexen Modus *Vollständig* ausweichen müssen, finden sich im Modus *Assistent* diverse Anleitungen zur Behebung typischer Bildprobleme und auch umfangreichere Korrekturmaßnahmen. Klicken Sie einfach unter *Bearbeiten* auf die Registerkarte *Assistent*, und schon füllt sich die rechte Aufgabenleiste mit übersichtlich kategorisierten Helfern – von der grundlegenden Bearbeitung bis hin zu spektakulären Spezialeffekten. Auf den folgenden Seiten stellen wir Ihnen die wichtigsten und meistverwendeten Assistenten für die grundlegende Bildbearbeitung vor.

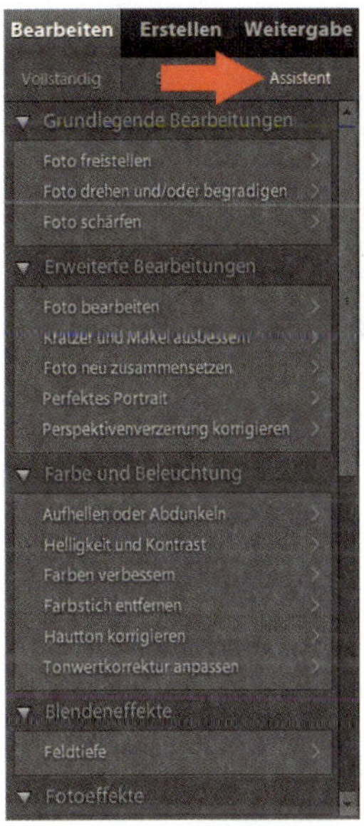

Photoshop Elements bietet jede Menge Assistenten für typische Bildbearbeitungsaufgaben.

4.4.1 Auf das Standardformat bringen und freistellen

Den Fokus auf das eigentliche Motiv legen, störende Objekte von den Bildrändern abschneiden oder die Bildabmessungen auf ein Standardfotoformat bringen – all das können Sie mit dem Assistenten *Foto freistellen* bewerkstelligen.

Vorher: Die Häuserzeilen am linken und rechten Bildrand stören den Gesamteindruck des Fotos.

Nachher: Mit der Funktion *Freistellen* wurde das Bild so zugeschnitten, dass das Motiv nun eindeutig im Fokus steht.

1. Freistellmodus einschalten

Sobald Sie auf den Assistenten *Foto freistellen* geklickt haben, wird der Freistellungsmodus aktiviert. Über das Bild wird ein gestrichelter Rahmen gelegt, der den neuen Bildausschnitt visualisiert.

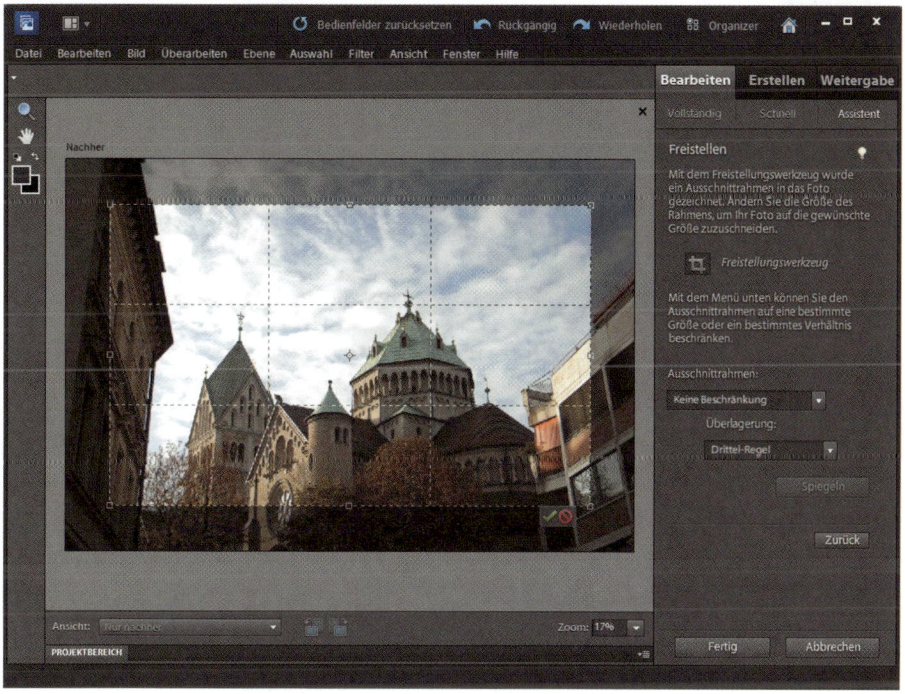

Freistellungsmodus: Der gestrichelte Rahmen zeigt den neuen Bildausschnitt an.

2. Bildausschnitt verändern

Mit den quadratischen Anfasserpunkten an den Ecken und im Zentrum des gestrichelten Auswahlrahmens können Sie nun bei gedrückt gehaltener linker Maustaste den Bildausschnitt nach Ihren Wünschen anpassen. Sind Sie mit dem Ergebnis zufrieden, klicken Sie entweder doppelt in den Rahmenbereich oder einmal auf das grüne Häkchen rechts unten.

Durch Verschieben der Anfasserquadrate verändern Sie den Rahmen für den Bildausschnitt.

Mit einem Klick auf das grüne Häkchen legen Sie den neuen Bildausschnitt fest. Das eingeblendete Gitter (*Goldener Schnitt*) erleichtert Ihnen die harmonische Bildkomposition bei der Ausschnittwahl.

Bilder im Raster

Eine Neuerung im Freistellungsassistenten von Photoshop Elements 10 ist das Ausklappmenü *Überlagerung*. Dieses versieht den Ausschnittrahmen mit einem Gitter, das Ihnen die Bildkomposition erleichtert. Zur Auswahl stehen *Drittel-Regel* (das Bild wird in neun gleich große Bereiche aufgeteilt), *Raster* (ein feines Raster wird über das Bild gelegt) und *Goldener Schnitt* (die Linien im Raster visualisieren die Proportionen des Goldenen Schnitts).

3. Fotoformate verwenden

Falls Sie Papierabzüge Ihrer Fotos bestellen wollen, ist die Option *Ausschnittrahmen* genau die richtige Wahl. Stellen Sie im Pull-down-Menü die Option *Keine Beschränkung* auf *Fotoverhältnis verwenden* um. Nun können Sie das Seitenverhältnis des Rahmens auf typische Fotoformate einstellen – beispielsweise *10 x 15 cm* oder *13 x 18 cm*. Damit behält der Ausschnittrahmen beim Verändern stets das gewählte Seitenverhältnis bei.

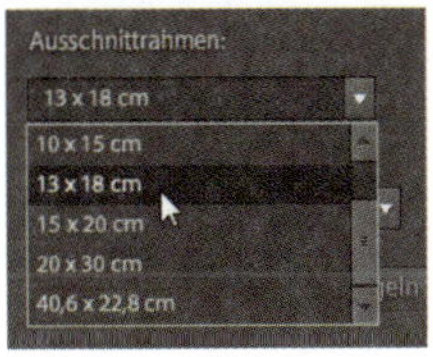

Die Option *Ausschnittrahmen* eignet sich ideal für die Vorbereitung von Papierabzügen, die Sie bei einem Onlinefotodienst bestellen.

4.4.2 Bilder drehen und den Horizont begradigen

Haben Sie bei der Aufnahme die Kamera einmal schief gehalten, hilft Ihnen der Assistent *Fotos drehen und/oder begradigen* weiter.

Links vorher: Die Kamera wurde schief gehalten, sodass das Foto über eine störende Schräglage verfügt.

Rechts nachher: Mit der Begradigen-Funktion wurde das Foto in wenigen Sekunden gerade gerückt.

1. Drehen und/oder Begradigen

Klicken Sie in der Sektion *Grundlegende Fotobearbeitungen* auf den Assistenten *Fotos drehen und/oder begradigen*. Mit den zwei oberen Schaltflächen können Sie das Bild im 90-Grad-Winkel im oder entgegen dem Uhrzeigersinn drehen.

Die oberen Schaltflächen des Assistenten dienen dem Drehen des Bilds im 90-Grad-Winkel.

2. Das Gerade-ausrichten-Werkzeug

Im mittleren rechten Fensterbereich sehen Sie das Icon für das *Gerade-ausrichten-Werkzeug*. Nachdem Sie dieses angeklickt haben, ziehen Sie bei gedrückt gehaltener linker Maustaste eine neue Horizontlinie ins Bild ein. Diese justieren Sie an jenen Bildelementen, die durch die Bearbeitung exakt horizontal ausgerichtet werden sollen – im Beispiel die Horizontlinie über den Baumwipfeln in der Bildmitte.

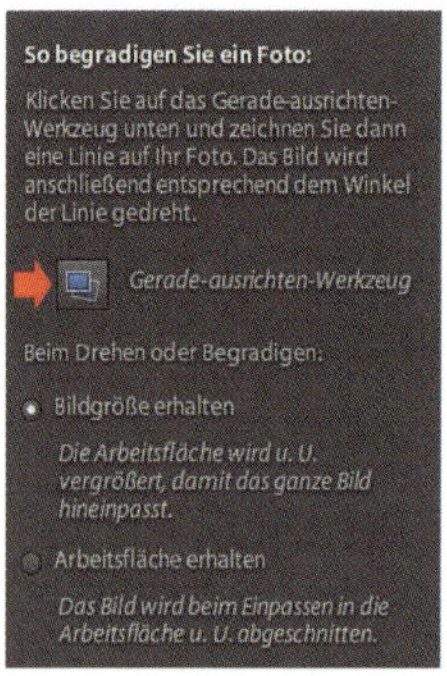

Das *Gerade-ausrichten-Werkzeug* im Assistenten *Fotos drehen und/oder begradigen*.

Durch Einziehen einer neuen Horizontlinie sagen Sie Photoshop Elements, wie das Bild zum Geraderücken gedreht werden soll.

3. Schwarze Ränder entfernen

Durch die Drehung erscheinen schwarze Ränder um das Bild herum. Wie stark sie ausfallen, hängt von der gewählten Drehungs-/Begradigungsoption ab.

- *Bildgröße erhalten*: Die Arbeitsfläche wird unter Umständen vergrößert, damit das gesamte Bild hineinpasst.
- *Arbeitsfläche erhalten*: Die ursprüngliche Arbeitsfläche wird erhalten, sodass das Bild unter Umständen abgeschnitten wird.

Auf jeden Fall entstehen mehr oder weniger große schwarze Ränder, die Sie mithilfe des Assistenten *Foto freistellen* durch Festlegen eines neuen Bildausschnitts entfernen können.

Durch das Geraderücken entstehen schwarze Ränder, deren Größe sich mit den Optionen *Bildgröße erhalten* oder *Arbeitsfläche erhalten* beeinflussen lässt.

Im Assistenten *Foto freistellen* lassen sich die schwarzen Bildränder durch die Wahl eines neuen Bildausschnitts entfernen.

4.4.3 Unscharfe Bilder gezielt nachschärfen

Leicht unscharfe Aufnahmen lassen sich mit dem Assistenten *Foto schärfen* aus der Sektion *Grundlegende Fotobearbeitungen* hervorragend aufpolieren. Allerdings hat diese Art der Nachschärfung ihre Grenzen – vollkommen unscharfe Aufnahmen lassen sich damit leider nicht in gestochen scharfe Bilder verwandeln.

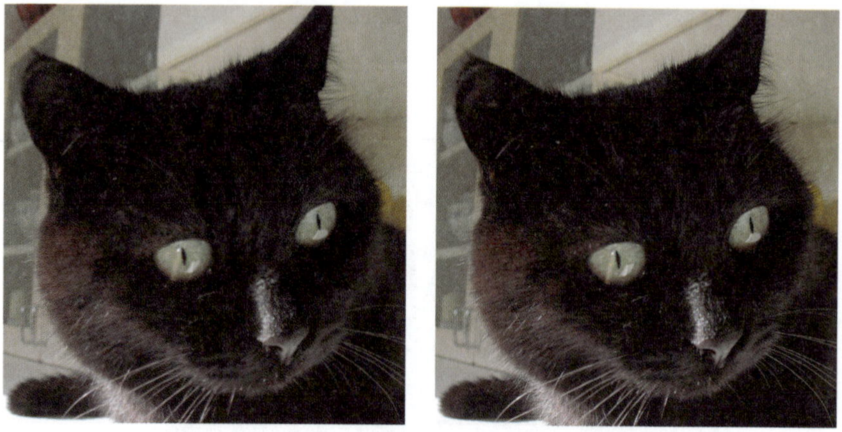

Links vorher: Die Aufnahme ist leicht unscharf – allerdings in so geringem Maß, dass die Unschärfe mit Photoshop Elements korrigiert werden kann.

Rechts nachher: Nach der Bearbeitung mit dem Assistenten hat das Bild deutlich an Schärfe gewonnen – gut zu sehen an den Augen und den Kontrastkanten zwischen Fell und Hintergrund.

1. Assistent Foto schärfen aufrufen

Öffnen Sie im Register *Assistent* die Option *Grundlegende Fotobearbeitungen* und wählen Sie den Assistenten *Foto schärfen* aus. Daraufhin füllt sich der rechte Fensterbereich mit einem *Auto*-Button und einem Schieberegler zur manuellen Schärfung.

Der Assistent *Foto schärfen* bietet eine Automatikfunktion und einen manuellen Regler.

2. Ansichtsmodus anpassen

Gerade beim Schärfen von Fotos fallen die Unterschiede zum Original recht gering aus, sodass Sie den Grad der Schärfung am besten in einer Vorher-nachher-Ansicht begutachten können. Öffnen Sie dazu das Ausklappmenü *Ansicht* unten links und wählen Sie die Option *Vorher und nachher – horizontal*. Nun erscheint links die *Vorher*-Variante des Fotos und rechts die *Nachher*-Version mit den entsprechenden Änderungen beziehungsweise Korrekturen.

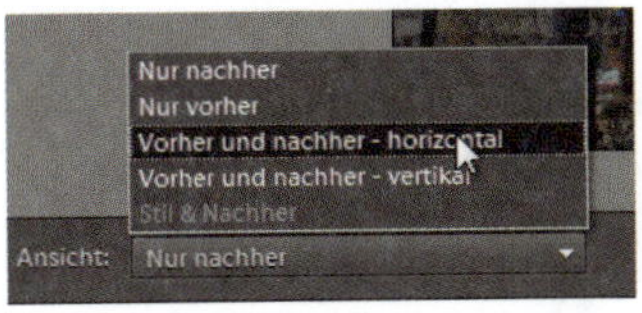

Mit der zuschaltbaren Vorher-nachher-Ansicht genießen Sie eine bessere visuelle Kontrolle über die Schärfungsprozedur.

3. Automatisch und manuell schärfen

Versuchen Sie nun Ihr Glück mit einem Klick auf *Auto*. Dabei analysiert Photoshop Elements das Bild und führt die Schärfung automatisch durch. Fällt die Bildschärfe immer noch zu gering aus, verschieben Sie den mittleren Regler nach rechts. Gehen Sie stets behutsam mit dem Schärferegler um, da ein zu hoher Wert hässliche Artefakte und Lichtsäume um Objektkanten herum nach sich ziehen kann. Tipp: Stellen Sie den Wert *Zoom* unten rechts auf *100%* ein, um bestimmte Bildbereiche in Originalgröße im Blick zu haben.

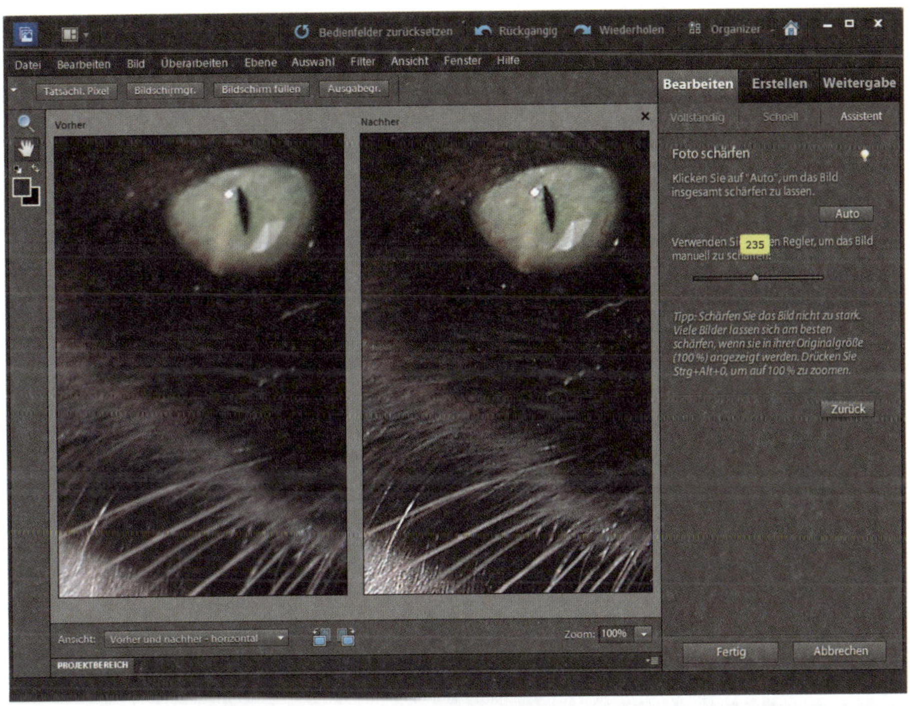

Per *Auto*-Button oder manuell per Schieberegler schärfen Sie das Foto nach. Mit einer hohen *Zoom*-Stufe (hier: *100%*) behalten Sie wichtige Details im Blick.

4.4.4 Kontrast, Lichter und Schatten betonen

Die Assistenten der Sektion *Farbe und Beleuchtung* wirken sich nicht nur auf die allgemeine Bildhelligkeit aus, sondern auch auf die Betonung von Lichtern und Schatten und damit auf den Gesamtkontrast des Fotos.

Links Vorher: Die Originalaufnahme wirkt etwas fahl und undifferenziert.

Rechts Nachher: Nach der Korrektur von Belichtung und Beleuchtung wirkt das Bild wesentlich kontrastreicher und strahlender.

1. Helligkeit und Kontrast anpassen

Die schnellste Korrekturmöglichkeit im Assistenten *Farbe und Beleuchtung* besteht in der Justage der Helligkeit und des Kontrasts. Mit dem oberen Regler verändern Sie die allgemeine Helligkeit des Bilds, während der untere Regler die Kontraste zwischen hellen und dunklen Bildbereichen verstärkt. Im Beispielbild ziehen Sie die Helligkeit stark an, während Sie den Kontrast ein wenig verstärken, um Details aus dem Gefieder herauszuholen und die Wellenlinien im Wasser zu akzentuieren.

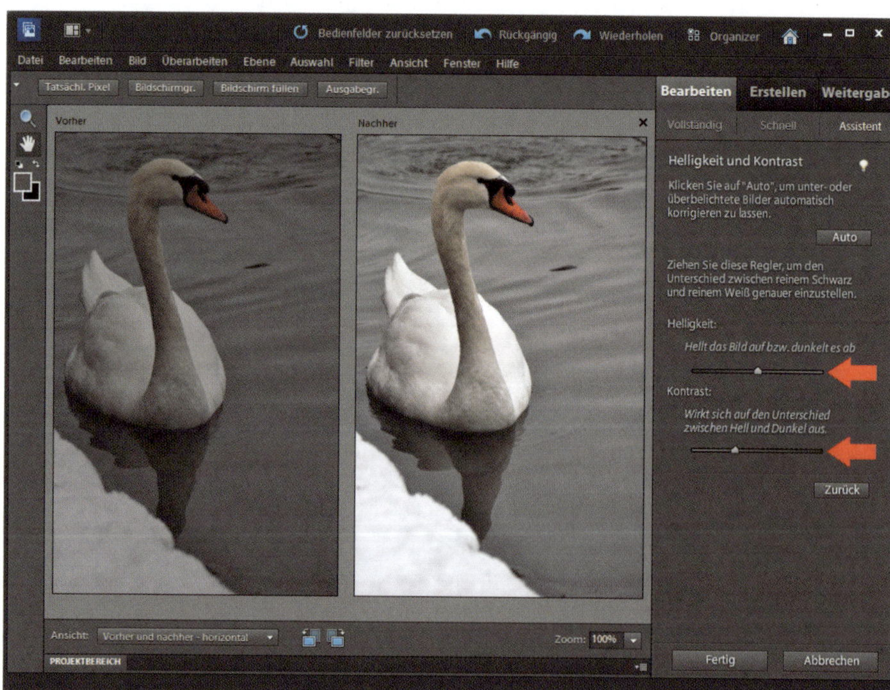

Mit dem Assistenten *Helligkeit und Kontrast* passen Sie die Beleuchtung in Sekundenschnelle an.

2. Foto aufhellen oder abdunkeln

Wesentlich mehr Kontrolle über die Helligkeitsverteilung im Bild verleiht Ihnen die Funktion *Foto aufhellen oder abdunkeln.* Ganz oben rechts im Fensterbereich wartet der *Auto*-Button für eine automatische Korrektur der Helligkeitsverteilung auf Ihren Mausklick. Fällt das Ergebnis nicht zufriedenstellend aus, müssen Sie die drei Schieberegler für die manuelle Korrektur bemühen.

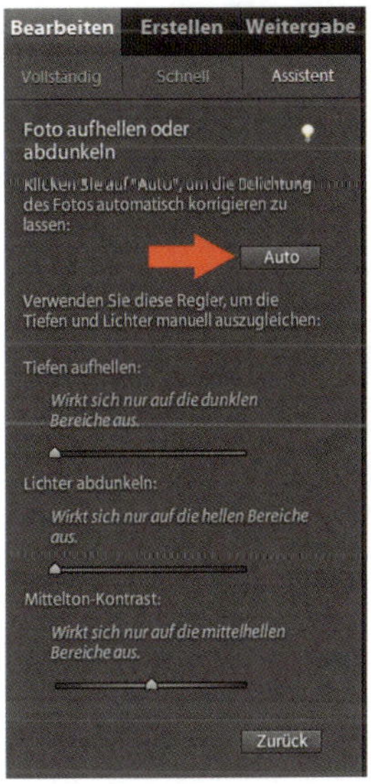

Auch *Foto aufhellen oder Abdunkeln* bietet eine Automatikfunktion.

3. Tiefen, Lichter und Mitteltöne anpassen

Bei der manuellen Korrektur hellen Sie mit dem Schieberegler *Tiefen aufhellen* die dunklen Bildbereiche auf. Ein zu hoher Wert führt zu einem deutlichen Kontrastverlust, daher sollte dieser Regler wirklich nur bei viel zu dunklen Aufnahmen eingesetzt werden.

Der Regler *Tiefen aufhellen* eignet sich ideal zum Verbessern von Aufnahmen, die viel zu dunkel geraten sind. Allerdings führt ein zu hoher Wert wie im Bild zu erheblichem Kontrastverlust.

Der mittlere Regler *Lichter abdunkeln* unterdrückt die hellen Bereiche im Bild. Setzen Sie diesen ein, wenn die Aufnahme insgesamt viel zu hell ausfällt oder das Verhältnis von hell zu dunkel unausgewogen ist. In unserem Beispiel sorgt ein Wert von *70* dafür, dass die Aufnahme kontrastreicher wirkt.

Der Regler *Lichter abdunkeln* dämpft nicht nur die hellen Stellen im Bild, sondern arbeitet auch mehr Kontraste heraus.

Der untere Regler *Mittelton-Kontrast* wirkt sich nahezu auf das gesamte Bild aus. Indem Sie diesen nach rechts verschieben, verstärken Sie die Kontraste im Bild. Dadurch wirkt das Foto insgesamt wesentlich »knackiger«.

Der Regler *Mittelton-Kontrast* zieht die stärksten Bildänderungen nach sich. Hier wird der Kontrast im Bild durch einen zur Illustration übertriebenen Wert von *55* deutlich verstärkt.

4.4.5 Farbkorrekturen oder knalliger Pop-Art-Stil

Mit den *Farben*-Assistenten aus der Sektion *Farbe und Beleuchtung* erhöhen und reduzieren Sie die Farbsättigung im Bild, entfernen Farbstiche durch Setzen eines neuen Schwarz- oder Weißpunkts und kreieren auf Wunsch knallige Bilder im Pop-Art-Stil.

Vorher: Die Farben in diesem Bild wirken viel zu knallig und zudem unnatürlich. Besonders das Grün der Blätter sticht zu sehr aus dem Foto heraus.

Nachher: Durch eine dezente Farbreduktion wirkt das Bild wesentlich natürlicher: Das Blau des Himmels ist kein Cyan mehr, und die Blätter erscheinen nicht mehr neongrün.

1. Farben verbessern

Unter *Farben verbessern* finden Sie drei Regler, die Ihnen die volle Kontrolle über die Farbverteilung im Bild verleihen. Die *Auto*-Funktion führt hier meist nur dezente Änderungen durch, sodass Sie besser auf die manuelle Kontrolle zurückgreifen.

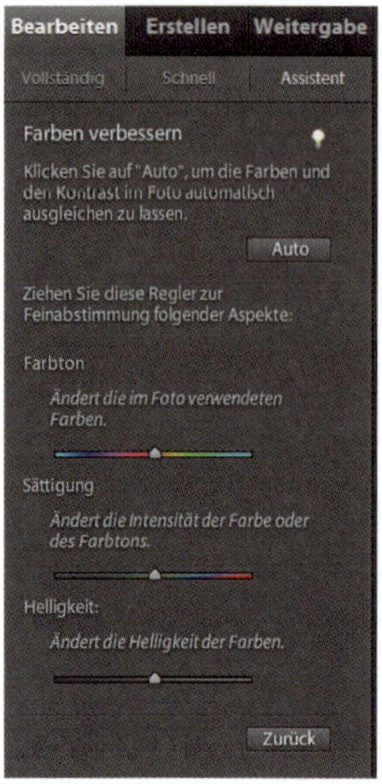

Der Assistent *Farben verbessern* bietet Ihnen eine Automatikfunktion sowie drei Schieberegler zur manuellen Korrektur.

2. Farbton regulieren

Den obersten Regler *Farbton* sollten Sie mit Vorsicht genießen: Dieser verändert die gesamte Farbverteilung im Bild, sodass es zu mehr oder weniger attraktiven Falschfarbenaufnahmen kommt. Ein hoher oder niedriger Wert sorgt für surrealistisch wirkende Ergebnisse.

Mit dem Regler *Farbton* machen Sie aus Ihrem Bild eine effektvolle Aufnahme im besten Pop-Art-Stil.

3. Farbintensität verändern

Der Regler *Sättigung* beeinflusst die Stärke der Farben im Bild. Ziehen Sie diesen nach rechts, wird sozusagen mehr Farbe aufgetragen, was fahl wirkenden Aufnahmen zugutekommt. Verschieben Sie den Regler dagegen nach links, entnehmen Sie Farbe, wodurch das Bild entsättigt wird – bis hin zum Schwarz-Weiß-Foto beim linken Regleranschlag. Im Beispiel sorgt ein Wert von *-20* dafür, dass das Cyan des Himmels und vor allen Dingen das Neongrün der Blätter gedämpft werden, was im Endeffekt für einen natürlicheren und ausgewogenen Bildeindruck sorgt.

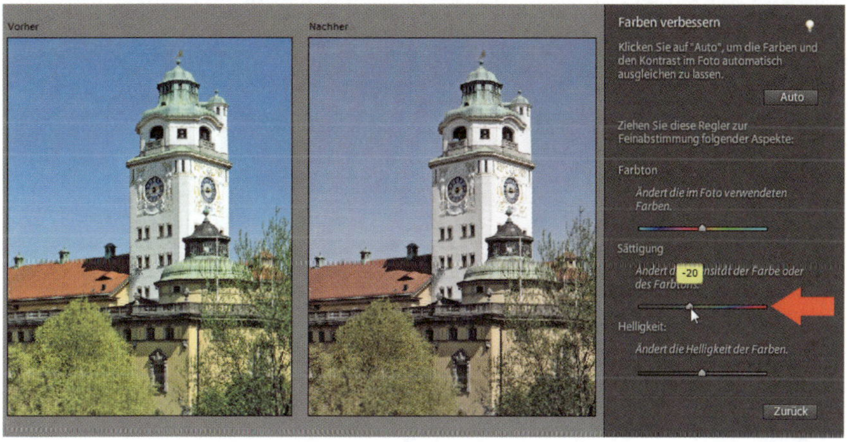

Der Regler *Sättigung* dient dem virtuellen Entnehmen oder Hinzufügen von Farbe.

4. Helligkeit über die Farbe einstellen

Der unterste Regler *Helligkeit* regelt die Bildhelligkeit über die Farbintensität. Hier sollten Sie nur ganz geringe Änderungen vornehmen, um das Bild nicht zu fahl oder zu dunkel wirken zu lassen. Im Beispiel wurde der Regler ganz dezent auf *–13* gestellt, um die Kontraste auf Kosten der Farben ein wenig zu erhöhen.

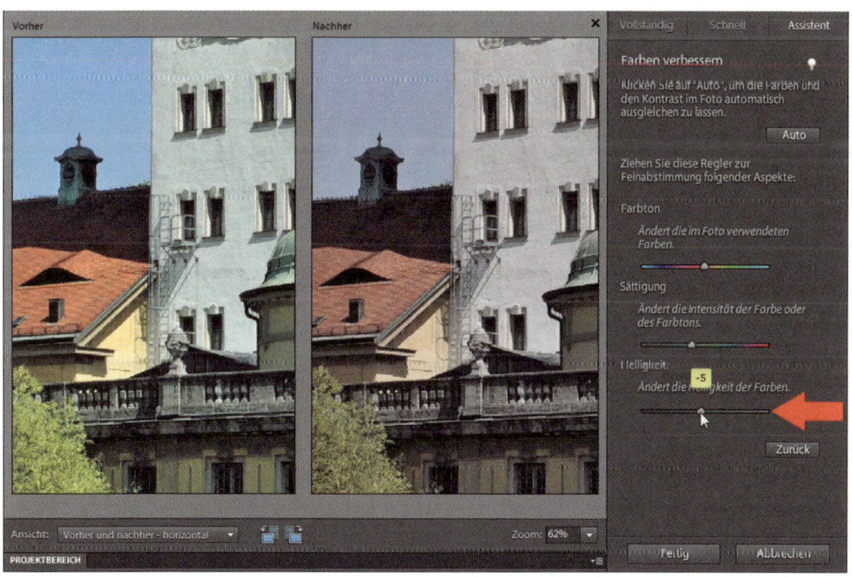

Der Regler *Helligkeit* dient dem Einstellen der Bildhelligkeit und auch des Kontrasts über die Farbintensität.

4.4.6 Farbstichige Fotos wieder im rechten Licht

Farbstiche können die unterschiedlichsten Ursachen haben. Wenn der automatische Weißabgleich Ihrer Kamera nicht funktioniert hat, können Aufnahmen im Schnee blaustichig, Fotos von Sonnenuntergängen rotstichig oder Innenaufnahmen bei Kunstlicht grünstichig werden. Der Assistent *Farbstich entfernen* rückt die Aufnahmen wieder ins rechte Licht.

Vorher: Dieses Bild weist einen deutlichen Blaustich auf. Die Wege wirken wie Wasserbahnen, und das Farbenspiel des Himmels in der Dämmerung wird vollständig unterdrückt.

Nachher: Die korrigierte Aufnahme besticht durch ihre warme, frühabendliche Atmosphäre.

1. Assistent: Farbstich entfernen

Klicken Sie in der Sektion *Farbe und Beleuchtung* auf den Assistenten *Farbstich entfernen.*

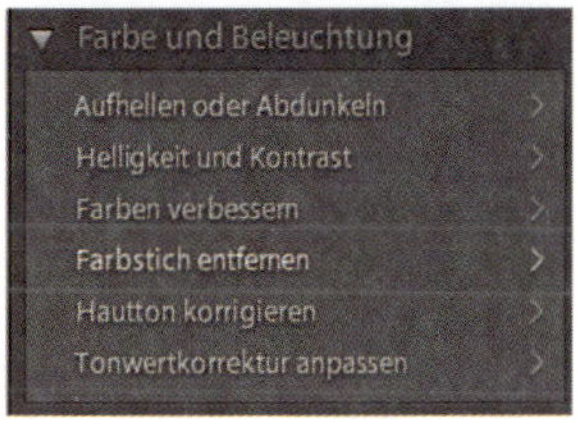

Der Korrekturassistent für Farbstiche findet sich in der Sektion *Farbe und Beleuchtung*.

2. Farbstich per Pipette korrigieren

Aktivieren Sie nun die *Farbstich-Pipette* durch einen Klick auf das entsprechende Icon in der Mitte der rechten Leiste. Dann bewegen Sie den Pipettencursor über das Bild und klicken entweder auf einen rein schwarzen, einen rein weißen oder einen neutral grauen Bildbereich.

Tipp: Holen Sie Bilddetails mit dem Regler *Zoom* unten rechts ganz nah heran, um die richtige Farbe zu treffen. Im Beispiel lieferten die neutral grauen Wände der Tiefgaragenabgänge den idealen Grauwert für den Weißabgleich. Eine weniger starke Korrektur erfolgte beim Anklicken einer rein weißen Stelle im Bild. Experimentieren Sie ruhig ein wenig mit verschiedenen Bildbereichen herum, bis Sie das gewünschte Ergebnis erzielen – mit einem Klick auf *Zurück* können Sie jederzeit zum Ausgangszustand zurückkehren.

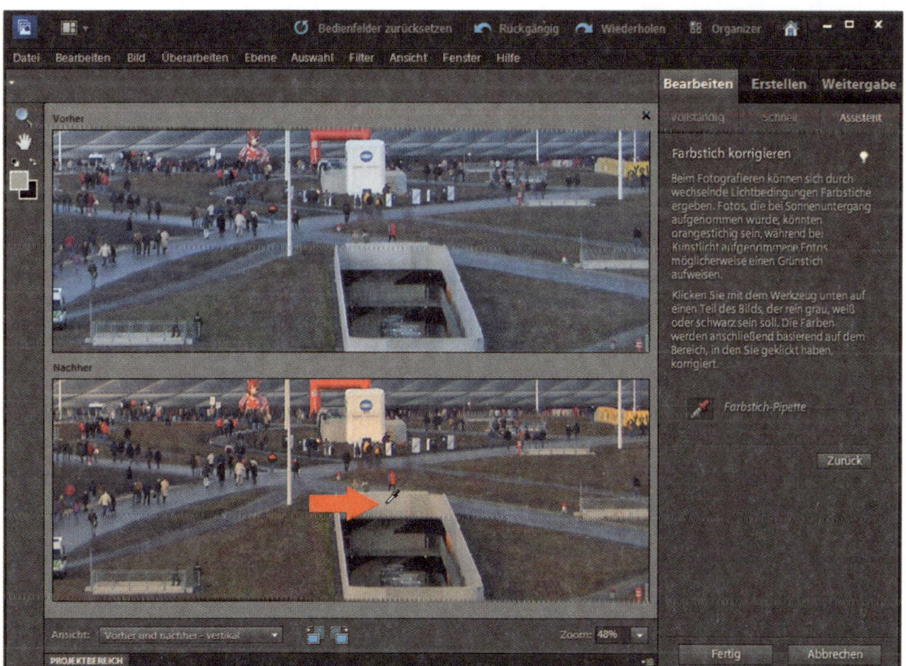

Bei hoher Zoomstufe treffen Sie die weißen, schwarzen oder grauen Bildbereiche mit der *Farbstich-Pipette* exakter.

4.5 Fortgeschrittene Arbeitstechniken

Die Assistenten von Photoshop Elements 10 können noch viel mehr als grundlegende Fotobearbeitung. So können Sie mithilfe spezieller Assistenten Perspektivkorrekturen durchführen, mit der Tonwertkorrektur Strukturen aus stockdunklen Bildbereichen herausarbeiten, alte Fotos von Staub und Kratzern befreien oder Ihre schönsten Fotos mit spektakulären Spezialeffekten versehen. Wir stellen Ihnen auf den folgenden Seiten die interessantesten Assistenten für fortgeschrittene Bildbearbeitung vor.

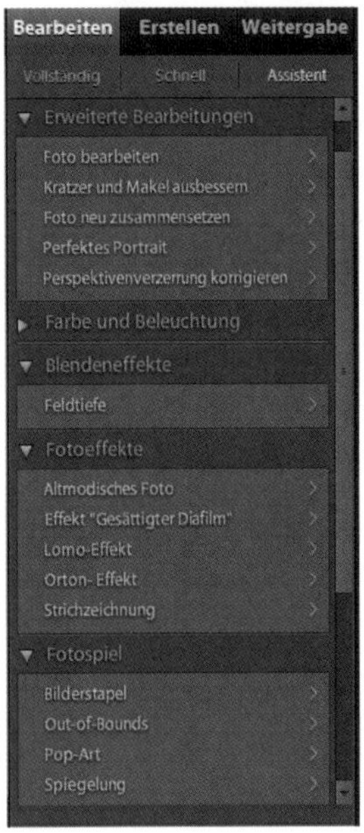

Die unteren Bereiche des Assistentenbereichs beschäftigen sich mit mehr als nur der schnöden Fotoverbesserung.

4.5.1 Verzerrte Perspektiven wieder korrigieren

Perspektivenverzerrungen, wie sie oft bei Architekturaufnahmen vorkommen, lassen sich mit Photoshop Elements ganz einfach korrigieren. Wenn Sie beispielsweise ein hohes Gebäude aus kurzer Distanz ablichten, verlaufen die stürzenden Linien diagonal statt senkrecht.

Links vorher: Durch den nahen Aufnahmestandort kommt es bei diesem Foto zu ausgeprägten stürzenden Linien.
Rechts nachher: Dank der Perspektivenkorrektur verlaufen die meisten der zuvor stürzenden Linien nun gerade.

1. Perspektivenkorrektur aktivieren

Öffnen Sie im Assistentenbereich das Untermenü *Erweiterte Bearbeitungen*, gefolgt von *Perspektivenverzerrung korrigieren.*

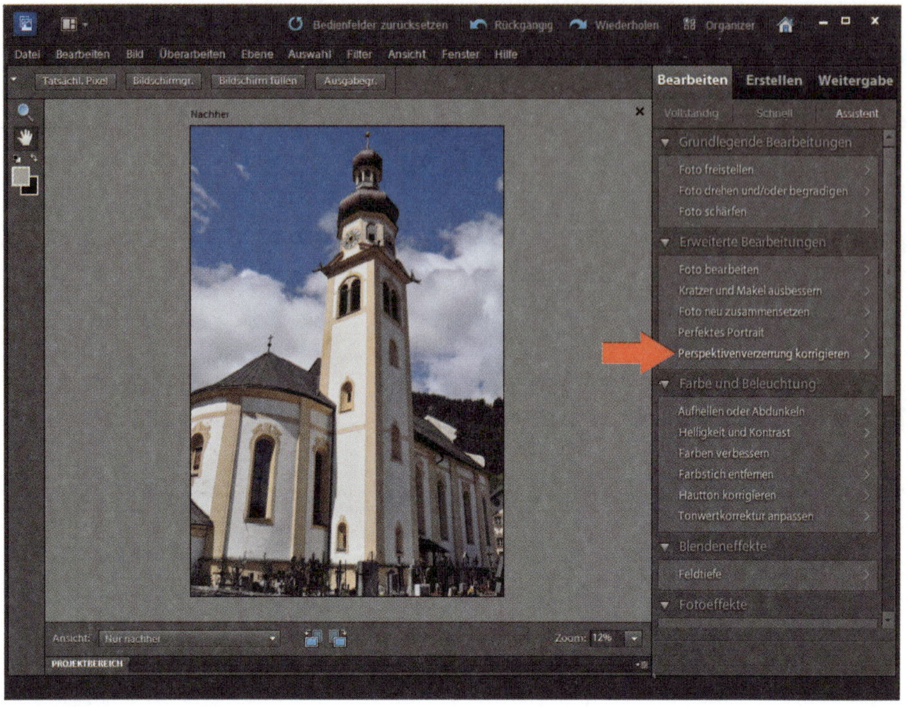

Der Assistent für die Korrektur der Perspektivenverzerrung versteckt sich in der Kategorie *Erweiterte Bearbeitungen*.

2. Perspektivenkorrektur aktivieren

Scrollen Sie nun im Beschreibungstext des Assistenten so weit nach unten, bis die Schaltfläche *Kameraverzerrung korrigieren* auftaucht.

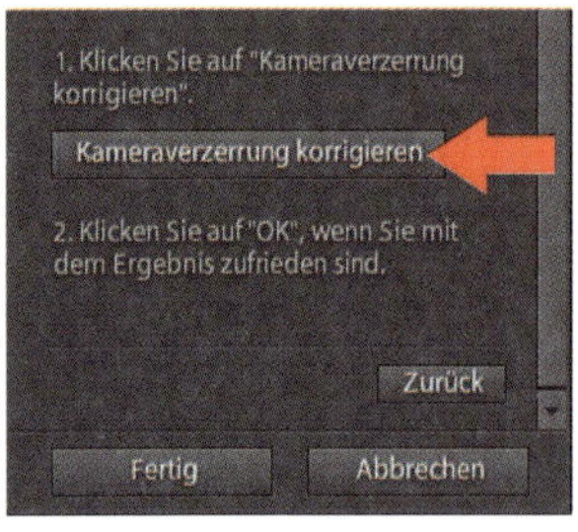

Die Schaltfläche zum Aufrufen des Korrekturdialogs finden Sie im Assistentenmenü ganz unten.

3. Kameraverzerrung korrigieren

Nach einem Klick auf die Schaltfläche *Kameraverzerrung korrigieren* erscheint der gleichnamige Dialog auf dem Bildschirm. Falls nicht schon geschehen, aktivieren Sie unten rechts das Kontrollkästchen *Raster einblenden.* Dadurch wird ein Gitterraster über das Bild gelegt, das Ihnen beim exakten Ausrichten der stürzenden Linien hilft. Tipp: Sie können die Farbe des Rasters mit einem Klick auf das Feld *Farbe* verändern, falls das standardmäßig eingestellte Hellgrau zu schlecht sichtbar ist.

Das Raster im Dialog *Kameraverzerrung korrigieren* erleichtert das Ausrichten der stürzenden Linien im Foto.

4. Vertikale und horizontale Perspektive steuern

Verschieben Sie nun den Regler *Vertikale Perspektive* nach links. Dadurch werden die vertikalen Linien im Bild sukzessive gerade gerückt. Im Beispiel genügt ein Wert von *–52*, um den Kirchturm wieder ins Lot zu bringen. Aufgrund der starken Perspektivenverzerrung ist es unmöglich, alle stürzenden Linien im Bild gerade zu richten – deshalb beschränken Sie Ihre Bemühungen auf den Kirchturm, der das Foto in der Bildmitte dominiert.

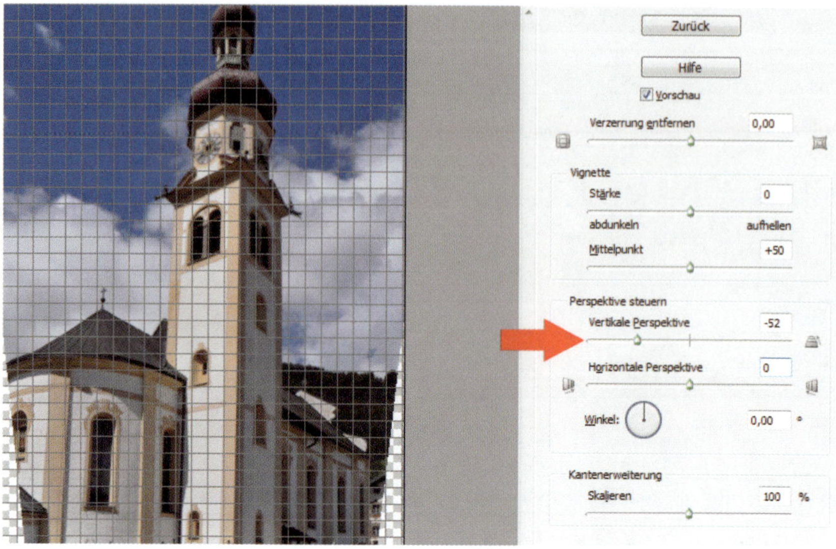

Der Regler *Vertikale Perspektive* bringt den Kirchturm wieder ins Lot.

5. Abgeschnittene Bildbereiche wiederherstellen

Aufgrund der Perspektivenkorrektur sind am unteren Rand des Fotos weiße Bereiche entstanden, und die Spitze des Kirchturms wurde am oberen Bildrand abgeschnitten. Durch Verschieben des Reglers *Skalieren* unter *Kantenerweiterung* nach rechts skalieren Sie das Bild so weit, bis die Kirchturmspitze wieder zu sehen ist.

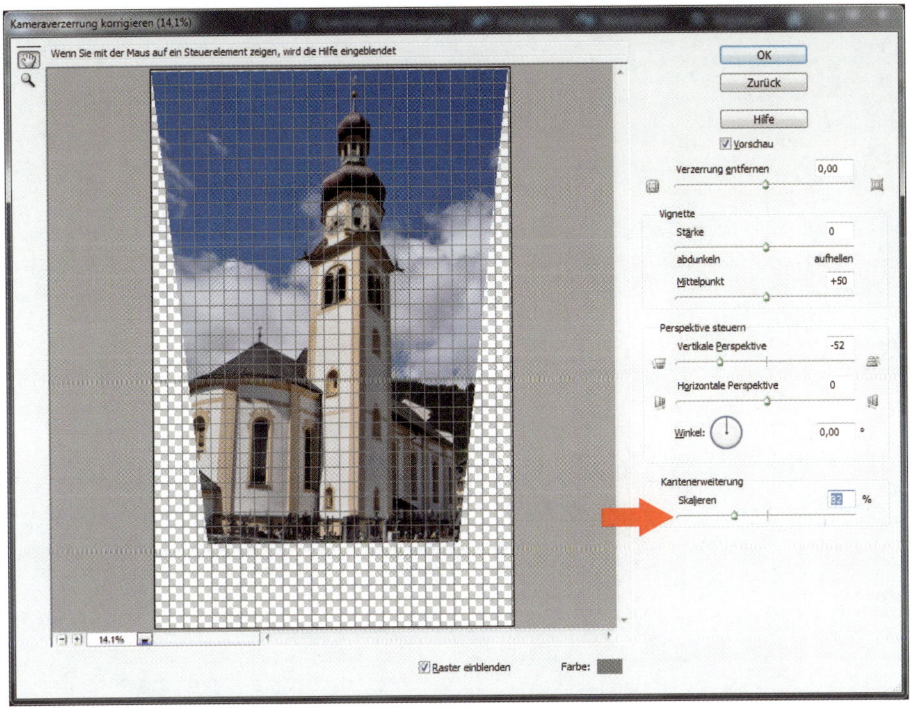

Mit dem Regler *Skalieren* holen Sie abgeschnittene Bildbereiche zurück in das Foto.

Sind Sie mit dem Ergebnis zufrieden, schließen Sie den Dialog mit einem Klick auf *OK*.

Weitere Optionen, die in diesem Beispiel nicht benötigt wurden:

- *Verzerrung entfernen*: Unterdrückt kissenförmige Verzerrungen; beispielsweise einen Fischaugeneffekt (oder fügt einen solchen hinzu).
- *Vignette*: Entfernt dunkle Bereiche an Bildecken, die durch Objektivvignettierung entstanden sind.
- *Horizontale Perspektive*: Dient dem Geraderichten von horizontalen Linien im Bild.
- *Winkel*: Erlaubt das Drehen des gesamten Bilds bei besonders starken Verzerrungen.

6. Weiße Bildbereiche entfernen

Die weißen Bereiche am unteren Bildrand entfernen Sie am besten mit dem Assistenten *Foto freistellen* aus der Kategorie *Grundlegende Bearbeitungen*. Setzen Sie den neuen Beschnittrahmen so, dass sämtliche leeren Bereiche ausgespart bleiben.

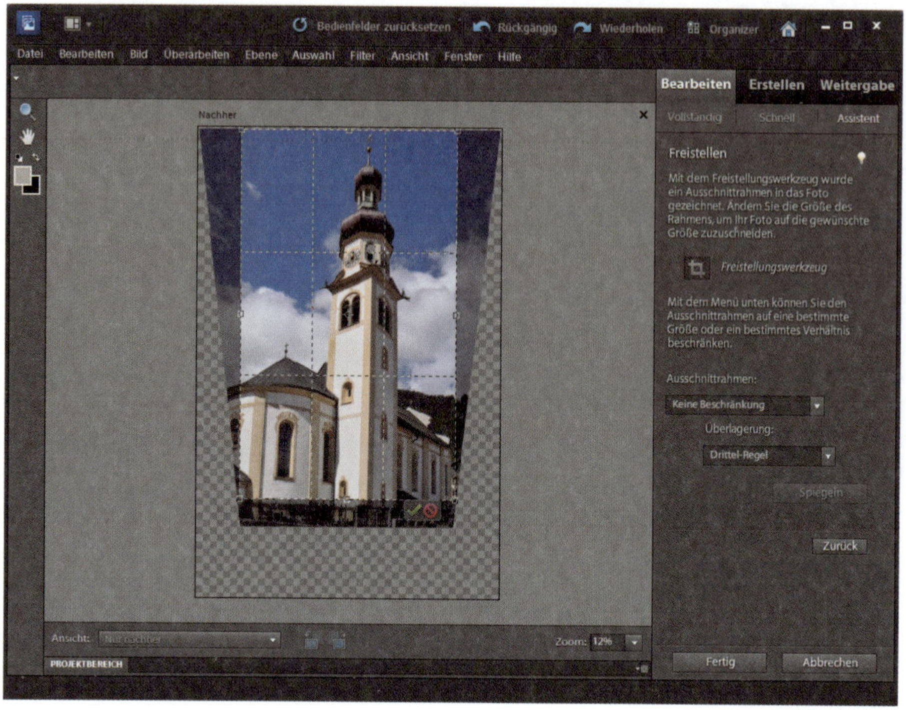

Mit *Freistellen* schneiden Sie die leeren Bildbereiche mit der virtuellen Schere ab.

4.5.2 Verborgene Details wieder sichtbar machen

Manchmal ist es regelrecht verblüffend, wie viele Bildinformationen sich in den viel zu dunklen Bereichen eines unterbelichteten Fotos verstecken können. Mit der Tonwertkorrektur von Photoshop Elements entlocken Sie dunklen Aufnahmen eine ungeahnte Detailvielfalt.

Links vorher: Vier Lämpchen glimmen vor einem viel zu dunklen Hintergrund.
Rechts nachher: Die Tonwertkorrektur hat den Schleier der dunklen Bereiche gelüftet und präsentiert jede Menge Details.

1. Tonwertkorrektur aktivieren

Der Assistent *Tonwertkorrektur anpassen* befindet sich in der Kategorie *Farbe und Beleuchtung* an unterster Stelle. Ein langer Text informiert Sie genau über die Funktionsweise der Tonwertkorrektur. Ein Klick auf die Schaltfläche *Einstellungsebene Tonwertkorrektur* zieht eine neue Einstellungsebene ins Bild ein.

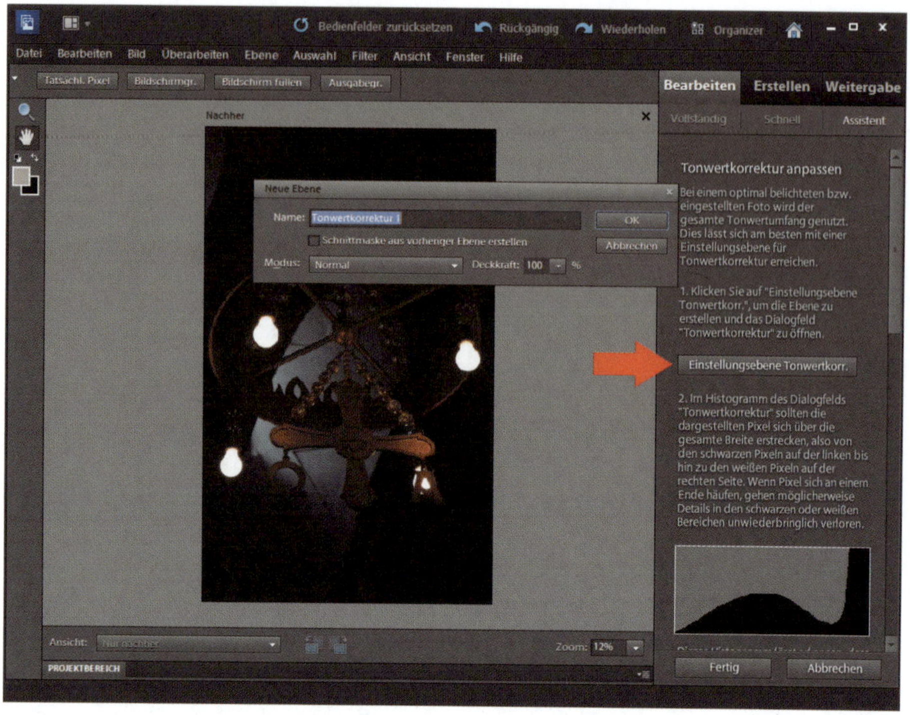

Die Tonwertkorrektur von Photoshop Elements arbeitet auf einer eigenen Einstellungsebene.

Einstellungsebene – was ist das?

Mit einer Einstellungsebene können Sie umfangreiche Korrekturen an einem Bild vornehmen, ohne das Originalbild zu verändern. Dieses liegt unangetastet auf Ebene 1, während die Tonwertkorrektor im Ebenenstapel ganz oben liegt und sich auf das darunterliegende Originalbild auswirkt. Wechseln Sie einmal in den Bearbeitungsmodus *Vollständig*, um die beiden Ebenen am rechten Bildrand zu sehen. Wenn Sie mit einem Klick auf das Augensymbol die Einstellungsebene unsichtbar schalten, sehen Sie das Bild wieder im Originalzustand.

2. Histogramm analysieren

Nun erscheint der Dialog *Tonwertkorrektur*, in dem Sie die nachfolgenden Änderungen vornehmen. Groß in der Mitte des Dialogs prangt das Histogramm, das die Helligkeitsverteilung im Bild visualisiert. Im Beispiel ist deutlich zu sehen, dass sich nahezu sämtliche Bildinformationen im linken dunklen Bereich befinden.

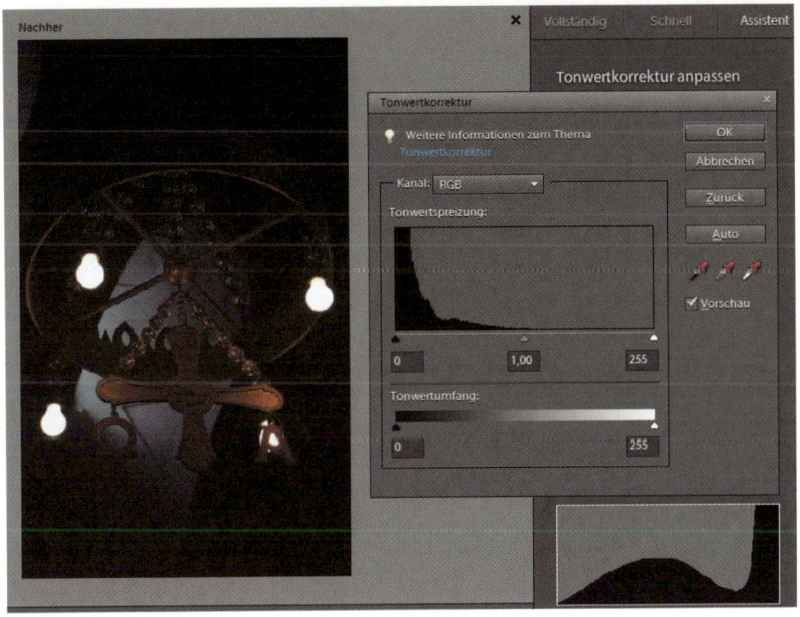

Das Histogramm der Tonwertkorrektur präsentiert Ihnen die Helligkeitsverteilung Ihres Fotos.

3. Tonwertspreizung vornehmen

Klicken Sie nun auf das graue Dreieck in der Mitte unterhalb des Histogramms und verschieben Sie dieses nach links. Je weiter Sie diesen Regler für die Mitteltöne nach links ziehen, desto mehr Details schälen sich aus der Finsternis heraus.

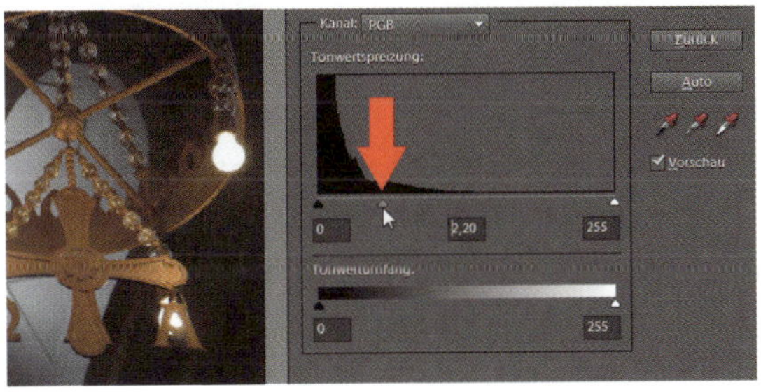

Indem Sie den dreieckigen Regler für die Mitteltöne nach links ziehen, zaubern Sie Details aus dem Dunkel.

Durch Verschieben des weißen Dreiecks, das für die Lichter zuständig ist, gestalten Sie das Bild noch heller. Gehen Sie jedoch mit Bedacht vor, da eine zu starke Verschiebung des Tonwertbereichs zu hässlichen, pixeligen Artefakten im Bild führen kann.

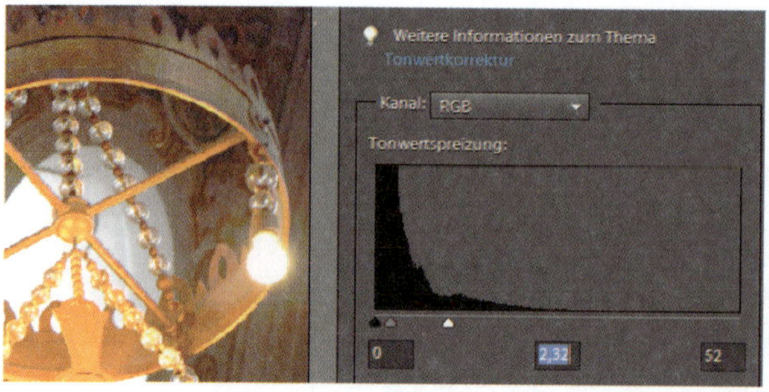

Sollten Sie es mit der Tonwertspreizung übertreiben, tauchen unschöne Artefakte im Bild auf.

Wenn Ihnen das Ergebnis zusagt, schließen Sie den Dialog *Tonwertkorrektur* mit einem Klick auf *OK*.

4.5.3 Gescannte und antike Abzüge restaurieren

Ältere Papierabzüge, die zur digitalen Weiterbearbeitung gescannt wurden, weisen oft Kratzer, Staub und Beschädigungen auf. Auch für solche schwierigen Fälle hält Photoshop Elements ein probates Mittel bereit: den Assistenten *Kratzer und Makel ausbessern*.

Links vorher: Der gescannte Papierabzug weist besonders im oberen rechten Bereich und an den Ecken deutliche Makel, Kratzer und Beschädigungen auf.

Rechts nachher: Mithilfe des Assistenten wurden die schadhaften Stellen aus dem Bild getilgt.

1. Filter Staub und Kratzer aufrufen

Bevor Sie sich an die Detailbearbeitung mit dem Assistenten *Kratzer und Makel ausbessern* machen, sollten Sie den Filter *Staub und Kratzer* aus dem Menü *Filter/Rauschfilter* über das Bild laufen lassen. Dieser entfernt zuverlässig kleinere Staubkörner und Kratzer mit nur einem Mausklick aus dem gesamten Foto.

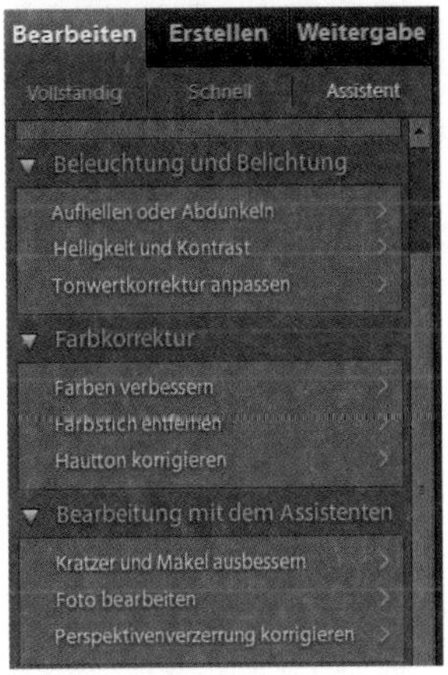

Den Filter *Staub und Kratzer* finden Sie in der Kategorie *Rauschfilter* des Filtermenüs.

Im Dialog *Staub und Kratzer* belassen Sie *Radius* und *Schwellenwert* auf den voreingestellten Werten *1 Pixel* beziehungsweise *0 Stufen*. Bei Bilddateien mit höherer Auflösung sind höhere Werte vonnöten, für die niedrig aufgelöste Beispieldatei genügen die voreingestellten Werte. Durch die Behandlung mit dem Filter erscheint das Bild zwar minimal unschärfer, dafür werden sämtliche kleineren Störungen blitzschnell aus dem Foto getilgt.

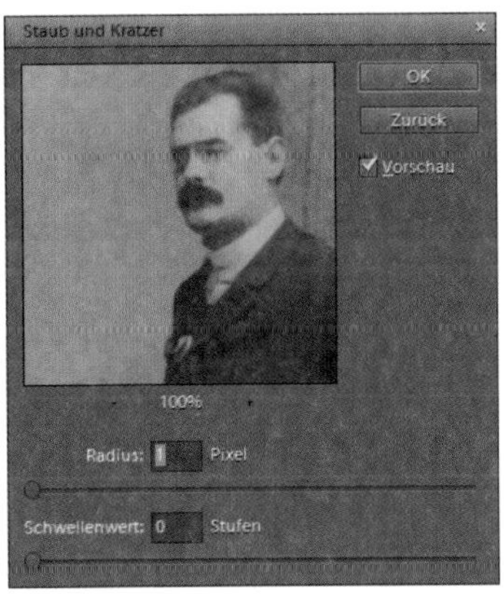

Der Filter *Staub und Kratzer* verringert die Bildschärfe und eliminiert kleinere Staubkörner.

2. Kaputte Bildränder abschneiden

Gerade an den Bildrändern treten bei älteren Aufnahmen besonders viele Knicke und Risse auf. Den umlaufenden weißen Rand und die abgeknickte Bildecke unten rechts entfernen Sie in einem Arbeitsgang mit dem Assistenten *Foto freistellen*.

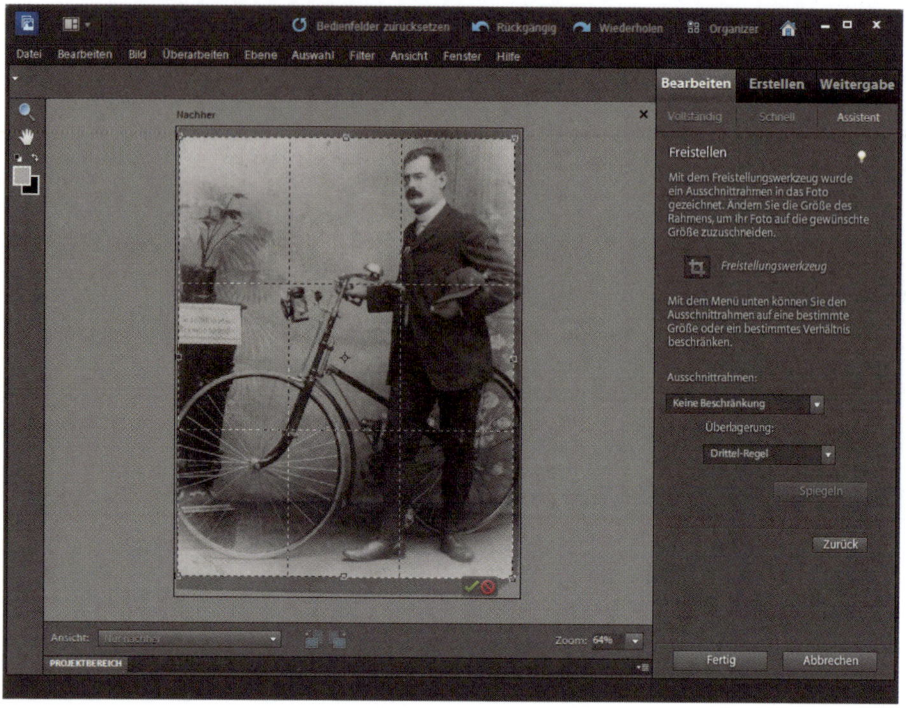

Starke Beschädigungen an den Bildrändern lassen sich flugs mit einem neuen Bildausschnitt aus dem Foto entfernen.

3. Kratzer und Makel ausbessern

Klicken Sie im Assistentenbereich auf *Erweiterte Bearbeitungen* und wählen Sie dort *Kratzer und Makel ausbessern.* Daraufhin füllt sich die rechte Leiste mit zwei Werkzeugsymbolen und zwei Schiebereglern zur Korrektur kleiner oder auch großer Beschädigungen.

Der Assistent bietet Bearbeitungsmöglichkeiten für kleinere (oben) und großere (unten) Bildfehler.

4. Den Bereichsreparatur-Pinsel aktivieren

Kleineren Bildfehlern wie winzigen Kratzern und Staubkörnern rücken Sie mit dem oberen Werkzeug – dem *Bereichsreparatur-Pinsel* – zu Leibe. Stellen Sie dazu die Zoomstufe ein wenig höher und holen Sie mit dem *Hand-Werkzeug* den betreffenden Bildbereich heran.

Der *Bereichsreparatur-Pinsel* eignet sich für kleinere Makel im Bild.

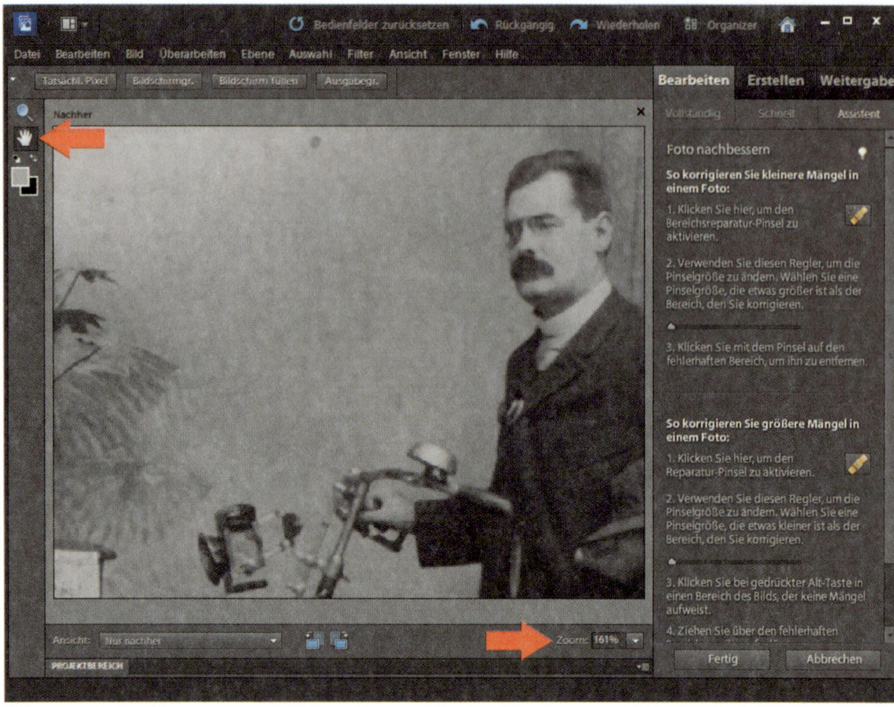

Mit dem *Zoom*-Regler unten rechts vergrößern Sie den sichtbaren Bildausschnitt und verschieben diesen per *Hand-Werkzeug* (oben links) auf die problematische Stelle.

5. Kleinere Bildfehler ausbessern

Mit dem oberen Schieberegler stellen Sie nun die Pinselgröße so ein, dass der Kreisdurchmesser ein wenig größer als die zu korrigierende Stelle ist. Anschließend bewegen Sie den Pinselcursor über die zu reparierende Stelle – also beispielsweise ein Staubkorn oder einen kleinen Kratzer – und klicken einmal mit der linken Maustaste. Schon verschwindet der Makel aus dem Bild. Auf diese Weise befreien Sie das Foto Schritt für Schritt von Staub und kleineren Störungen.

Mit dem oberen Schieberegler passen Sie die Pinselgröße an die zu korrigierende Stelle im Bild an.

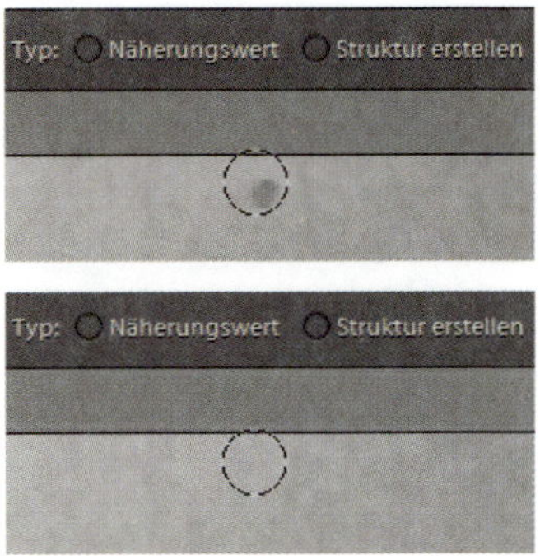

Ein Mausklick auf die schadhafte Stelle genügt, und das Staubkorn ist verschwunden!

6. Größere Beschädigungen ausbessern

Für größere Beschädigungen – wie im Beispiel den großen Riss am linken Bildrand – greifen Sie auf das zweite Werkzeug des Assistenten zurück, den *Reparatur-Pinsel.*

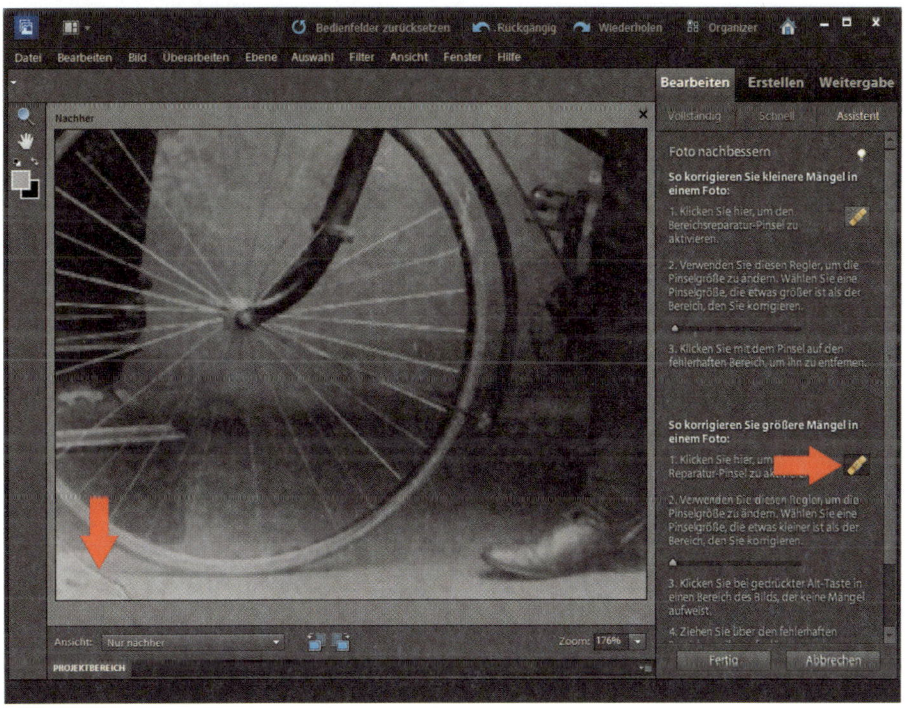

Der Riss am linken unteren Bildrand ist zu groß für den *Bereichsreparatur-Pinsel*. Deshalb verwenden Sie dafür den *Reparatur-Pinsel*.

Auch den Durchmesser des *Bereichsreparatur-Pinsels* stellen Sie mit dem dazugehörigen Regler auf die Größe der Beschädigung ein. Dann nehmen Sie per Mausklick bei gedrückt gehaltener Alt-Taste einen »heilen« Bereich in der Nähe der Beschädigung auf.

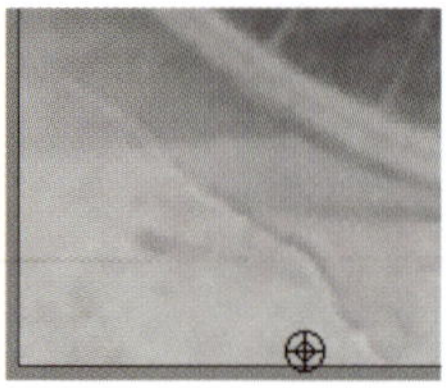

Ein unversehrter Bereich unterhalb des Risses wird bei gedrückt gehaltener [Alt]-Taste aufgenommen.

Bewegen Sie den Pinselcursor über die beschädigte Stelle und klicken Sie dort einmal. Ist der Schaden nicht ganz verschwunden, müssen Sie bei gedrückt gehaltener Maustaste ein wenig über die schadhafte Stelle »malen«. Oftmals kann es auch nötig sein, mehrere umliegende Bildbereiche per [Alt]-Taste aufzunehmen und über eine große Schadstelle zu pinseln.

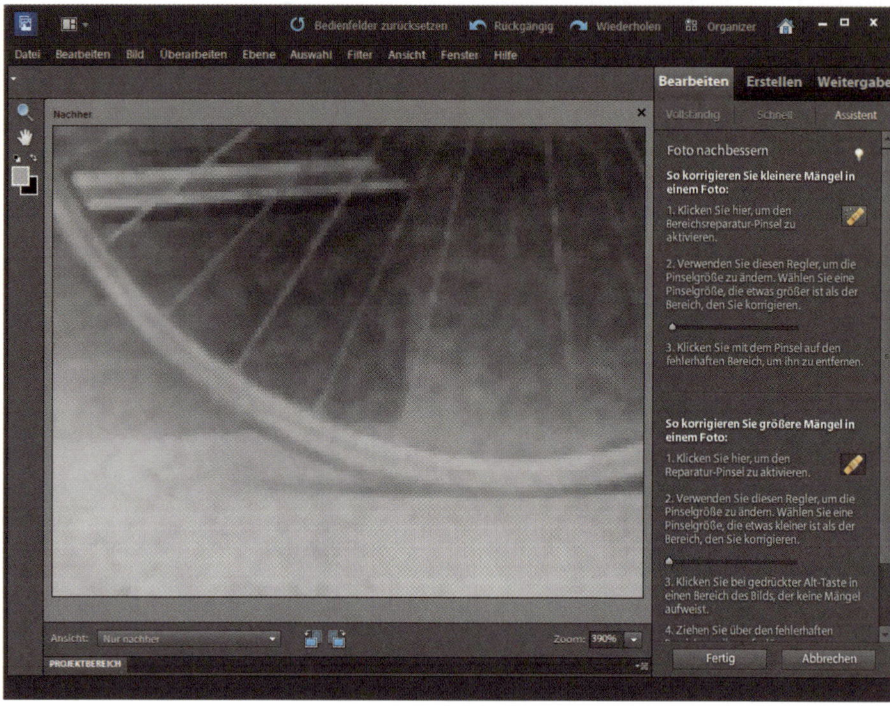

Nach wenigen Mausklicks ist der Riss vollkommen aus dem Bild verschwunden.

4.5.4 Neue Fotos im angesagten Retro-Look

Verwandeln Sie aktuelle Bilder in Meisterwerke von anno dazumal – der Assistent *Altmodisches Foto* macht's möglich. Dabei verwandeln Sie die Bilder nicht nur in schönes Schwarz-Weiß, sondern fügen ihnen auch noch eine bräunliche Patina, ein klassisch wirkendes Kontrastverhältnis und eine Struktur hinzu.

Links vorher: Ein kunterbuntes und gestochen scharfes Foto aus der Gegenwart ...
Rechts nachher: ... verwandelt sich in eine antiquiert wirkende Aufnahme aus längst vergangener Zeit.

1. Der Assistent Altmodisches Foto

Öffnen Sie im Assistentenbereich die Unterkategorie *Fotoeffekte* und wählen Sie dort *Altmodisches Foto*. In der rechten Leiste erscheint nun ein ausführlicher Beschreibungstext mit Beispielbildern. Scrollen Sie so weit nach unten, bis Sie die ersten drei Schaltflächen sehen.

Der Assistent *Altmodisches Foto* enthält ausführliche Beschreibungstexte und Beispielbilder.

2. Die drei Konvertierungsmodi

Bei der Schwarz-Weiß-Konvertierung lässt Ihnen der Assistent die Wahl zwischen drei Modi:

- *Zeitung*: Erzeugt ein kontrastarmes Bild, wie es in Zeitungen des ausgehenden 19. Jahrhunderts üblich war. Die Kontraste am Turm unseres Beispielbilds fallen dann aber viel zu niedrig aus, was diese Option ungeeignet macht.
- *Großstadt/Schnappschüsse*: Dieser Modus betont die Kontraste stärker, sodass auch feine Strukturen und schwache Kontraste (wie der zwischen Turm und Himmel) deutlich zur Geltung kommen.
- *Lebhafte Landschaften*: Betont bei der Konvertierung die Kontraste der Blautöne, sodass der Himmel sehr stark betont wird. Für unser Beispiel mit viel blauem Himmel ist das der ideale Modus.

Mit dem Konvertierungsmodus *Lebhafte Landschaften* verwandeln wir unser Farbbild in eine Schwarz-Weiß-Aufnahme mit effektvollem Himmel.

3. Tonwerte anpassen und Struktur hinzufügen

Um die durch die Schwarz-Weiß-Konvertierung etwas durcheinandergeratenen Tonwerte wieder ins Lot zu bringen, scrollen Sie im Assistenten nach unten und klicken auf *Tonwerte anpassen*, um eine automatische Tonwertkorrektur durchzuführen.

Da alte Fotos über ein sichtbares Korn verfügen, simulieren Sie dieses durch ein künstliches Bildrauschen. Dazu klicken Sie im Assistenten auf die Schaltfläche *Struktur hinzufügen*.

Mit der Schaltfläche *Struktur hinzufügen* simulieren Sie Filmkorn durch Bildrauschen.

4. Typische Sepiafärbung einstellen

Damit Ihr Foto so richtig alt daherkommt, verpassen Sie ihm noch den typischen Braunstich historischer Aufnahmen. Dazu scrollen Sie im Assistentenbereich ganz nach unten und klicken auf die Schaltfläche *Farbton/Sättigung anpassen*. Praktischerweise hat Photoshop Elements im Dialog *Farbton/Sättigung* schon eine typische Sepiatönung voreingestellt. Diese fällt allerdings arg braun aus, sodass Sie durch Verschieben des Reglers *Sättigung* nach links die Färbung ein wenig dezenter gestalten. Ein Wert von 18 ist hier vollkommen ausreichend.

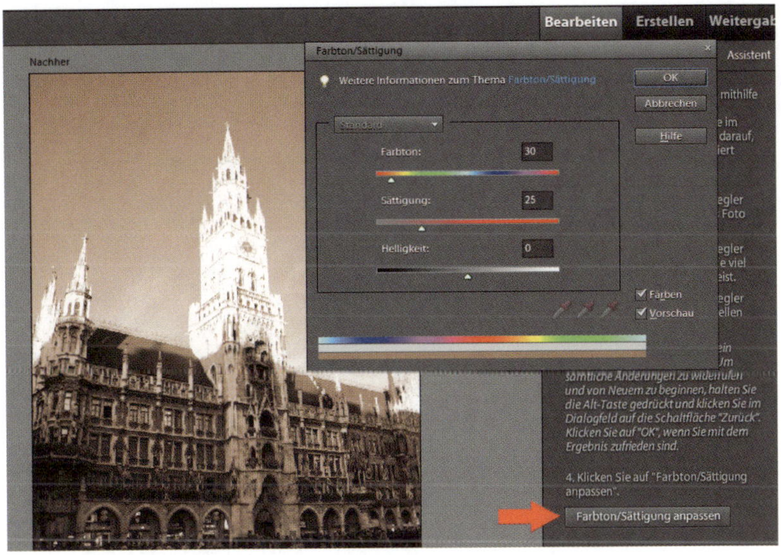

Den typischen Sepia-Look historischer Aufnahmen erzielen Sie mit der Schaltfläche *Farbton/Sättigung anpassen*.

4.5.5 Bildbereiche nach Lust und Laune fokussieren

Der Fokus ist ein mächtiges Werkzeug zum visuellen Hervorheben bestimmter Bildbereiche. Scharf abgebildete Objekte werden vom Betrachter naturgemäß stärker wahrgenommen als Elemente, die sich im unscharfen Bereich eines Fotos befinden. Mit dem in Photoshop Elements 10 neu hinzugekommenen Assistenten *Feldtiefe* können Sie Bildbereiche nach Lust und Laune fokussieren – auch wenn das gesamte Foto zuvor gestochen scharf war.

Vorher: Alle Ebenen des Fotos wurden gleichmäßig scharf abgebildet – vom Gebäude über die Werbetafel bis zu den Wolken im Hintergrund.

Nachher: Durch eine gezielte Änderung der Feldtiefe wird der Schriftzug im Zentrum des Bilds in den Fokus gerückt und erregt damit das Interesse des Betrachters.

1. Assistent Feldtiefe aufrufen

Wechseln Sie im Assistentenmenü zum Bereich *Blendeneffekte* und klicken Sie auf *Feldtiefe*. Photoshop Elements 10 bietet Ihnen nun zwei Methoden zur Variation der Feldtiefe an: *Einfach* und *Benutzerdefiniert*. Für unsere Zwecke genügt die Option *Einfach*, die Sie per Mausklick aktivieren.

Im Assistenten *Feldtiefe* entscheiden Sie sich für die Methode *Einfach*.

2. Weichzeichner hinzufügen

Im ersten Arbeitsschritt wird das komplette Bild durch die Anwendung eines starken Weichzeichners unscharf gemacht. Hierzu klicken Sie im Assistentenbereich rechts auf die Schaltfläche *Weichzeichner hinzufügen*.

Mit einem Klick auf *Weichzeichner hinzufügen* machen Sie das gesamte Foto unscharf.

3. Fokusbereich definieren

Nun sagen Sie Photoshop Elements, welche Bildbereiche scharf abgebildet werden sollen. Dazu klicken Sie unter *Fokusbereich definieren* auf das Symbol *Verlaufswerkzeug*. Bewegen Sie nun den Mauspfeil an jene Stelle im Bild, deren Zentrum gestochen scharf abgebildet werden soll. Klicken Sie und halten Sie die linke Maustaste gedrückt, um eine Linie aufzuziehen, die den Radius des fokussierten Bereichs bestimmt. Sobald Sie die Maustaste loslassen, wird der gewählte Bereich scharfgezeichnet – im Fall des Beispiels das Neonschild mit dem Schriftzug.

Mithilfe des *Verlaufswerkzeugs* legen Sie fest, welche Bildbereiche scharf abgebildet werden sollen.

Nach Anwenden des *Verlaufswerkzeugs* befindet sich das Neonschild im Fokus.

4. Fokuseffekt verstärken

Scrollen Sie nun im Assistentenbereich ein wenig nach unten, um den finalen Arbeitsschritt *Weichzeichner verstärken* durchzuführen. Indem Sie den Regler *Weichz.* nach rechts verschieben, verstärken Sie den Unschärfeeffekt jener Bereiche, die sich nicht im zuvor definierten Fokusbereich befinden. Dadurch kommt im Beispiel das Neonschild noch stärker zur Geltung.

Mit der Funktion *Weichzeichner verstärken* intensivieren Sie den Fokuseffekt.

4.5.6 Aus nur einem Foto tolle Collagen machen

Ebenfalls eine Neuerung in Version 10 von Photoshop Elements ist der Assistent *Bilderstapel* in der Rubrik *Fotospiel*. Damit teilen Sie ein einzelnes Bild in vier, acht oder zwölf Fotoabzüge auf, die Photoshop Elements zufällig verteilt und übereinanderstapelt.

Vorher: Ein ganz normales Foto, entstanden in einem Fischerdorf auf Mallorca.

Nachher: Der Assistent *Bilderstapel* erzeugt vollautomatisch eine Collage aus übereinandergestapelten Fototeilen, die wie einzelne Fotos wirken.

1. Assistent Bilderstapel aufrufen

Der Assistent zur Erzeugung solch effektvoller Collagen befindet sich in der Kategorie *Fotospiel*. Nach einem Klick auf *Bilderstapel* füllt sich der rechte Assistentenbereich mit verschiedenen Optionen zur Steuerung des Effekts.

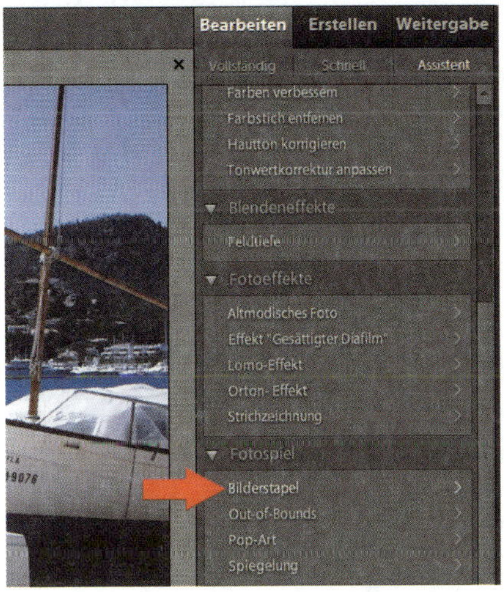

Der Assistent *Bilderstapel* ist in der Kategorie *Fotospiel* zu finden.

2. Anzahl der Fotos festlegen

Im mittleren Menübereich stellen Sie per Mausklick ein, ob die Collage aus *4*, *8* oder *12 Bildern* bestehen soll. Für das Beispiel haben wir die Option *8 Bilder* gewählt. Nach dem Klick müssen Sie sich einige Sekunden gedulden, da Photoshop Elements das Bild in acht unterschiedlich große Segmente unterteilt und diese für einen 3-D-Look gegeneinander dreht sowie mit Rahmen und Schatten versieht.

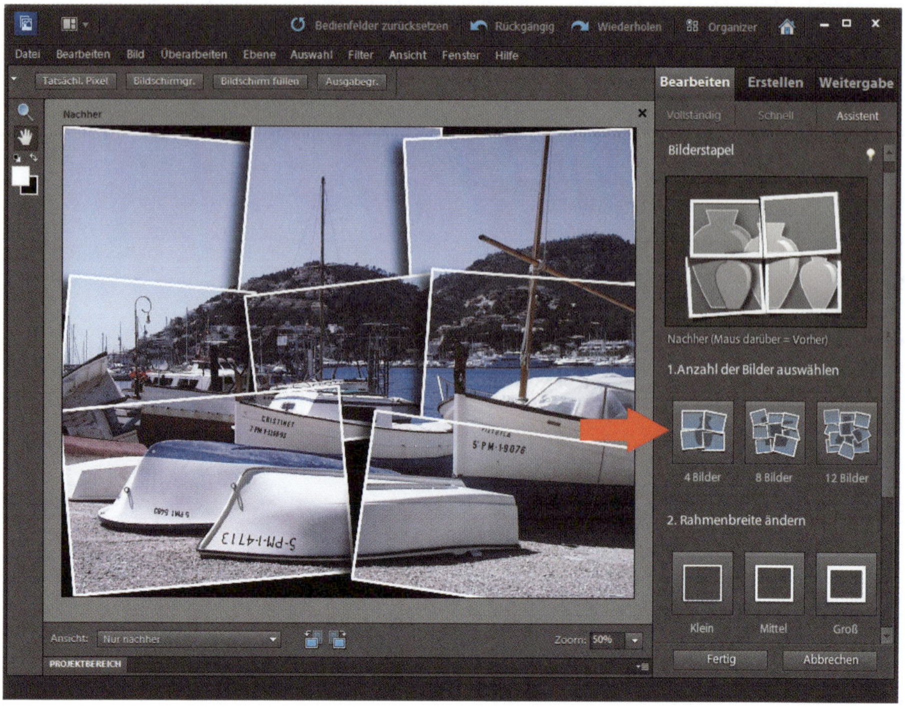

Ein Klick auf das gewünschte Symbol unter *Anzahl der Bilder auswählen* genügt, und schon erstellt Photoshop Elements automatisch eine effektvolle Collage.

3. Bildränder definieren

In der Sektion *Rahmenbreite ändern* legen Sie fest, ob die weißen Bildränder der einzelnen Abzüge *Klein*, *Mittel* oder *Groß* ausfallen sollen. Für das Beispiel haben wir die goldene Mitte gewählt.

Ein Klick auf das Symbol *Mittel* unter *Rahmenbreite ändern* gestaltet die weißen Bilderrahmen ein wenig dicker, was den Effekt zusätzlich verstärkt.

4. Hintergrund festlegen

Zu guter Letzt versehen Sie die Collage noch mit einem attraktiven Hintergrund. Scrollen Sie im Assistentenmenü ein wenig nach unten und entscheiden Sie sich unter *Hintergrund ändern* für einen Farbverlauf oder einen einfarbigen Hintergrund. Im Beispiel wurde die Option *Verlauf* mit den Standardeinstellungen verwendet, was einen radialen Verlauf von Hell- nach Dunkelgrau hinter der Collage erzeugte.

Mit der Option *Hintergrund ändern* versehen Sie Ihre Collage zum Abschluss mit einem hübschen Farbverlaufshintergrund.

5 Durchblick im Bildarchiv

Wer oft und gern digital fotografiert, sieht sich schon nach kurzer Zeit mit einem unübersichtlichen Wust an Bilddateien konfrontiert. Diese lassen sich zwar ohne zusätzliche Software in Ordnern und Unterverzeichnissen organisieren – doch wer schon einmal ein ganz bestimmtes, mehrere Jahre altes Digitalfoto gesucht hat, kann ein Lied vom Zeitaufwand für die mühsame Suche singen. Um in Zukunft mehr Übersicht in Ihre Fotosammlung zu bringen, nutzen Sie ganz einfach die leistungsstarken Funktionen des Photoshop Elements Organizer.

5.1 Organisieren leicht gemacht

Klicken Sie nach dem Programmstart im Willkommensbildschirm von Photoshop Elements 10 auf die Schaltfläche *Organisieren.* Nach kurzer Wartezeit erscheint der Organizer von Photoshop Elements auf dem Bildschirm. Tipp: Wenn Sie sich im Editor befinden, können Sie mit der Schaltfläche *Organizer* oben rechts zum Organizer wechseln.

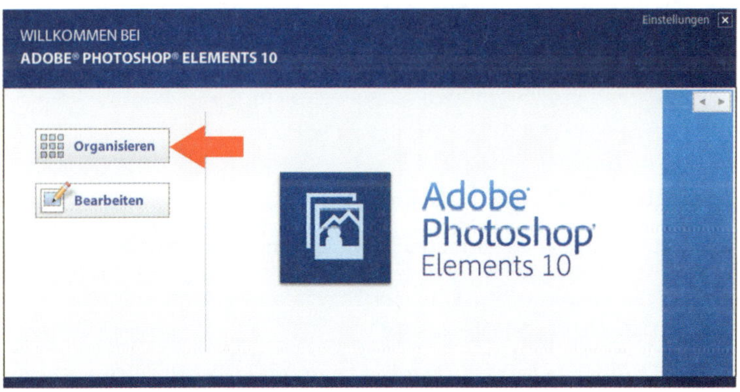

Über den Willkommensbildschirm von Photoshop Elements 10 gelangen Sie blitzschnell zum Organizer.

Das Interface des Organizer ist grob in drei große Bereiche aufgeteilt:

- ***Menü und Suchleiste***: Ganz oben haben Sie über das Menü Zugriff auf alle relevanten Programmfunktionen. Die Leiste unterhalb des Menüs ist kontextsensitiv und füllt sich mit gerade benötigten Funkionen wie etwa dem Suchfeld.
- ***Vorschaubereich***: Den größten Teil des Bildschirms nimmt der (noch) hellgraue Vorschaubereich ein. Hier werden später die Miniaturen der Bilder zu sehen sein.
- ***Aufgabenleiste***: Rechts sehen Sie die Aufgabenleiste, die standardmäßig auf *Organisieren* steht. Hier können Sie auch direkt zu den Modi *Korrektur*, *Erstellen* und *Weitergabe* wechseln. Im Modus *Organisieren* erscheinen voreingestellt die Felder *Alben* und *Stichwort-Tags*.

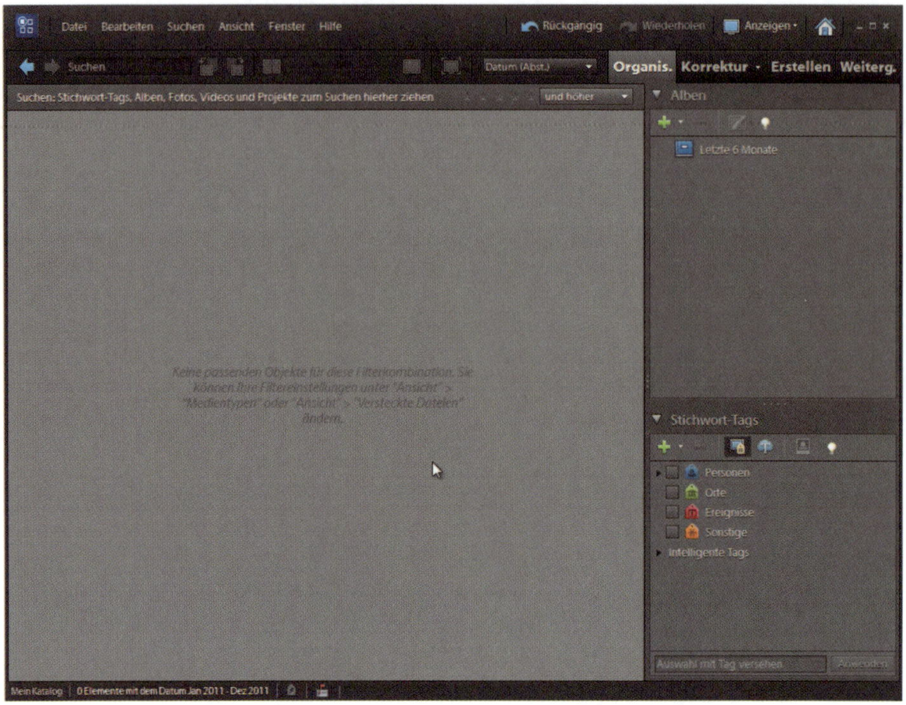

Der noch jungfräuliche Organizer von Photoshop Elements nach der Aktivierung der Schaltfläche *Organisieren* im Willkommensbildschirm.

5.1.1 Den Vorschaubereich mit Fotos füllen

Zunächst einmal müssen Sie den Vorschaubereich mit Leben, sprich mit Fotodateien, füllen.

1. Dateien importieren

Wählen Sie *Fotos und Videos laden/Aus Dateien und Ordnern* (beziehungsweise `Strg`+`Umschalt`+`G` oder `cmd`+`G`). Nun erscheint der Standarddialog des Betriebssystems, in dem Sie zum gewünschten Ordner navigieren können. Tipp: Wahlweise können Sie hier auch Bilddateien aus Kameras/Kartenlesern oder direkt vom Scanner importieren.

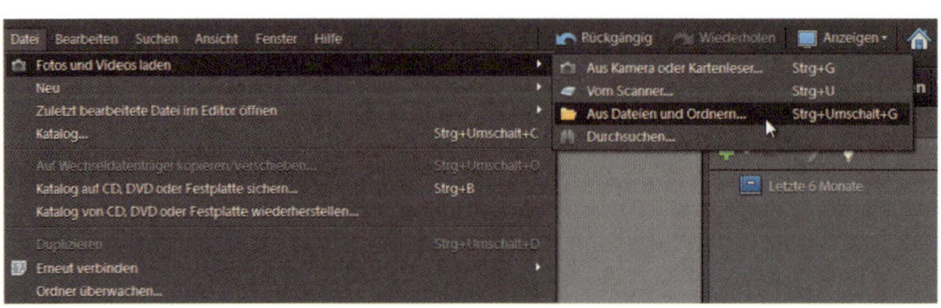

Mit dem Befehl *Fotos und Videos laden* importieren Sie Bilddateien in den Organizer.

2. Dateien auswählen und laden

Haben Sie den Ordner gefunden, klicken Sie darin die gewünschten Bilddateien mit der Maus an. Um mehrere Dateien gemeinsam auszuwählen, gehen Sie folgendermaßen vor:

- ***Alle Dateien auswählen***: Klicken Sie ein Bild im Verzeichnis an, halten Sie die Taste `Strg` gedrückt und drücken Sie die Taste `A`.
- ***Selektiv auswählen***: Klicken Sie ein Bild an, halten Sie die Taste `Strg` gedrückt und klicken Sie das nächste Bild an. Wiederholen Sie den Vorgang so lange bei gedrückt gehaltener `Strg`-Taste, bis alle gewünschten Bilddateien ausgewählt sind.
- ***Bildsequenzen auswählen***: Klicken Sie auf das erste Bild einer Abfolge von Bilddateien, halten Sie die Taste `Umschalt` gedrückt und klicken Sie auf das letzte Bild der Sequenz. Alle dazwischenliegenden Bilddateien werden mit ausgewählt.

Sobald Sie alle gewünschten Bilddateien markiert haben, klicken Sie im Fenster unten rechts auf die Schaltfläche *Medien laden*. Je nach der Menge der ausgewählten Dateien müssen Sie nun ein wenig Geduld haben, während der Organizer die Bilder für die Übernahme analysiert und Miniaturen erstellt.

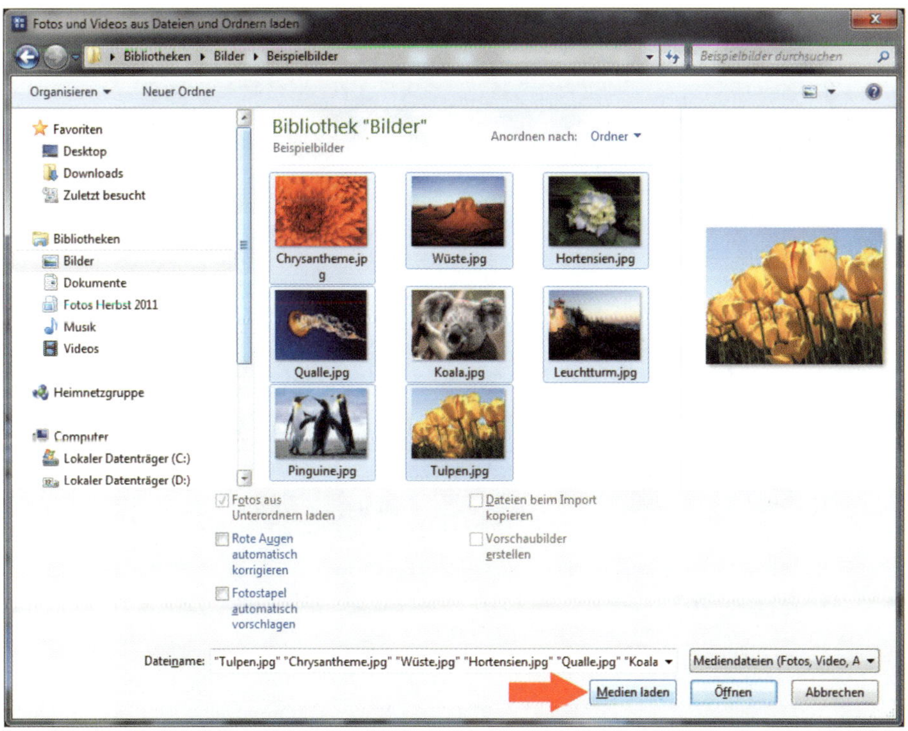

Im Auswahlfenster markieren Sie die gewünschten Dateien für die Übernahme in den Organizer. Per *Medien laden* bestätigen Sie Ihre Bildauswahl für die Übernahme in den Organizer.

3. Größe der Miniaturbilder variieren

Nun füllt sich der Vorschaubereich mit Miniaturen (Fachausdruck: Thumbnails) der importierten Bilder. Mit dem Scrollbalken rechts können Sie im virtuellen Fotoalbum blättern. Wenn Ihnen die briefmarkengroßen Standardminiaturen zu klein erscheinen, verschieben Sie einfach den Schieberegler *Miniaturgröße einstellen* nach rechts. Suchen Sie beispielsweise nach bestimmten Bildinhalten, empfehlen sich große Miniaturen. Wollen Sie sich dagegen einen schnellen Überblick über alle katalogisierten Bilder verschaffen, verschieben Sie den Regler ganz nach links.

Mit dem Regler *Miniaturgröße einstellen* vergrößern respektive verkleinern Sie die Vorschaubildchen.

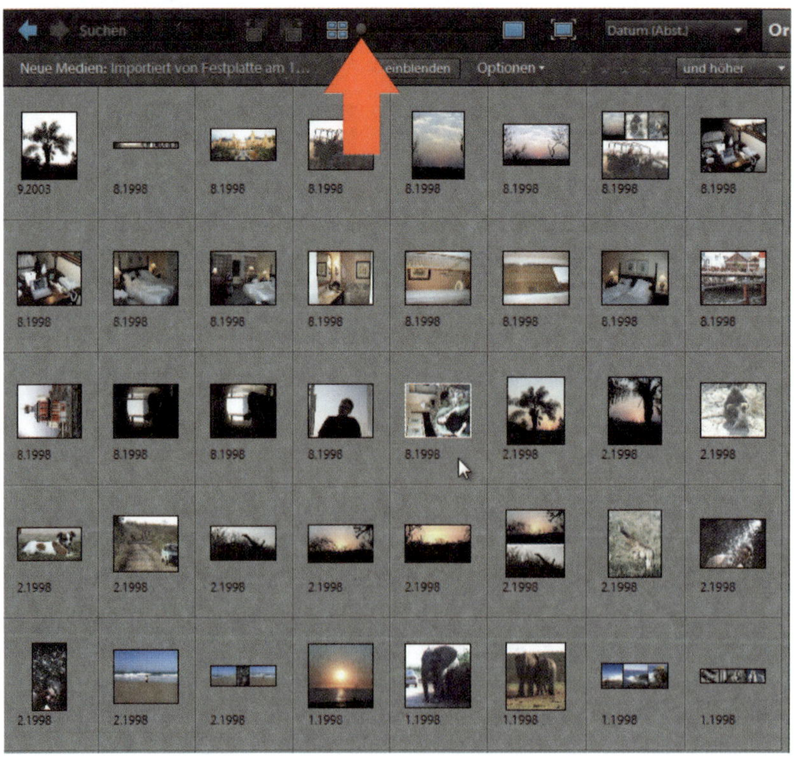

Indem Sie den Regler an den linken Anschlag bewegen, verschaffen Sie sich einen hervorragenden Überblick über Ihre Fotosammlung.

So verwaltet der Organizer Ihre Fotos

Zum allgemeinen Verständnis der Verfahrensweise des Organizer muss gesagt werden, dass Photoshop Elements lediglich die Bildverweise und die Miniaturen an einem gesonderten Ort auf der Festplatte hinterlegt. Die eigentlichen Bilddateien verbleiben in den Originalverzeichnissen und werden nicht kopiert. Durch einen Druck auf die Taste [Entf] wird nicht das ausgewählte Foto gelöscht, sondern lediglich Miniatur und Verweis im Organizer. Die dazugehörige Dialogbox bietet Ihnen jedoch die Option *Ausgewählte Elemente auch von der Festplatte löschen.* Wenn Sie neben diese Option ein Häkchen setzen und mit *OK* bestätigen, verschwindet auch das Originalfoto von der Festplatte.

5.1.2 Fotos in unterschiedlichen Alben zusammenfassen

Bevor Sie nun weitere Bilder in den Katalog importieren, sollten Sie sich Gedanken über die Ordnung machen. Alben sind der einfachste und natürlichste Weg der Datenorganisation in Photoshop Elements.

1. Neues Album erstellen

Markieren Sie mit der Tastenkombination [Strg]+[A] alle zuvor importierten Bilder und klicken Sie im rechten Fensterbereich auf das grüne Plussymbol unter *Alben.* Im Menü entscheiden Sie sich für den Eintrag *Neues Album.*

So legen Sie ein neues Album im Organizer an.

2. Album benennen

Nun füllt sich der Aufgabenbereich mit den Miniaturen der für das Album ausgewählten Bilder. Unter *Albumname* benennen Sie das neue Album, im Beispiel erhält es die Bezeichnung *Sommer 2011.* Mit einem Klick auf die Schaltfläche *Fertig* legen Sie das neue Album an.

Nachdem Sie dem Album einen Namen verliehen haben, klicken Sie auf *Fertig*.

3. Weitere Bilder hinzuladen

Unterhalb der Miniaturen, die Sie dem Album *Sommer 2011* zugewiesen haben, erscheint nun ein kleines grünes Symbol. Dies ist der Indikator dafür, dass sich die entsprechenden Bilder in einem Album befinden. Wenn Sie mit dem Mauszeiger über das grüne Symbol fahren, erscheint der Albumname.

In Alben organisierte Bilder werden mit einem grünen Symbol gekennzeichnet.

Nun, da sich die bereits geladenen Bilder eindeutig einem Album zuordnen lassen, können Sie weitere Fotos hinzuladen. Verwenden Sie dazu erneut den Befehl *Fotos und Videos laden/Aus Dateien und Ordnern* (beziehungsweise Strg+Umschalt+G oder cmd+G). Jetzt laden wir die Beispielbilder aus dem vorangegangenen Kapitel dieses Buchs in den Organizer.

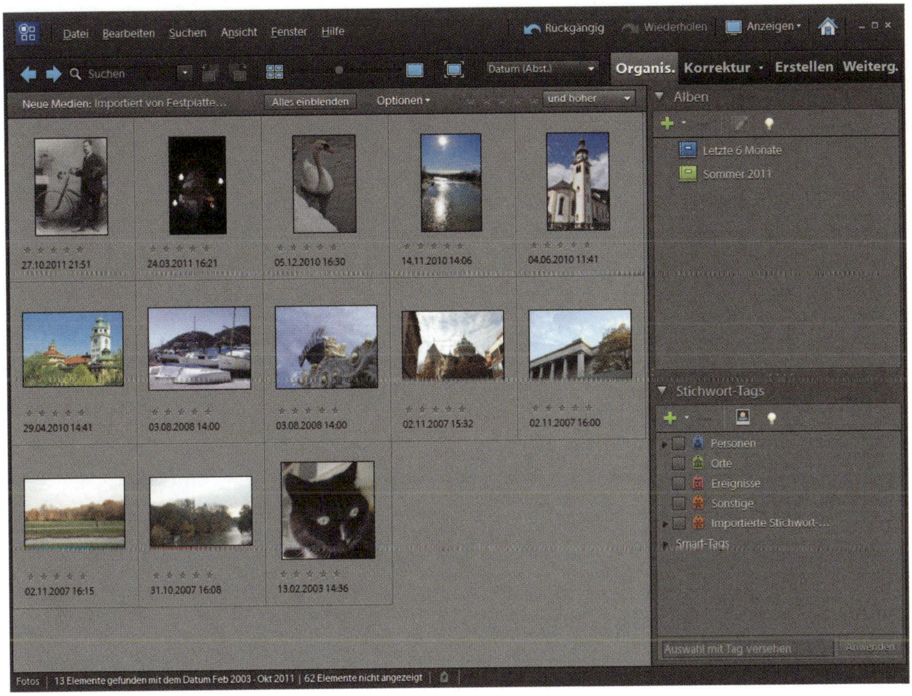

Die frisch in den Organizer geladenen Fotos sind noch nicht näher spezifiziert.

4. Darstellung umschalten

Die Miniaturen der neu geladenen Bilder sind noch nicht näher spezifiziert, sodass sie beim Klick auf das Album *Sommer 2011* ausgeblendet werden. Wenn Sie nun wieder alle Miniaturen im Organizer sehen wollen, klicken Sie in der oberen Leiste auf die Schaltfläche *Alles einblenden*. Dann erscheinen sowohl die Miniaturen des Albums als auch die neu importierten Bilder im Vorschaubereich.

Wenn Sie alle im Katalog vorhandenen Bilder anzeigen lassen wollen, klicken Sie einfach auf *Alles einblenden*.

5. Zweites Album erstellen

Markieren Sie jetzt das erste Bild der neu importierten Serie, halten Sie die Taste `Umschalt` gedrückt, scrollen Sie nach unten und markieren Sie das letzte Bild der Reihe. Es folgt ein Klick auf das grüne Pluszeichen unter *Album* sowie der Befehl *Neues Album*. Dieses erhält den Namen *Beispielbilder* und wird mit einem Klick auf *Fertig* bestätigt.

Nun können Sie durch Anklicken der Albumnamen beliebig zwischen den beiden Alben hin- und herwechseln und sich die Inhalte anzeigen lassen.

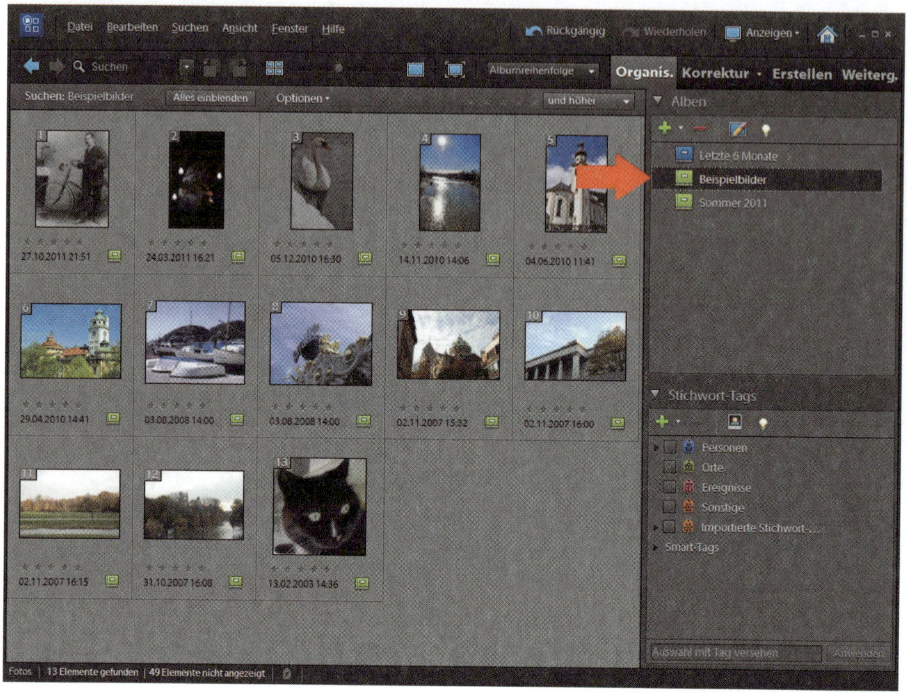

Durch Klicken auf die Albumnamen rechts oben können Sie zwischen den Alben hin- und herspringen.

5.1.3 Personen an ihren Gesichtern erkennen

Eine weitere interessante Variante der Katalogisierung ist die Personenerkennung. Dabei erkennt Photoshop Elements automatisch, wenn sich Gesichter im Bild befinden. Sie werden darum gebeten, die Personen zu benennen, und bauen damit eine frei durchsuchbare Bilddatenbank all Ihrer Fotos mit Familienmitgliedern, Freunden oder Kollegen auf.

1. Personenerkennung starten

Im Beispiel haben wir elf Bilder mit Personen in den Organizer geladen und in ein neues Album namens *Bekannte* gesteckt. Wählen Sie alle Bilder zusammen mit Strg + A aus und klicken Sie auf das Passbildsymbol im Bereich *Stichwort-Tags* rechts unten.

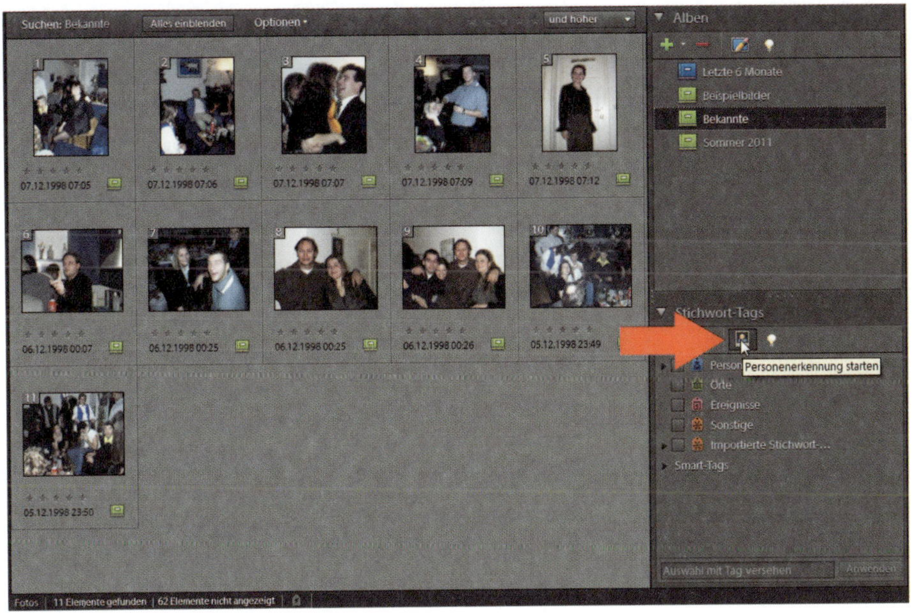

Sie aktivieren die Personenerkennung durch einen Klick auf das kleine Passbild.

2. Personen identifizieren und benennen

Nun analysiert Photoshop Elements die Fotos und öffnet daraufhin ein neues Fenster, in dem alle erkannten Personen in Großaufnahme zu sehen sind. Unter den Porträts prangt der Schriftzug *Wer ist das?*. Indem Sie auf diesen Schriftzug klicken, erscheint ein Eingabefeld, in das Sie den Namen der Person eingeben.

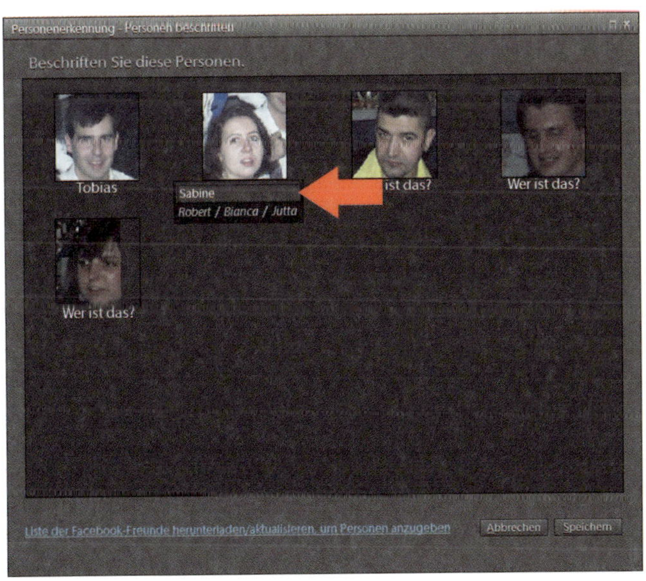

Im Dialog *Personenerkennung* ordnen Sie den Porträts Namen zu.

Sobald Sie einen Namen eingegeben haben, erscheint dieser auch in einer Auswahlliste unterhalb des Eingabefelds. Dann müssen Sie einfach nur den entsprechenden Namen anklicken, statt ihn jedes Mal umständlich eingeben zu müssen.

Bereits vergebene Namen erscheinen in einer Auswahlliste unterhalb des Eingabefelds.

Sobald Sie alle gefundenen Personen benannt haben, schließen Sie den Dialog *Personenerkennung* mit einem Klick auf die Schaltfläche *Speichern*.

3. Gezielt nach Personen suchen

Die so beschrifteten Bilder erhalten nun ein Stichwort-Tag mit dem Namen der enthaltenen Person. Außerdem sind im Feld *Stichwort-Tags* rechts unten neue Kategorien mit den zuvor eingegebenen Namen nebst Miniporträt aufgetaucht.

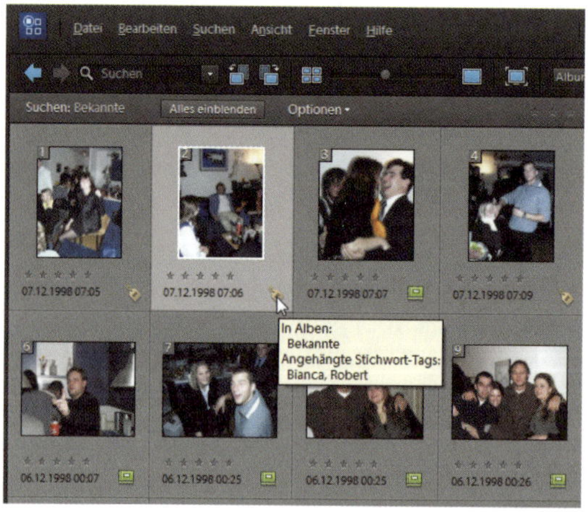

Miniaturen, die benannte Personen enthalten, werden mit einem Stichwort-Tag gekennzeichnet.

Wenn Sie unter *Stichwort-Tags* in das graue Quadrat links neben dem Miniporträt klicken, erscheint ein kleines Fernglassymbol. Daraufhin werden alle Bilder, die die betreffende Person enthalten, im Vorschaubereich dargestellt. Natürlich steht es Ihnen frei, mehrere Personen gleichzeitig zu markieren und damit die Suche entsprechend zu erweitern. Auf diese Art und Weise können Sie schnell und bequem nach bestimmten Personen in Ihrem Bildarchiv suchen.

Das Fernglassymbol neben dem Miniporträt zeigt an, dass im Moment ausschließlich Fotos mit eben dieser Person dargestellt werden.

Noch mehr Übersicht dank Unterkategorien

Sicherlich sind Ihnen schon die Stichwort-Tags *Familie* und *Freunde* aufgefallen. Indem Sie die Miniporträts bei gedrückt gehaltener Maustaste über diese Kategorien ziehen, können Sie Personen als Familienmitglieder oder Angehörige Ihres Freundeskreises spezifizieren. Natürlich können Sie auch mit dem grünen Pluszeichen und *Neue Unterkategorie* weitere Kategorien wie beispielsweise *Arbeitskollegen* oder *Schulfreunde* hinzufügen.

5.1.4 Fotos mit Smart-Tags katalogisieren

Dank der Smart-Tags können Sie auch bestimmte Bildeigenschaften zur Katalogisierung heranziehen. So lassen Sie Fotos nach Qualität, Schärfe, Belichtung, Inhalt und vielem mehr katalogisieren und später sortieren. Auch Ausschlusskriterien wie *Verwackelt* oder *Zu dunkel* sind mit von der Partie.

1. Automatische Analyse starten

Klappen Sie zunächst im Bereich *Stichwort-Tags* die Unterkategorie *Smart-Tags* auf. Dann markieren Sie Ihren gesamten Bildbestand mit [Strg]+[A]. Tipp: Wenn Sie gerade ein Album oder eine Personensuche aktiv haben, klicken Sie in der oberen Leiste einfach auf *Alles einblenden*, um alle Bilder im Bestand anzeigen zu lassen.

Dann führen Sie einen Rechtsklick auf eine beliebige Miniatur aus und wählen im Kontextmenü ganz unten *Automatische Analyse ausführen*. Achtung: Diese Prozedur nimmt, besonders bei großen Bildbeständen, sehr viel Zeit in Anspruch!

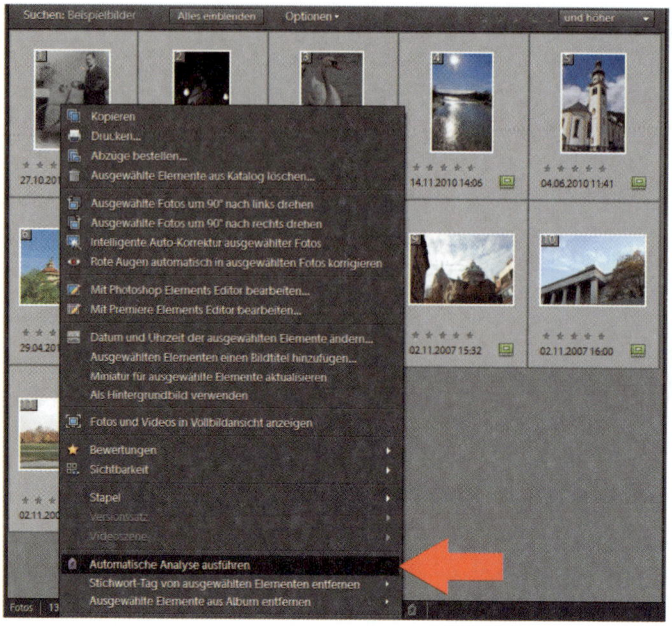

Die automatische Analyse untersucht all Ihre Fotos nach bestimmten Bildeigenschaften.

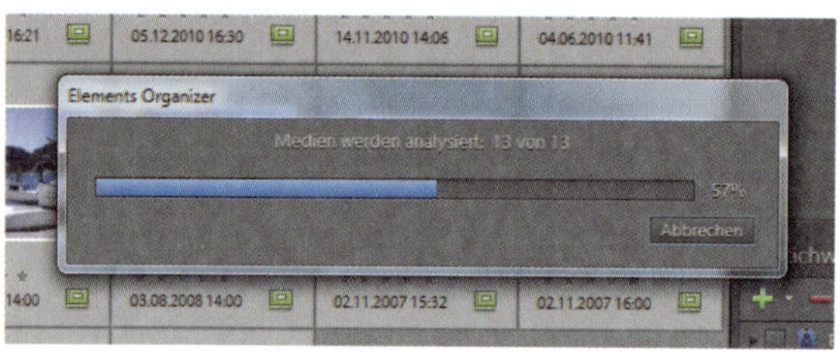

Die automatische Analyse kann je nach Bildgröße und Datenmenge sehr viel Zeit in Anspruch nehmen.

2. Nach Bildeigenschaften suchen

Nach der Analyse werden die Miniaturen mit gelben Anhänger-Symbolen versehen – diese zeigen an, dass es sich um ein Foto mit Smart-Tag handelt.

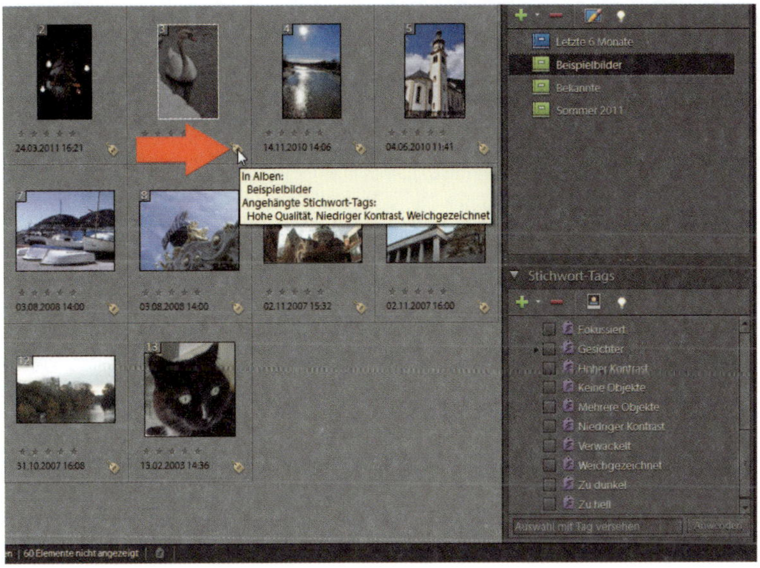

Smart-Tags erkennen Sie an den gelben Symbolen innerhalb der Miniaturen.

Im Bereich *Smart-Tags* können Sie nun durch Anklicken der grauen Kästchen neben der jeweiligen Kategorie die Suche auf bestimmte Bildeigenschaften einschränken – zum Beispiel ausschließlich auf Bilder mit hoher und/oder mittlerer Qualität. Auch hier sind Mehrfachauswahlen möglich.

In diesem Beispiel werden ausschließlich Bilder mit dem Smart-Tag *Hohe Qualität* angezeigt.

5.1.5 Mit Bewertungen die Spreu vom Weizen trennen

Natürlich bietet Photoshop Elements 10 auch ein Bewertungssystem für Ihre Fotos. So können Sie schnell die Spreu vom Weizen trennen und sich bei Bedarf nur die allerbesten Fotos Ihrer Sammlung anzeigen lassen.

1. Bilder bewerten

Direkt unterhalb der Bildminiaturen erkennen Sie fünf graue Sterne. Indem Sie die Maus über diese Leiste bewegen und klicken, können Sie eine Bewertung von null bis fünf Sternen vergeben. Tipp: Wenn Sie eine Bewertung zurücknehmen möchten, verweilen Sie ein wenig mit dem Mauszeiger über der Sternenleiste, bis die Option *Bewertung löschen* erscheint.

Durch Anklicken der Sterne können Sie ein Bild bewerten.

2. Fotos nach Bewertung anzeigen

Sobald Sie alle oder einige Ihrer Bilder bewertet haben, können Sie durch Anklicken der Sternenleiste in der oberen Symbolleiste die Darstellung der Miniaturen auf bestimmte Bewertungsbereiche eingrenzen – zum Beispiel drei Sterne *und höher*.

Tipp: Das Pull-down-Menü direkt neben der Sternenleiste bietet dazu noch die Optionen *und niedriger* sowie *exakt*. Auch hier können Sie die Suchoptionen wieder löschen und alle Miniaturen anzeigen lassen, indem Sie die Schaltfläche *Alles einblenden* anklicken.

In der Symbolleiste oben rechts können Sie die dargestellten Miniaturen nach ihrer Bewertung einschränken.

5.1.6 Bilder mit Stichwörtern versehen

Neben Alben, Personenerkennung und Smart-Tags kann Photoshop Elements auch mit einem vielschichtigen Stichwortsystem aufwarten. Versehen Sie all Ihre Fotos mit Stichwort-Tags, legen Sie Kategorien sowie Unterkategorien an und suchen Sie gezielt nach Fotos, die mit bestimmten Schlagwörtern versehen wurden.

1. Stichwort-Tag zuweisen

Im Beispiel haben wir acht Bilder aus einem Verzeichnis importiert, die allesamt während eines Formel-1-Rennens entstanden sind. Was liegt also näher, als diesen Fotos das Stichwort *Formel 1* zuzuweisen? Dazu markieren Sie zunächst einmal mit der Tastenkombination [Strg]+[A] alle Bilder gemeinsam, bevor Sie im Bereich *Stichwort-Tags* rechts unten auf das grüne Pluszeichen klicken und die Option *Neues Stichwort-Tag* auswählen.

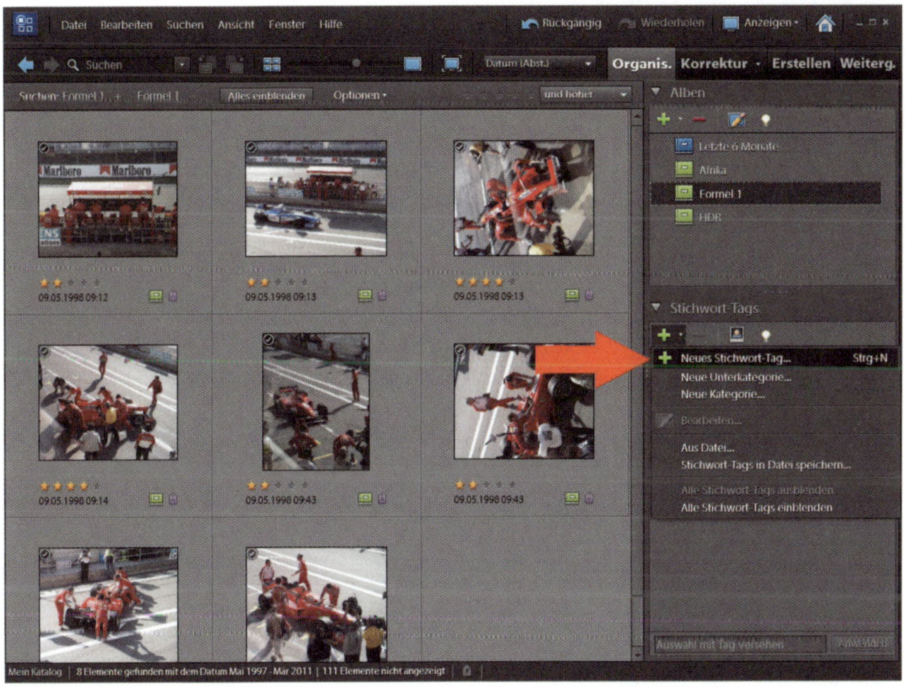

Die Funktion *Neues Stichwort-Tag* dient dazu, Bilder mit Schlagwörtern zur komfortableren Suche zu versehen.

2. Der Dialog Stichwort-Tag erstellen

Nun erscheint der Dialog *Stichwort-Tag erstellen*. Zunächst einmal wählen Sie eine passende *Kategorie* für die Bilder aus – im Beispiel empfiehlt sich die Kategorie *Ereignisse*.

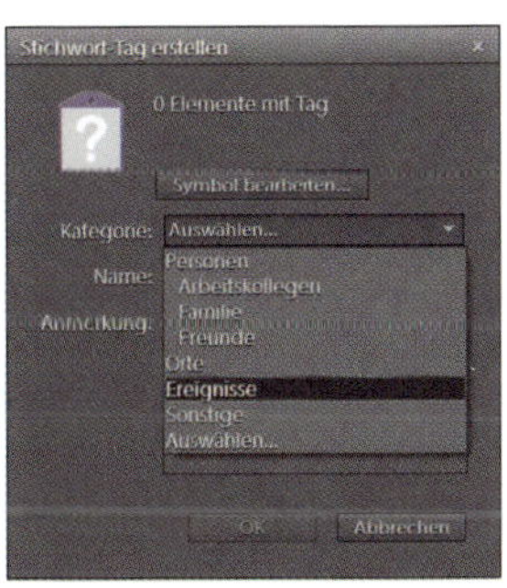

Die Bilder des Formel-1-Rennens werden der Kategorie *Ereignisse* zugewiesen.

In das Feld *Name* geben Sie das eigentliche Stichwort ein – im Beispiel *Formel 1*. Das Feld *Anmerkungen* lässt viel Platz für weiterführende Erklärungen und Zusatzinformationen.

Während das eigentliche Stichwort im Feld *Name* Platz findet, tragen Sie unter *Anmerkungen* beliebige Informationen ein.

3. Stichwort-Tag-Symbol hinzufügen

Im Moment ist die Kennzeichnung für das Stichwort-Tag *Formel 1* lediglich ein roter Anhänger mit einem grauen Fragezeichen. Mit der Schaltfläche *Symbol bearbeiten* fügen Sie ein beliebiges Foto hinzu, um die schnelle visuelle Identifikation zu ermöglichen.

Nach einem Klick auf *Symbol bearbeiten* erscheint der Dialog *Stichwort-Tag-Symbol bearbeiten*. Hier klicken Sie unten links auf die Schaltfläche *Importieren*. Im Standardauswahldialog navigieren Sie zum gewünschten Verzeichnis und wählen ein passendes Bild für die Kategorie aus – in unserem Fall ein schickes Formel-1-Fahrzeug. Per *OK* schließen Sie den Dialog, und fortan lässt sich die Stichwortkategorie *Formel 1* mit nur einem Blick auf das Anhängersymbol identifizieren.

Das ausgewählte Foto (Mitte) dient als visuelle Orientierungshilfe im Anhängersymbol des Stichwort-Tags (oben).

4. Stichwort-Tag zuweisen

Schließen Sie den Dialog mit einem Klick auf *OK*. Nun erscheint das neu gestaltete Stichwort-Tag in der Liste rechts unten. Ziehen Sie dieses einfach per Drag-and-drop über die gewünschten Miniaturen – im Beispiel über die zuvor gemeinsam ausgewählten Formel-1-Aufnahmen.

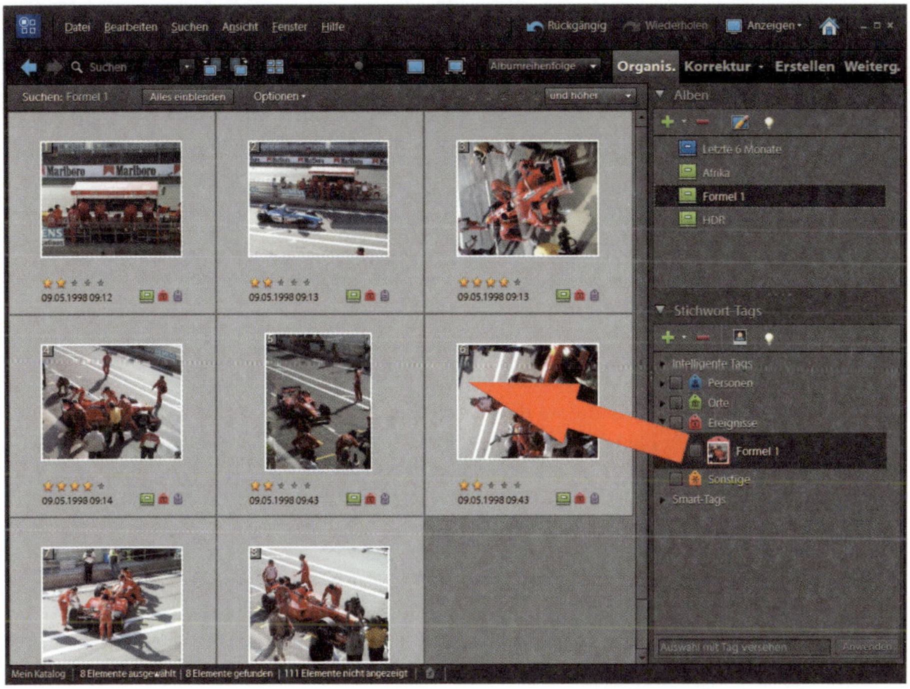

Per Drag-and-drop versehen Sie einzelne Miniaturen oder Bildgruppen mit dem neu erstellten Stichwort-Tag.

Nun signalisiert ein rotes Symbol unterhalb der betreffenden Miniaturen, dass diesen ein Stichwort-Tag zugewiesen wurde. Wenn Sie den Mauszeiger über das Symbol bewegen, erhalten Sie einen Tooltipp mit dem verwendeten Stichwort.

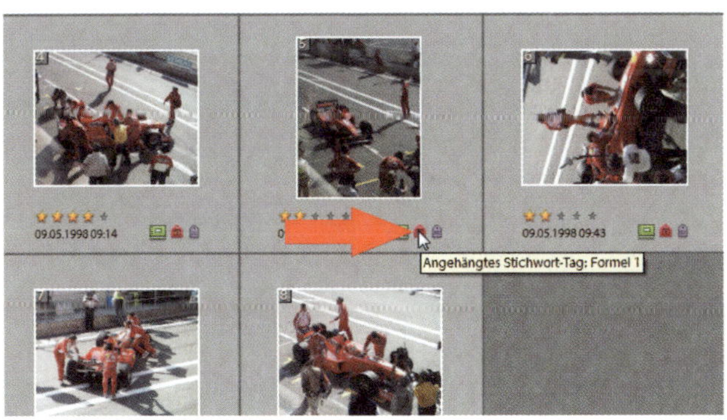

Das Stichwort-Tag wird als rotes Symbol unterhalb der Miniatur angezeigt.

5. Indizierte Bilder darstellen

Grenzen Sie im Feld *Stichwort-Tags* jetzt die Darstellung der Miniaturen auf jene Bilder ein, die das neue Stichwort-Tag enthalten. Dazu klicken Sie einfach auf das graue Quadrat links neben dem Tag-Symbol, sodass ein kleines Fernglas darin erscheint. Nun werden im Vorschaubereich nur noch die passenden Miniaturen angezeigt.

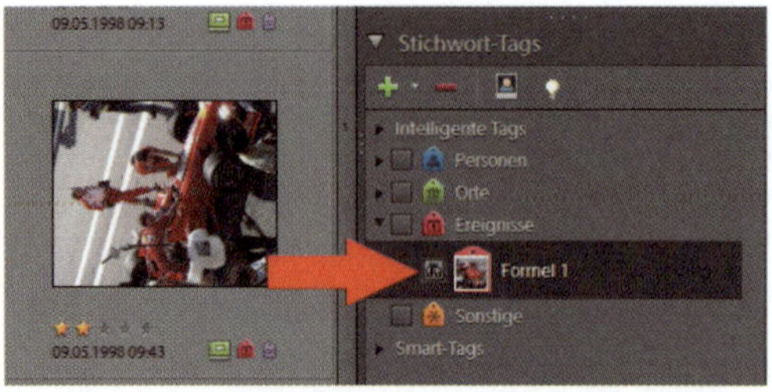

Mit einem Klick auf das Feld neben dem Tag werden nur die entsprechenden Miniaturen im Vorschaubereich angezeigt.

6. Eingebaute Suchmaschine nutzen

Wahlweise können Sie den Organizer auch wie eine Internetsuchmaschine nutzen und in das Feld *Suchen* links oben den gesuchten Begriff eingeben. Bereits während der Eingabe reduziert Photoshop Elements die Darstellung auf die entsprechenden Treffer und blendet auch eine Vorschlagsliste unterhalb des Eingabefelds ein. Im Beispiel liefert die Suchanfrage *Formel 1* acht Treffer – das sind genau jene Bilder, die wir zuvor mit dem neuen Stichwort-Tag versehen hatten.

»Googeln« Sie durch Ihre Fotosammlung mit dem Eingabefeld *Suchen*.

5.1.7 Vorhandene Stichwort-Tags erweitern

Bereits in der Grundeinstellung bietet der Organizer die wichtigsten Tags zur komfortablen Verwaltung Ihrer Fotosammlung – von Ereignissen über Orte bis hin zu Personen. Sie können alle vorhandenen Tags jedoch beliebig erweitern, um die Katalogisierung an Ihre ganz persönlichen Bedürfnisse anzupassen.

1. Neue Unterkategorie erstellen

Um dem Stichwort-Tag *Orte* eine neue Unterkategorie hinzuzufügen, klicken Sie mit der rechten Maustaste auf das Symbol *Orte* und wählen im Kontextmenü *Neues Stichwort-Tag in Kategorie „Orte" erstellen.*

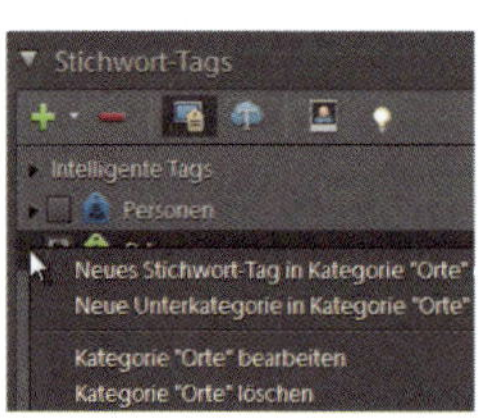

Vorhandene Stichwort-Tags lassen sich per Rechtsklick beliebig erweitern.

2. Stichwort-Tag beschreiben

Wie schon zuvor beim Formel-1-Tag, versehen Sie das neue Tag mit einem Namen (hier *München*), einer Beschreibung (*Aufnahmen, die in und um München entstanden sind.*) sowie einer Bildminiatur für das Tag-Symbol (ein Blick auf das Münchner Rathaus aus unserem Workshop »Neue Fotos altern lassen«). Nach einem Klick auf *OK* erscheint das neue Tag *München* in der Kategorie *Orte*.

Das neue Tag wird mit Name, Beschreibung und Symbolminiatur versehen.

3. Das ganze Album mit Tags versehen

Nun öffnen Sie im Albumbereich rechts oben per Mausklick das zuvor erstellte Album *Sommer 2011*. Markieren Sie den gesamten Albuminhalt mit Strg+A und ziehen Sie das neu erstellte Tag *München* bei gedrückt gehaltener Maustaste über die Miniaturen. Dadurch wurde die Bildindizierung weiter verfeinert – neben dem Album *Sommer 2011* verfügen die ausgewählten Bilder nun auch noch über das Stichwort *München*. Auf diese Weise können Sie beispielsweise weitere Orte als Tags hinzufügen und diese auf die entsprechenden Bilder innerhalb eines Albums anwenden, um eine sehr gezielte Bildersuche zu ermöglichen.

Ein Foto kann beliebig viele Tags beinhalten – hier ist nun zu den Smart-Tags und der Albumzuordnung auch noch das *Orte*-Tag *München* hinzugekommen.

Komplexe Suchanfragen? – Kein Problem!

Dank des flexiblen Stichwortsystems lassen sich Bildersuchen detailliert eingrenzen – ideal bei sehr großen Fotosammlungen. Wenn Sie beispielsweise Ihren in Mallorca entstandenen Urlaubsbildern mit dem Tag *Mallorca* noch das zusätzliche Tag *Palma* hinzufügen und per automatischer Analyse Smart-Tags integrieren, können Sie in das Suchfeld »Mallorca Palma Hohe Qualität« eingeben und bekommen nur jene Bilder angezeigt, die in Palma entstanden sind und über eine hohe Bildqualität verfügen.

5.1.8 Fotos mit der visuellen Suche aufspüren

Mit Photoshop Elements 10 hat die visuelle Suche Einzug in den Organizer gehalten. Damit spüren Sie Fotos auf, die über Ähnlichkeiten in Sachen Form oder Farbe verfügen. Ferner können Sie damit blitzschnell Doubletten in Ihrem Fotoarchiv finden.

1. Doubletten aufspüren

Öffnen Sie das Menü *Suchen* und klappen Sie das Untermenü *Nach visuellen Suchen* auf. Hier finden Sie als dritten Eintrag die Option *Nach doppelten Fotos suchen.*

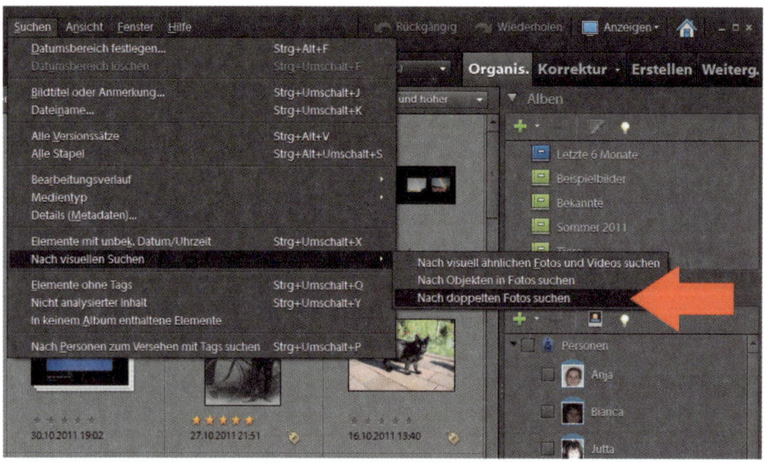

Die visuelle Suche ermöglicht das Aufspüren doppelter Fotos.

Nach kurzer Wartezeit öffnet sich der Dialog *Suche nach visuell ähnlichen Fotos.* Markieren Sie hier die überzähligen Bilder per Mausklick und verwenden Sie die Schaltfläche *Aus Katalog entfernen,* um sie aus Ihrem Fotoarchiv zu tilgen. Wahlweise können Sie auch gemeinsam markierte Bilddateien mit einem Klick auf *Stapel* zu Bilderstapeln zusammenfassen.

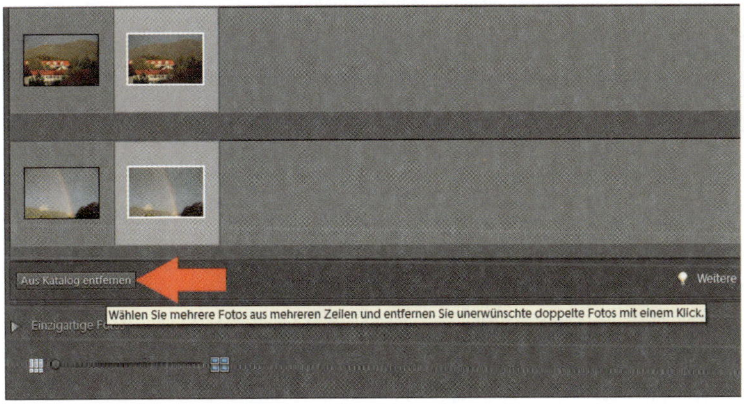

Mit der Schaltfläche *Aus Katalog entfernen* tilgen Sie Doubletten aus dem Organizer-Archiv.

2. Visuell ähnliche Fotos suchen

Der erste Eintrag im Menü *Suchen/Nach visuellen Suchen* nennt sich *Nach visuell ähnlichen Fotos und Videos suchen.* Ziehen Sie einfach per Drag-and-drop eine Bildminiatur in das Kästchen neben *Suchen* in der oberen Symbolleiste, und schon füllt sich der Vorschaubereich mit Miniaturen ähnlicher Bilder. Mit dem Regler *Farbe/Form* können Sie die Suche auf eher farblich oder inhaltlich ähnliche Fotos einschränken.

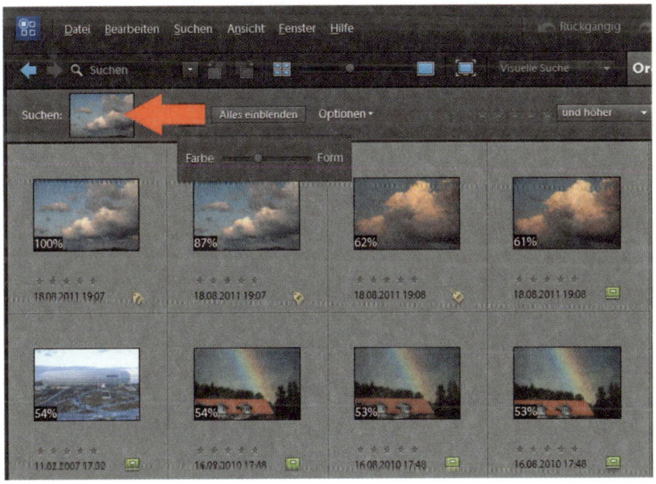

Sobald Sie eine Miniatur in das Suchfeld oben links gezogen haben, füllt sich der Vorschaubereich mit ähnlichen Bildern.

3. Nach Objekten suchen

Die dritte Suchoption *Nach Objekten in Fotos suchen* dient dem Aufspüren von Bildern, die ähnliche oder identische Motive beinhalten. Ziehen Sie erneut die gewünschte Miniatur in das Suchfeld, woraufhin Sie aufgefordert werden, einen Rahmen um das Objekt aufzuziehen, nach dem gesucht werden soll. Im Beispiel ist das der Kopf eines Hundes. Nachdem Sie Ihre Auswahl getroffen haben, bestätigen Sie mit einem Klick auf *Suchobjekt.* Schon präsentiert der Organizer an oberster Stelle alle anderen Bilder, die den zuvor markierten Hund enthalten. Auch bei dieser Funktion können Sie per Schieberegler zwischen Form und Farbe wählen.

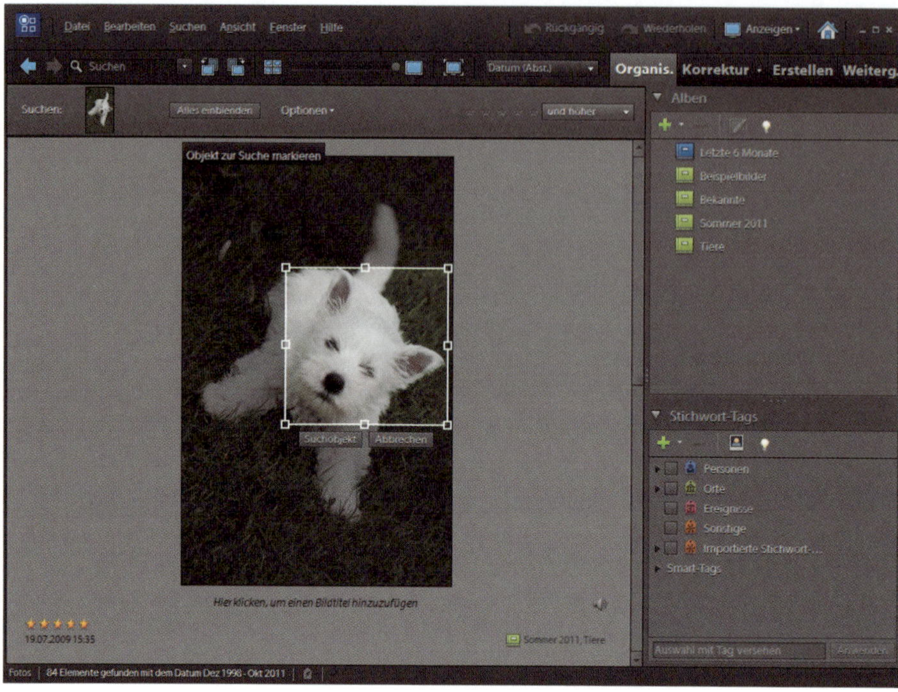

Der Organizer kann auch nach von Ihnen markierten Objekten suchen.

Die Objektsuche ist von Erfolg gekrönt – alle Bilder mit dem zuvor markierten Hund werden zuerst angezeigt.

5.1.9 Bilderstapel sorgen für mehr Übersicht

Mit der Stapelfunktion von Photoshop Elements gewinnen Sie noch mehr Übersicht im Vorschaufenster. Damit fassen Sie ähnliche Bilder – zum Beispiel die einzelnen Bilder einer Serienaufnahme oder thematisch ähnliche Bilder – mit wenigen Mausklicks zu Bilderstapeln zusammen, die platzsparend »zusammengeklappt« werden und sich bei Bedarf auch »auffächern« lassen.

1. Bilderstapel erstellen

Markieren Sie bei gedrückt gehaltener `Strg`- oder `Umschalt`-Taste jene Bilder, die zu einem Stapel zusammengefasst werden sollen. Im Beispiel sind das die Aufnahmen des verspielten Hündchens im Album »Sommer 2011«. Dann klicken Sie mit der rechten Maustaste auf eine der markierten Miniaturen und wählen aus dem Kontextmenü *Stapel/Ausgewählte Fotos stapeln*.

Mit der Funktion *Ausgewählte Fotos stapeln* lassen sich platzsparende Fotostapel anlegen.

2. Bilderstapel öffnen und schließen

Nach dem Stapeln erhält die erste Miniatur den Verweis *Fotostapel* sowie ein kleines schwarzes Dreieck am rechten Rand. Indem Sie auf das Dreieck klicken, öffnen Sie den Fotostapel, sodass alle enthaltenen Miniaturen angezeigt werden.

Das schwarze Dreieck dient dem Ausklappen des Fotostapels.

Ein Klick auf das Dreieck öffnet den Stapel. Alle zum Stapel gehörenden Miniaturen werden dunkelgrau hinterlegt. Um den Stapel wieder zu schließen, klicken Sie auf das schwarze Dreieck am rechten Rand der letzten zum Stapel gehörenden Miniatur.

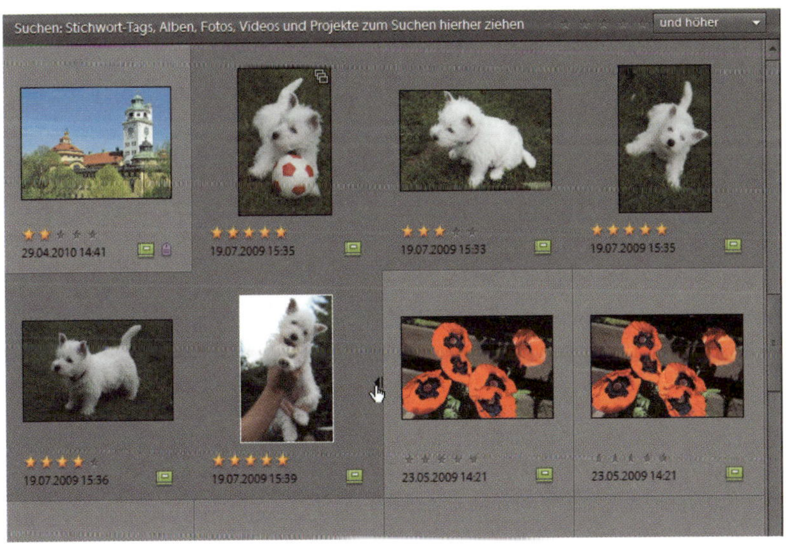

Die einzelnen Bilder eines Fotostapels werden grau hinterlegt. In der letzten Miniatur ist das Dreieck zum Schließen des Stapels zu finden.

3. Stapel aufheben

Um aus einem Stapel wieder einzelne Bilder zu machen, klicken Sie mit der rechten Maustaste auf eine beliebige Miniatur des Stapels und wählen im Kontextmenü *Stapel/Fotostapel aufheben.*

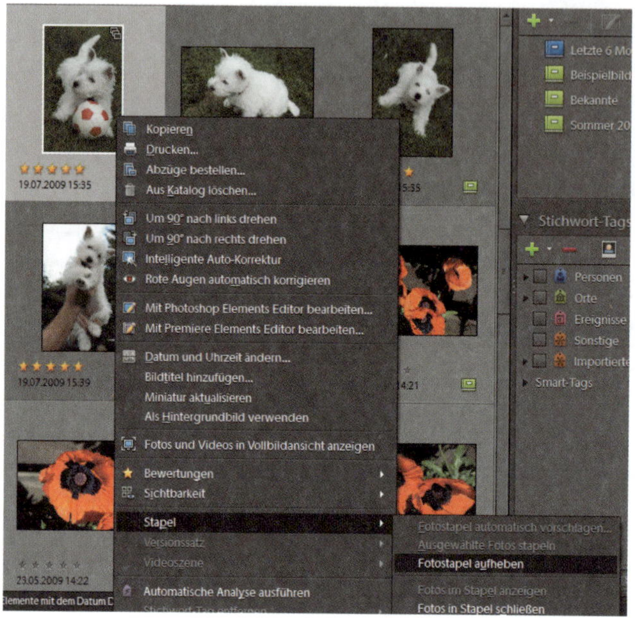

Mit *Fotostapel aufheben* verwandeln Sie einen Stapel zurück in Einzelbilder.

5.1.10 Non-Destruktive Bildbearbeitung mit Versionssätzen

Eine besonders praktische Funktion von Photoshop Elements sind die Versionssätze. Wenn Sie ein Bild aus dem Organizer heraus bearbeiten, wird nicht einfach das Original überschrieben, sondern ein Versionssatz erstellt, der sowohl die Originaldatei als auch die geänderte Version enthält. Sie genießen also stets direkten Zugriff auf beide Varianten.

1. Fotos aus dem Organizer heraus bearbeiten

Markieren Sie zunächst die Miniatur der zu bearbeitenden Datei per Mausklick. Dann wechseln Sie rechts oben zum Aufgabenbereich *Korrektur*. Hier stehen Ihnen wichtige Bearbeitungsfunktionen wie *Intelligente Auto-Korrektur*, *Auto-Farbe* und *Auto-Tonwertkorrektur* zur Verfügung.

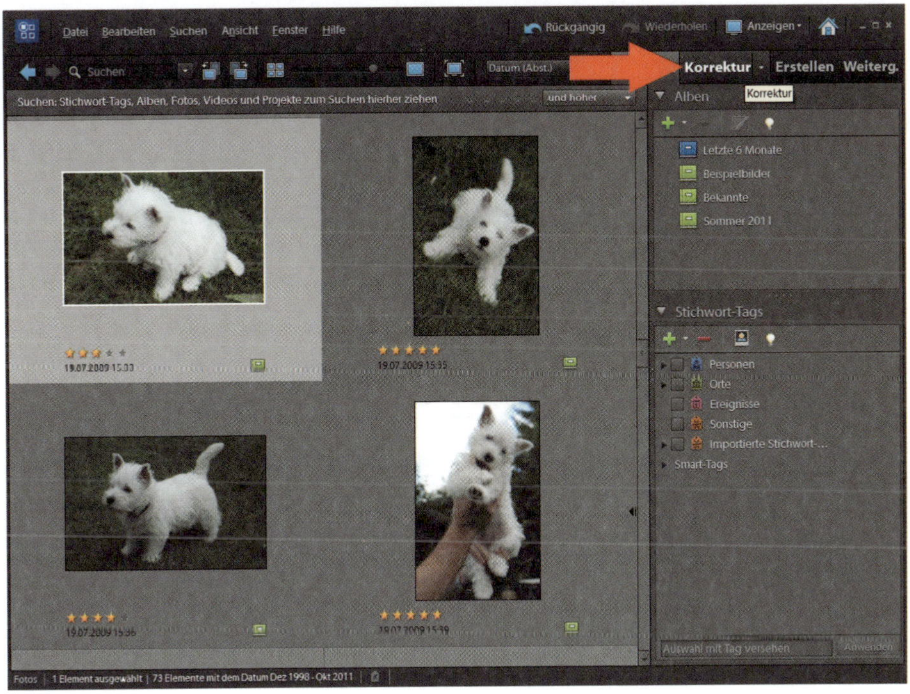

Im Aufgabenbereich *Korrektur* stehen Ihnen direkt im Organizer hilfreiche Bearbeitungsfunktionen zur Verfügung.

2. Versionssatz erzeugen

Klicken Sie nun auf eine der Autokorrekturfunktionen. Das Bild wird entsprechend bearbeitet, und innerhalb der Miniatur tauchen die Bezeichnung *Versionssatz* sowie ein Symbol in der oberen rechten Ecke des Bilds auf. Wie bei der Stapelfunktion steht Ihnen auch beim Versionssatz ein kleines Dreieck zum Aufklappen des Satzes am rechten Rand der Miniatur zur Verfügung.

Wenn Sie ein Bild aus dem Organizer heraus bearbeiten, generiert Photoshop Elements automatisch einen Versionssatz.

3. Mit Versionssätzen arbeiten

Indem Sie auf das schwarze Dreieck in der Miniatur rechts klicken, wird der Versionssatz geöffnet. Dabei sehen Sie das Originalbild rechts und die bearbeitete Version links. Mit einem Doppelklick auf die Miniaturen können Sie eine vergrößerte Version aufrufen, und per Rechtsklick und Auswahl von *Mit Photoshop Elements bearbeiten* laden Sie das Bild in den Editor.

Nach dem Öffnen des Versionssatzes wird rechts das Original und links die bearbeitete Version präsentiert.

4. Bild aus Versionssatz entnehmen

Mit einem Rechtsklick auf eine Versionssatzminiatur und dem Befehl *Versionssatz/Element(e) aus Versionssatz entfernen* lösen Sie das bearbeitete Bild aus dem Versionssatz heraus, sodass es als eigenständige Miniatur in der Übersicht erscheint.

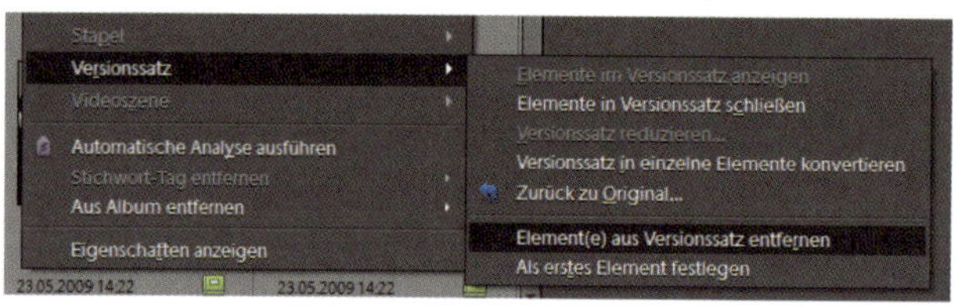

Mithilfe des Kontextmenüs entnehmen Sie die bearbeitete Version dem Versionssatz.

Mehrere Bilder in einem Versionssatz

Die Versionssätze von Photoshop Elements sind nicht auf ein bearbeitetes Bild beschränkt. Für jede einzelne Korrektur wird ein weiteres Bild mit dem Anhang *_bearbeitet* erstellt. Somit liegen von einer Bearbeitungskette stets die Einzelschritte vor. Und wenn Sie am Originalbild eine Änderung vornehmen – beispielsweise per Freistellen den Bildausschnitt neu festlegen –, wirkt sich diese auch auf die nachfolgenden Bilder innerhalb des Versionssatzes aus.

6 So erzählen Sie mit Ihren Fotos Geschichten

Egal ob Sie einfach nur ansprechende Fotomails verschicken, Abzüge oder Poster in Auftrag geben oder ein großes Fotobuch zu einem besonderen Anlass erstellen möchten – wer schon vor der Aufnahme vorausschauend plant, hat es hinterher am Computer viel leichter. Hier geben wir Ihnen Tipps zum vorausschauenden Fotografieren.

6.1 Fotografieren Sie vorausschauend

Schon wenn Sie »on location« sind, können Sie sich im Geiste ein Bild vom fertigen Fotobuch machen. Beobachten Sie die Szenerie genau und versuchen Sie, lohnenswerte Motive und Sequenzen für die Fotobuchseiten zu erkennen. Wenn Sie bereits vor dem Druck auf den Auslöser die ungefähre Komposition einer Einzel- oder Doppelseite vor Ihrem geistigen Auge sehen, kann später nichts mehr schiefgehen.

Wenn Sie schon beim Fotografieren die Choreografie des Fotobuchs im Kopf haben, fällt Ihnen später das Gestalten am PC leichter.

6.1.1 Totale, Halbtotale, Details

Unerfahrene Fotografen tendieren dazu, Motive überwiegend in der Totalen abzubilden. So wird das am Festtisch sitzende Hochzeitspaar im Weitwinkel mit allen danebensitzenden Personen verewigt, wodurch nette Details wie ein zärtliches Händchenhalten verloren gehen. Das nachträgliche Vergrößern des Ausschnitts ist oftmals nicht möglich, da bei extremen Zooms die Auflösung der Bilddatei nicht mehr für eine optimale Druckqualität ausreicht. Deshalb sollten Sie bei der Jagd auf lohnende Motive stets das Ganze und die Details im Auge behalten.

Bei einem Hochzeitspaar könnten somit drei Aufnahmen entstehen: erstens die Weitwinkelaufnahme, die das festliche Treiben mit allen Gästen illustriert, zweitens eine Porträtaufnahme, die die Köpfe des Paars in den Fokus rückt und somit eine intime Nähe ausdrückt, und drittens eine Zoomaufnahme der Hände des Paars mit den frisch beringten Fingern. Diese Sequenz lässt sich später am PC perfekt im Fotobuch auf eine Doppelseite montieren.

Wer einen Blick für Details hat, kann wunderschöne Collagen gestalten, die sich hervorragend für eine Aufmacherseite im Fotobuch eignen.

Der Blick fürs Wesentliche: Zwei Beispiele für gelungene Detailaufnahmen, die ungemein zur Stimmung in einem themenorientierten Fotobuch beitragen.

6.1.2 Gegensätze ziehen sich an

Gegensätze ziehen sich an – das gilt auch in der Fotografie und insbesondere beim Seitenlayout. Wählen Sie deshalb Ihre Motive mit einem Blick für Gegensätzliches aus. Offensichtliche Gegensätze wie groß/klein, dick/dünn oder hell/dunkel lassen sich problemlos aufspüren. Interessant wird es bei subtileren Gegensätzen – dazu gehören zum Beispiel die schon im vorangegangenen Abschnitt behandelten Gegensätze Totale/Detail sowie alt/jung, viel/wenig und scharf/unscharf.

Kontrastprogramm zum gleichen Thema: auf der linken Seite schmal, hochformatig, dunkel und in der Totalen aufgenommen, rechts dagegen quadratisch, großzügig, hell und detailverliebt. Von solchen Spannungsbogen lebt ein gutes Fotobuch!

Ein klassischer Gegensatz (Fachjargon Juxtaposition): Alt vs. Neu, wie bei diesen zwei Gebäuden.

6.1.3 Mit Fokus und Unschärfe gestalten

Schärfe und Unschärfe sind mächtige Gestaltungsmittel, um den Blick des Betrachters zu kontrollieren. Ein Motiv im Fokus zieht die Blicke unweigerlich auf sich. Das Bildbeispiel, das auf einer Hochzeit entstanden ist, zeigt dies ausgezeichnet: Die dekorativen Elemente auf der Hochzeitstorte sind gestochen scharf abgebildet, während das Hochzeitspaar unscharf im Hintergrund Walzer tanzt.

In einem zweiten Beispiel – dem Aufmacherbild für dieses Kapitel – wird gar die komplette Bildaussage durch den geschickten Einsatz von Fokus und Unschärfe umgekehrt: Aus dem eigentlichen Thema »Hochzeit feiern« wird das Thema »Fotografieren«.

Die Macht des Fokus: Der Blick des Betrachters wird auf die Spitze der Hochzeitstorte gelenkt, das Paar tritt visuell in den Hintergrund.

Fokus setzen mit Photoshop Elements

Adobe Photoshop Elements bietet in der aktuellen Version 10 einen hilfreichen Assistenten zum nachträglichen Fokussieren von Bildausschnitten: Im Assistentenbereich rechts finden Sie unter *Bearbeiten/Assistent/Blendeneffekte* die Option *Feldtiefe*. Sie definieren einfach per Schnellauswahlwerkzeug den Bereich, der im Fokus bleiben soll, und lassen den Rest des Bildes mehr oder weniger stark weichzeichnen. Schon rückt der fokussierte Bildbereich ins Interesse des Betrachters. Im Beispiel wurde das Blumenmeer in der unteren Bildhälfte mit dem Schnellauswahlwerkzeug markiert, bevor per Klick auf *Weichzeichnen hinzufügen* die Landschaft im Hintergrund unscharf gemacht wurde. Ergebnis: Die majestätischen Berge rücken visuell in den Hintergrund, und die Blumenwiese gewinnt deutlich an Prägnanz.

Blendeneffekte mit Photoshop Elements.

6.1.4 Kleine Geschichten erzählen

Kleine Geschichten – also im Bild festgehaltene zeitliche Abfolgen – tragen erheblich zur Auflockerung eines Fotobuchs bei. Beobachten Sie während eines Fotoshootings unter Menschen aufmerksam die Geschehnisse und versuchen Sie, besondere Momente als Serienaufnahmen zu verewigen – etwa das Anschneiden der Torte auf einer Hochzeitsfeier, das Wettrennen in die Wellen am Urlaubsort oder das Spiel der Kids auf dem Kindergeburtstag. Moderne Digitalkameras mit Serienbildfunktion machen das Festhalten von kurzen Sequenzen zum Kinderspiel. Doch eine Story kann sich auch über längere Zeitabschnitte erstrecken – gut zu sehen an unserem Beispiel, in dem drei Kurzzeitsequenzen am helllichten Tag mit einer wunderschönen Abendszene am Strand kombiniert wurden.

Verliebtes Herumtollen am Strand – durch die Sequenz kommt mehr Lebens ins Bild; die drei Fotos verschmelzen zu einer Bildergeschichte.

Nicht nur kurz hintereinander geschossene Fotos können eine Geschichte erzählen. Oben ein wesentlich später entstandenes Strandfoto, das unten als Hintergrundbild für die Storyseite fungiert. Die Sequenz unten rechts ist ganz klassisch wie ein Filmstreifen angeordnet und wird deshalb sofort als zeitliche Abfolge wahrgenommen.

6.1.5 Requisiten zum Freistellen

Ein Fotobuch besteht aus mehr als nur aus rechteckig oder quadratisch abgegrenzten Bildern. Oftmals sorgen freigestellte Elemente für visuelle Abwechslung. Um später am Computer nicht allzu viel Arbeit mit dem Ausschneiden der Elemente zu haben, sollten Sie schon beim Fotoshooting entsprechende Vorbereitungen treffen. So bietet es sich an, Personen vor einer weißen Wand oder Requisiten aller Art ebenfalls vor einem neutralen Hintergrund – beispielsweise einer hellen Tischdecke – abzulichten. Später beim Layouten des Fotobuchs müssen Sie diese Aufnahmen dann nur noch auf eine weiße Seite ziehen oder mit dem Zauberstabwerkzeug von Photoshop Elements bequem markieren und ausschneiden.

Hübsche Requisiten, fotografiert vor einem hellen oder einfarbigen Hintergrund, lassen sich im Bildbearbeitungsprogramm kinderleicht freistellen und als Clipart verwenden.

Freisteller und Bilder mit weißen Hintergründen lassen sich ideal als visuelle Kontrapunkte zu formatfüllenden Abbildungen einsetzen. Im Beispiel oben wurde rechts ein seitenfüllendes Aufmachermotiv platziert, während die rechte Seite mit freigestellten Elementen luftig leicht wirkt und damit einen gelungenen Kontrast bildet.

6.1.6 In Schwarz-Weiß denken

Es muss nicht immer kunterbunt sein. Forschen Sie on location nach kontrastreichen Motiven wie einem ausdrucksstarken Gesicht im Gegenlicht oder einer stimmungsvoll ausgeleuchteten Gasse. Diese Motive werden vom Kamerasensor zwar in Farbe auf die Speicherkarte gebannt, doch in Bildbearbeitungsprogrammen lassen sich die Bilddateien blitzschnell in stimmungsvolle Schwarz-Weiß-Aufnahmen konvertieren.

Ein ganz normales Farbfoto, das von der Lichtstimmung und den Kontrasten her jedoch schon während der Aufnahme für die Konvertierung in ein Schwarz-Weiß-Foto gedacht war.

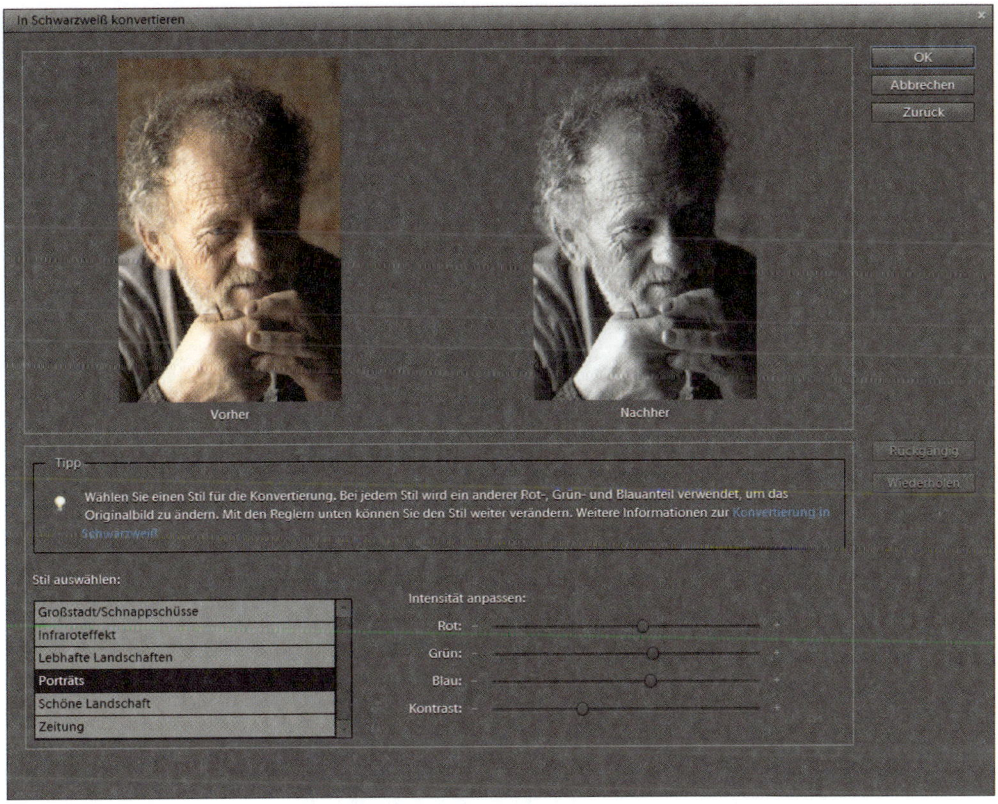

In Photoshop Elements sorgt der Dialog *In Schwarzweiß konvertieren* aus dem Menü *Überarbeiten* für die perfekte Überführung in Grauwerte.

Das konvertierte Schwarz-Weiß-Bild wirkt wesentlich dramatischer und facettenreicher als die farbige Version.

6.1.7 Spannung durch Asymmetrie

Unser Ordnungssinn verleitet uns beim Fotografieren oft dazu, Motive in der Bildmitte zu platzieren. Doch zentrierte Aufnahmen wirken überaus langweilig – es fehlt jede visuelle Spannung im Bild. Versuchen Sie deshalb, das Hauptmotiv stets aus der Bildmitte herauszurücken. Ausnahme: bewusst symmetrisch gehaltene Aufnahmen, die ihren Reiz aus der mittigen Anordnung ziehen.

Nett, aber recht statisch und damit langweilig: Die Personen sind exakt in der Bildmitte angeordnet.

So bleibt das Paar zwar das Hauptmotiv, aber das Meer bekommt mehr Wirkung.

Ausnahmen bestätigen die Regel: Gerade bei Architekturaufnahmen kann eine symmetrische Anordnung für mehr visuelle Spannung sorgen.

7 Online-Alben, Fotobücher und Abzüge

7.1 Fotomails gestalten

Sobald Sie Ihre schönsten Fotos mit den Photoshop-Elements-Assistenten in kleine Meisterwerke verwandelt und Ihre gesamte Sammlung im Organizer katalogisiert haben, stellt sich die Frage: »Was tun mit den ganzen tollen Bildern?« Die Antwort darauf geben die beiden letzten Modi der Aufgabenleiste: *Erstellen* und *Weitergeben*. Hier erschließen sich zahllose Möglichkeiten für die kreative Weiterverarbeitung Ihrer Bilder. Das Spektrum reicht von Fotoabzügen und Bildbänden über Kalender und Collagen bis hin zu Diashows und CD-Hüllen.

Erfahren Sie aber zuerst, wie Sie ansprechende Fotomails versenden. In der Organizer-Kategorie *Weitergabe* finden sich zwei Optionen zum Versand Ihrer Fotos per Mail. Während *E-Mail-Anhänge* lediglich zum Verschicken von Dateien dient, können Sie mit *Foto-Mail* eine E-Mail-Nachricht im ansprechenden Design erstellen.

1. Bilder für den Versand auswählen

Sobald Sie die Option *Foto-Mail* angeklickt haben, erscheint im Aufgabenbereich rechts ein graues Quadrat, in das Sie die gewünschten Bildminiaturen bei gedrückt gehaltener Maustaste ziehen.

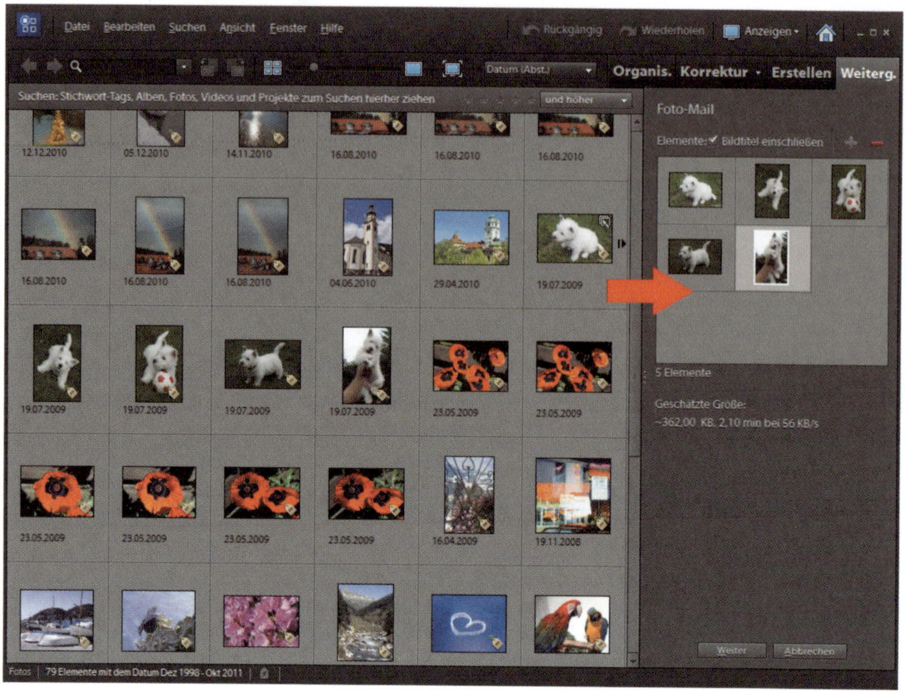

Die Bildminiaturen landen per Drag-and-drop im grauen Auswahlrechteck rechts.

2. Eine Nachricht hinzufügen

Wenn Sie mit der Bildauswahl fertig sind, klicken Sie rechts unten auf die Schaltfläche *Weiter*. Im linken Fensterbereich sehen Sie nun eine Vorschau der zu versendenden Bilder, während Sie rechts oben die Möglichkeit haben, eine *Nachricht* an den/die Empfänger einzugeben.

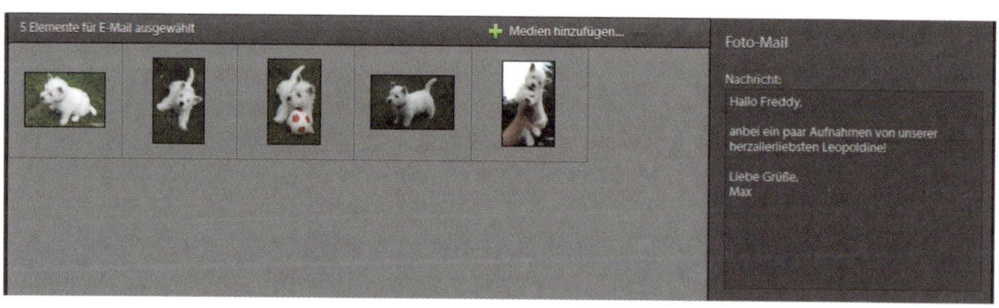

Im rechten Fenster können Sie einen Nachrichtentext für die E-Mail eingeben.

Empfängerlisten in Photoshop Elements

Per *Empfänger auswählen* können Sie direkt in Photoshop Elements ein Adressverzeichnis nebst E-Mail-Adressen anlegen und zum komfortablen Versand verwenden. Darüber hinaus erlaubt Ihnen die Funktion *Importieren* das Übernehmen von Adressbeständen aus Microsoft Outlook oder im verbreiteten vCard-Format.

3. Fotomail layouten

Nach einem Klick auf *Weiter* erscheint der *Briefpapier- und Layout-Assistent*. In der rechten Auswahlspalte können Sie unter verschiedenen Rahmenarten sowie kompletten Hintergrunddesigns für Ihre Fotomail wählen. Im Beispiel haben wir uns für einen schlichten hellblauen Rahmen mit Schlagschatten entschieden (Option *Rahmen 1* aus der Kategorie *Alle Anlässe*).

Mit *Nächster Schritt* gelangen Sie zum Auswahlbereich für die Fotogröße, die Anordnung der Bilder (Sektion *Layout*) sowie für Textrahmen und -farben. Praktischerweise können Sie im Vorschaubereich links eine Bildbeschreibung zu jedem Foto eingeben.

Im *Briefpapier- und Layout-Assistenten* verpassen Sie Ihrer Fotomail einen individuellen Look.

4. E-Mail verschicken

Sind Sie mit dem Layout Ihrer Fotomail zufrieden, klicken Sie auf *Weiter*. Dadurch wird die fertige Fotomail an Ihren E-Mail-Client – im Beispiel: Microsoft Outlook – weitergegeben. Falls noch nicht in Photoshop Elements geschehen, geben Sie im Nachrichtenfenster einen Betreff sowie die Empfänger ein und schicken Ihre Fotomail per *Senden* auf die Reise.

Photoshop Elements übergibt die fertig gestaltete Fotomail an Microsoft Outlook.

7.2 Fotos in der Flickr-Community

Der Yahoo!-Fotodienst Flickr ist eine kostenlose Onlineplattform für Bilder aller Art. Mit dem Assistenten *Share to Flickr* aus der Kategorie *Weitergabe* können Sie Ihre Bilder direkt aus Photoshop Elements heraus online stellen.

1. Flickr-Account autorisieren

Nach dem Klick auf die Option *Weitergabe/Share to Flickr* können Sie entweder einen vorhandenen Account für die Verwendung mit Photoshop Elements autorisieren oder per *Create one* einen neuen Account erstellen. Sobald der Account angelegt ist, klicken Sie auf *Authorize*. Daraufhin öffnet sich der Webbrowser mit der korrekten Flickr-Adresse. Klicken Sie unten links auf die Schaltfläche *OK, ICH AUTORISIERE ES*. Damit ist der Autorisierungsvorgang abgeschlossen – Flickr und Photoshop Elements können nun Hand in Hand arbeiten.

Um Bilder aus Photoshop Elements direkt in Flickr zu übernehmen, müssen Sie die Verwendung erst einmal autorisieren.

2. Der Dialog Share to Flickr

Sobald Sie zurück in Photoshop Elements auf *Complete Authorization* geklickt haben, öffnet sich der Dialog *Share to Flickr*. Hier finden sich auch jene Fotos, die Sie zuvor im Organizer ausgewählt haben. Nachdem Sie im rechten Fensterbereich einen Namen für das Set (*Set Name*) und eine Beschreibung (*Set Description*) eingegeben haben, können Sie unter *Who can see these photos?* noch auswählen, ob die Bilder nur von Freunden (*Visible to Friends*) oder Familienmitgliedern (*Visible to Family*) oder von allen Besuchern der Flickr-Plattform (*Public*) eingesehen werden dürfen.

Im Dialog *Share to Flickr* bestimmen Sie selbst, wer Ihre hochgeladenen Fotos betrachten darf.

3. Medien hinzufügen und hochladen

Mit einem Klick auf das grüne Pluszeichen über dem Vorschaubereich öffnen Sie den Dialog *Medien hinzufügen*. Hier können Sie alle aktuell im Browser angezeigten Bilder, den gesamten Katalog oder ein bestimmtes Album auswählen. Auch die Suche nach Stichwort-Tags ist möglich. Haben Sie Ihre Wahl getroffen, verlassen Sie den Dialog mit *Fertig*.

Über das Eingabefeld rechts unten können Sie noch Stichwörter für die ausgewählten Fotos vergeben, z. B. »Geburtstagsfeier« oder »Sommerurlaub 2011«. Dann starten Sie mit der Schaltfläche *Upload* die Datenübertragung zur Flickr-Website.

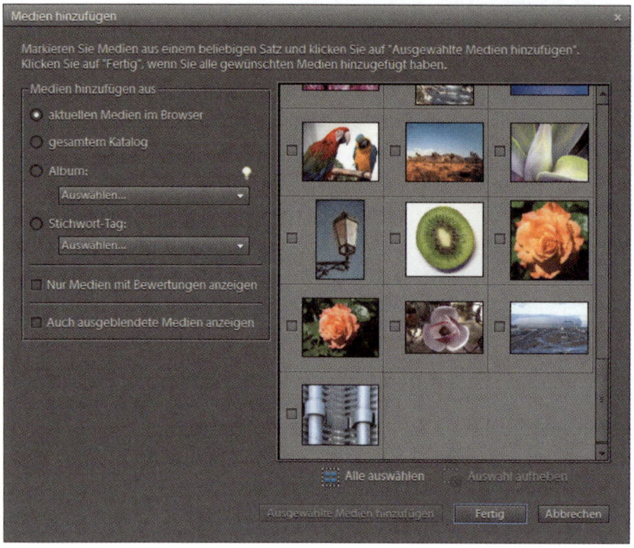

Per *Medien hinzufügen* wählen Sie Bilder, Alben oder Aufnahmen mit Stichwörtern zum Hochladen aus.

4. Fotos auf der Flickr-Website betrachten

Nach dem Upload klicken Sie entweder auf *Visit Flickr* oder starten Ihren Webbrowser, geben »www.flickr.com« in die Adresszeile ein und melden sich mit Ihren Zugangsdaten an. Nun können Sie die frisch hochgeladenen Bildminiaturen im entsprechenden Set online bewundern und per Mausklick vergrößern.

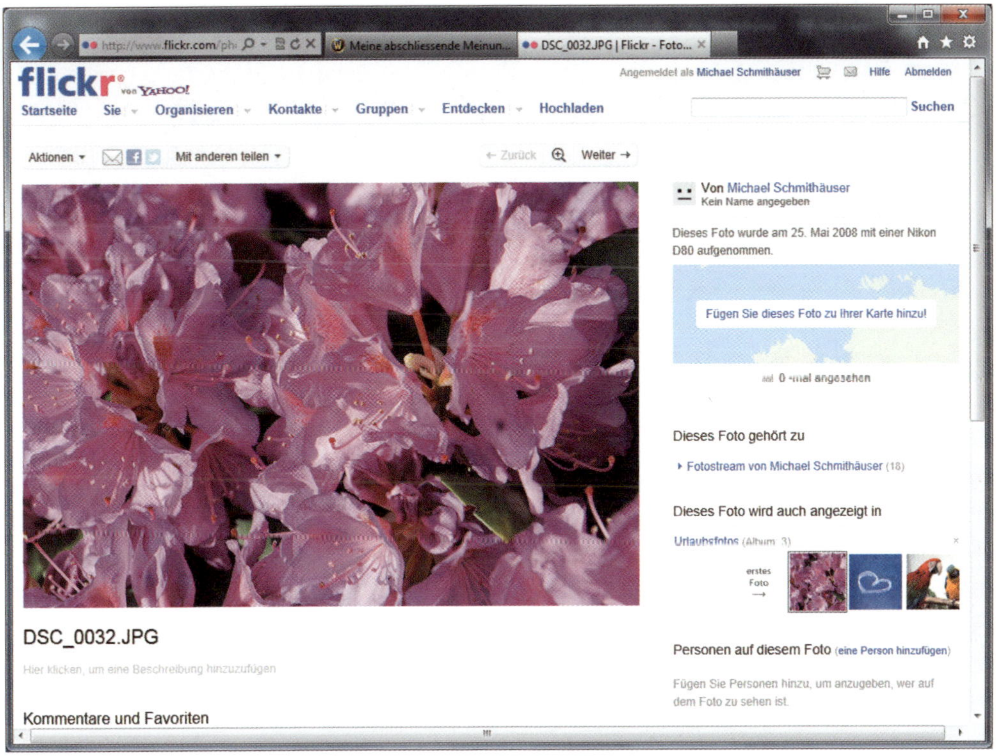

Geschafft – dank Flickr lassen sich Ihre Bilder nun auch online betrachten!

7.3 Fotos in Facebook präsentieren

Auch für das beliebte Social Network Facebook hält Photoshop Elements eine direkte Schnittstelle bereit, mit der Sie Ihre Facebook-Seite blitzschnell mit den neuesten Fotos bestücken können.

1. Facebook-Account autorisieren

Markieren Sie im Organizer jene Bilder, die Sie auf Facebook stellen möchten, und klicken Sie unter *Weitergabe* auf die Option *Share to Facebook*. Nun werden Sie darum gebeten, Ihren Facebook-Account für die Verwendung mit Photoshop Elements zu autorisieren. Nachdem Sie in Photoshop Elements *Authorize* gewählt haben, öffnet sich der Webbrowser, in den Sie Ihre Zugangsdaten eingeben und auf die Schaltfläche *Anmelden* klicken. Das nächste Fenster bestätigen Sie mit einem Klick auf *Zulassen*. Das war's dann auch schon – schließen Sie das Browserfenster und klicken Sie in Photoshop Elements auf *Complete Authorization*.

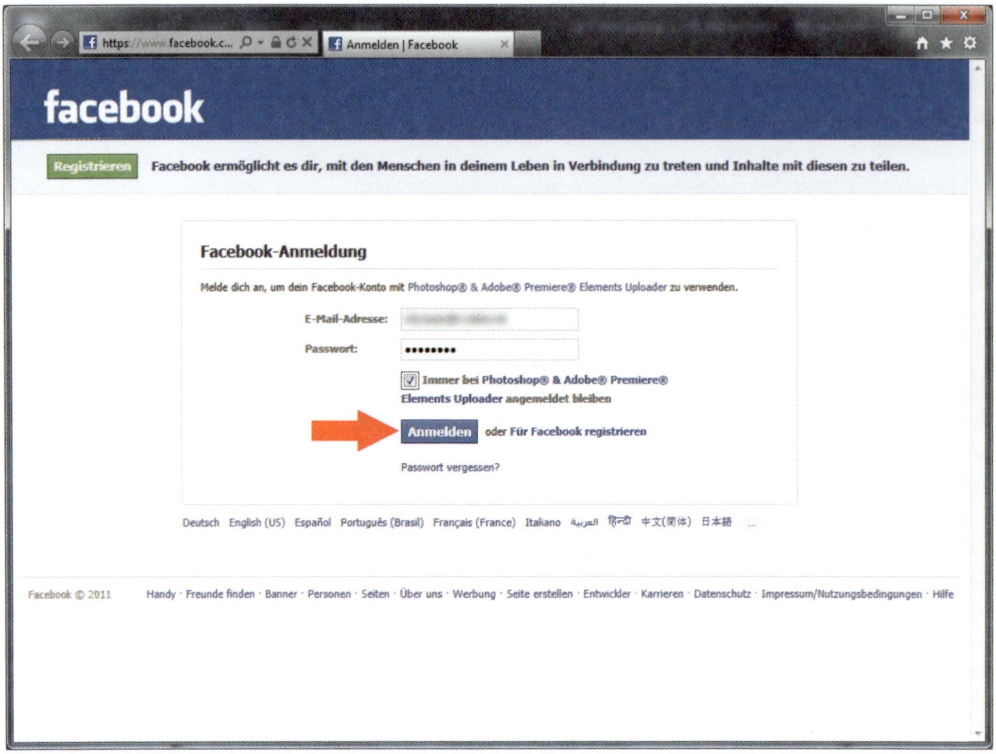

Um Photoshop Elements zur Zusammenarbeit mit Facebook zu bewegen, müssen Sie erst Ihr Einverständnis dazu geben.

2. Der Dialog Share to Facebook

Im Dialog *Share to Facebook* sehen Sie links die zuvor ausgewählten Bildminiaturen. Links oben bestimmen Sie mit der Option *Upload Photos to an existing album*, dass Ihre Fotos in ein bereits bestehendes Album übertragen werden. Andernfalls aktivieren Sie die darunterliegende Option *Upload Photos to a new album* und geben Name, Ort (*Location*) und Beschreibung (*Description*) für das neue Album ein.

Unter *Who can see these photos?* wählen Sie aus, ob die Fotos von jedem (*Everyone*), Freunden von Freunden (*Friends of friends*) oder nur von Freunden (*Friends Only*) betrachtet werden dürfen. Tipp: Wenn Sie unter *Choose your photo upload quality* auf *High* klicken, werden Ihre Fotos in hoher Qualität auf Facebook hinterlegt.

Mit einem finalen Klick auf *Upload* starten Sie den Übertragungsvorgang.

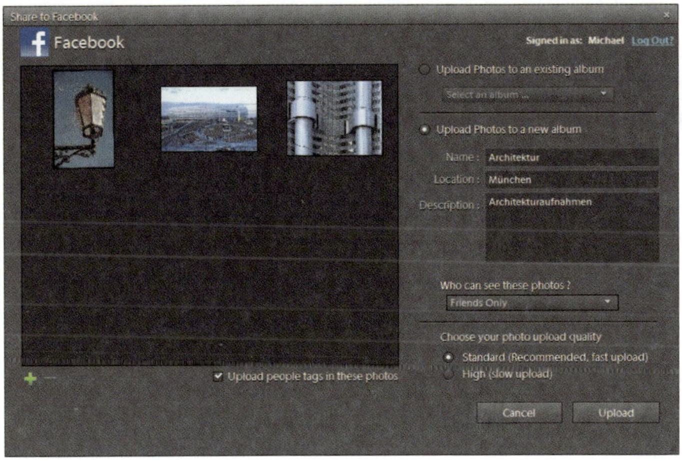

Über den Dialog *Share to Facebook* bestücken Sie Ihre Facebook-Seite mit Ihren schönsten Fotos.

3. Bilder auf Facebook betrachten

Nachdem die Übertragung beendet ist, schließen Sie das Fenster entweder mit einem Klick auf *Done* oder öffnen Ihre Facebook-Seite mit *Visit Facebook*. Letztere Option startet den Webbrowser und navigiert direkt zu Facebook. Melden Sie sich mit Benutzername und Passwort an und klicken Sie in der linken Leiste auf *Neuigkeiten*. Hier sind Ihre Bilder bereits online verfügbar und können per Mausklick in voller Pracht bewundert werden.

Ihre Bilder befinden sich direkt nach dem Upload in der *Neuigkeiten*-Rubrik von Facebook.

7.4 Fotos im Photoshop Showcase

Mit Photoshop Showcase bietet Adobe eine kostenlose Plattform für die interaktive, audiovisuelle Präsentation Ihrer schönsten Bilder. Gegen das multimediale Feuerwerk, das die Showcase-Seite abfeuert, wirken die etablierten Bilderseiten reichlich antiquiert.

1. Showcase-Dialog aktivieren

Führen Sie im Organizer einen Rechtsklick auf das gewünschte Album aus und wählen Sie im Kontextmenü die Option *An Photoshop Showcase weitergeben*. Daraufhin gelangen Sie in den Showcase-Dialog, in dem Sie Ihre multimediale Präsentation vorbereiten.

Per Rechtsklick auf den Albumnamen erreichen Sie die Option zur Weitergabe an Photoshop Showcase.

2. Der Showcase-Dialog

Der Showcase-Dialog besteht aus einem großen Vorschaubereich mit darüberliegender Auswahlleiste für die Vorlagen. Klicken Sie die unterschiedlichen Vorlagen an, um eine Echtzeitvorschau der entsprechenden Multimedia-Präsentation zu erhalten. Die interaktive Vorschau zeigt genau das, was später im Web zu sehen sein wird. Das Spektrum der Vorlagen reicht von anklickbaren Diarahmen über animierte Urlaubsgrüße bis hin zur Präsentation Ihrer Fotos im nostalgischen Wochenschaustil. Probieren Sie ruhig alle Vorlagen per Mausklick aus – es lohnt sich!

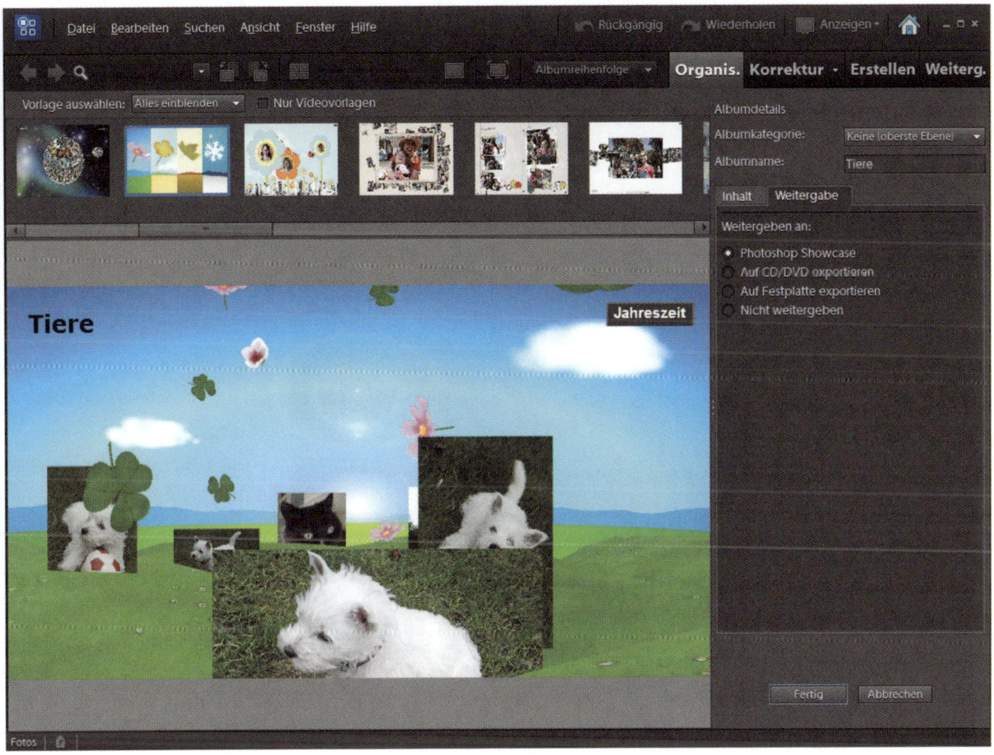

Die interaktive Echtzeitvorschau gibt Ihnen einen guten Eindruck von der finalen Multimedia-Präsentation – hier die attraktive 3-D-Vorlage *Jahreszeit*.

3. Vorlage auswählen

Scrollen Sie die Leiste unterhalb der Vorschauminiaturen so weit nach rechts, bis Sie die Vorlage *Wochenschau* erreichen. Ein Doppelklick auf die Miniatur lädt die Albumvorschau mit allen Bildern des zuvor ausgewählten Albums. Die nostalgische Pianomusik können Sie mit einem Klick auf *Stumm* vorübergehend ausschalten.

Mit den Menüpunkten im Vorschaubereich oben links variieren Sie die Bildeffekte sowie die Stärke des Filmeffekts und können die Lautstärke von Musik und Projektorgeräuschen regeln. Indem Sie in das Vorschaufenster der laufenden Präsentation klicken, können Sie die Filmstreifen verlangsamen und bestimmte Bilder per Mausklick vergrößern und farbig darstellen lassen.

Die Vorlage *Wochenschau* bietet eine authentische Soundkulisse und vielerlei Einstellungsmöglichkeiten.

4. Präsentation online stellen

Gefällt Ihnen die Bildershow, verlassen Sie den Dialog mit einem Klick auf *Fertig*. Daraufhin bereitet Photoshop Elements die Datei für den Onlineexport vor.

Um sich beim Showcase-Service anzumelden, klicken Sie im Dialog *Adobe Photoshop Showcase* auf den Link *Registrieren Sie sich jetzt!*. Dabei müssen Sie mit keinerlei Folgekosten rechnen, da der Showcase-Service allen Nutzern von Photoshop Elements gratis zur Verfügung gestellt wird.

Nach der Registrierung melden Sie sich mit Ihrer E-Mail-Adresse und Ihrem Passwort an und bestätigen mit *Weiter*. Geben Sie der neuen Galerie im Eingabefeld unten einen Namen und gehen Sie mit *Weiter* zum nächsten Bildschirm, in dem Sie bestimmte Personen aus Ihrem Adressbuch per E-Mail auf die neue Präsentation aufmerksam machen können. Wenn jeder Besucher Ihre Präsentation sehen darf, setzen Sie einfach ein Häkchen unter *Medien freigeben für: Jeden*.

Im Dialog *Adobe Photoshop Showcase* geben Sie Ihrer Präsentation einen Namen.

5. Präsentation online genießen

Nach einem finalen Klick auf *Fertig* wird Ihre Präsentation auf den Showcase-Server übertragen. Nach erfolgreichem Upload öffnen Sie einen Webbrowser, geben in die Adresszeile »www.photoshopshowcase.com« ein und melden sich an.

Ihre Onlinepräsentation finden Sie nach dem Upload unter *www.photoshopshowcase.com*.

Daraufhin erscheint ein Fenster mit der Miniatur Ihrer soeben erstellten Präsentation. Ein Mausklick startet den Präsentationsmodus – lehnen Sie sich zurück und genießen Sie das Spektakel! Im Beispiel führt ein Mausklick auf ein Bild im Filmstreifen dazu, dass der Streifen perspektivisch geschwenkt, das Schwarz-Weiß-Bild vergrößert und schließlich farbig dargestellt wird. Ein weiterer Klick lässt das Foto verschwinden, und die Zelluloidstreifen wandern wieder über den Bildschirm.

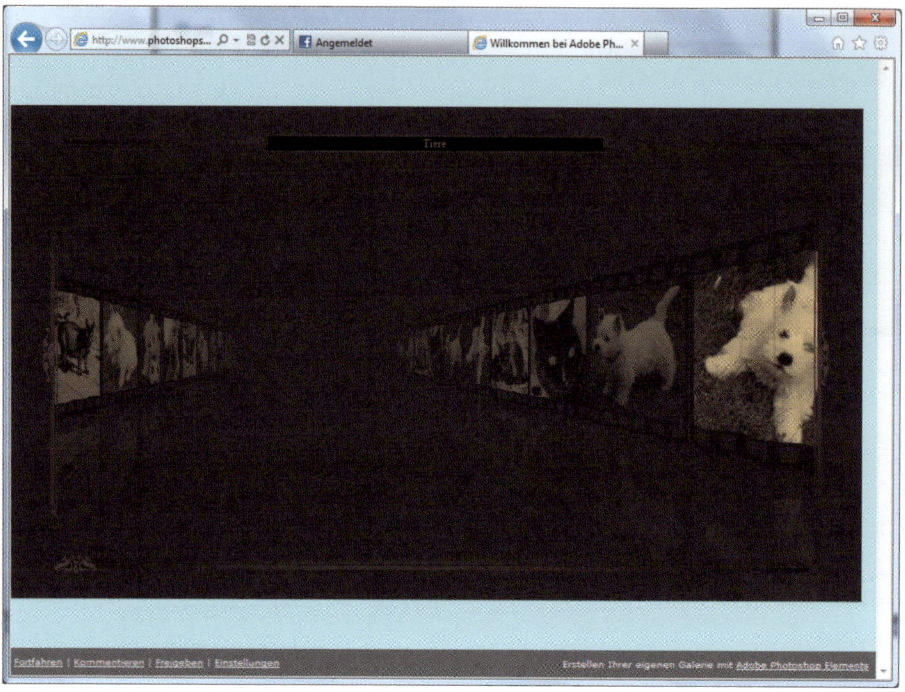

Multimedia vom Feinsten – per Flash-Technologie wird Ihre Präsentation mit Musik und Animation vom Webbrowser wiedergegeben.

7.5 Fotobücher

Fotos in Alben einkleben war gestern – heute verewigen Sie Ihre schönsten Erinnerungen in hochwertigen Fotobüchern. Diese Produkte stehen in Sachen Anmutung, Haptik und Bildqualität aufwendig produzierten Bildbänden in nichts nach.

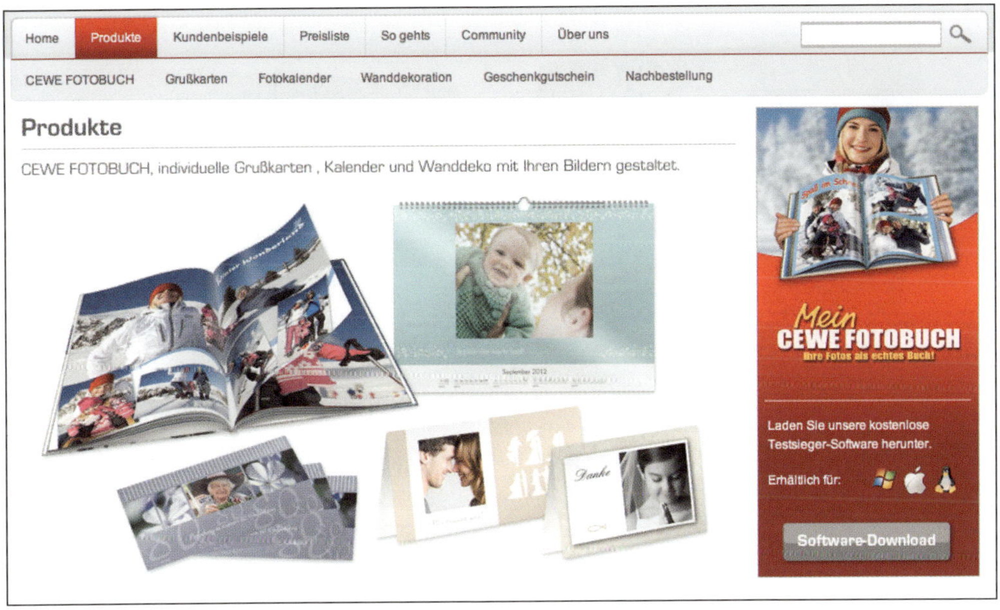

Mit dem CEWE-Editor erstellen Sie nicht nur qualitativ hochwertige Fotobücher in Hochglanzoptik, sondern auch individuelle Grußkarten, Kalender und mehr.

Nach nur drei Schritten können Sie schon bald Ihr erstes eigenes Fotobuch in Händen halten:

1. Editorsoftware von der Website herunterladen
2. Fotobuch im Editor gestalten
3. Bestellung online aufgeben

7.6 Auflösung typischer Fotoformate

Sobald Ihre Fotos in digitaler Form auf der Speicherkarte oder (nach der Übertragung) auf der Festplatte liegen, müssen Sie sich Gedanken darüber machen, wie Sie die Pixelbilder in eine greifbare, sozusagen »analoge« Form bringen. Denn eine Diashow auf dem Computermonitor oder dem Bildschirm des Tablet PC oder Smartphones ist zwar eine nette Sache, doch an das visuelle und haptische Erlebnis beim Anfassen eines Papierabzugs oder Betrachten eines Posters kommt diese Art der Präsentation nicht heran.

Smartphones und Tablet PCs wie hier das Apple iPad eignen sich auch als digitale Bilderrahmen – doch der gute alte Papierabzug verfügt immer noch über einen unnachahmlichen Charme.

Bevor Sie Ihre schönsten Bilder auf die Reise ins Internet schicken, müssen Sie das gewünschte Format auswählen und überprüfen, ob die Auflösung für die entsprechende Größe ausreicht. Viele Bilderdienste im Web bieten dafür Prüfroutinen an, doch am einfachsten und zuverlässigsten geht es mit Photoshop Elements.

7.6.1 Bildgröße ermitteln mit Photoshop Elements

Sobald Sie eine Bilddatei in Photoshop Elements geöffnet haben, können Sie mit dem Befehl *Skalieren/Bildgröße* aus dem Menü *Bild* die erforderlichen Pixelmaße für verschiedene Auflösungen ermitteln. Der Dialog *Bildgröße* zeigt ganz oben die aktuellen *Pixelmaße* des Fotos an. Darunter findet sich der Bereich *Dokumentgröße*, in der die Breite und Höhe des Fotos bei einer (voreingestellten) Auflösung von 300 Pixel pro Zoll angezeigt werden.

Im Beispielbild wurde ein Foto mit den Pixelmaßen 1.600 x 1.067 geladen. Dafür hat Photoshop Elements automatisch eine Breite von 13,55 und eine Höhe von 9,03 cm bei einer optimalen Auflösung von 300 dpi ermittelt. Dieses Bild ist also ideal geeignet für einen Fotoabzug im Standardformat 9 x 13. Eine Auflösung von 300 dpi – bei dpi handelt es sich um Dots per Inch, also Pixel pro Zoll – ist für den Druck von Fotoabzügen optimal geeignet.

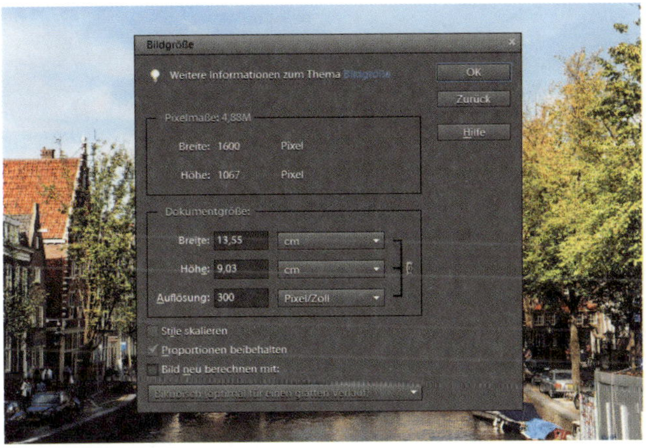

In Photoshop Elements können Sie blitzschnell überprüfen, in welchem Format sich eine Bilddatei in hoher Qualität ausgeben lässt.

Doch welche Auflösung ist für welches Bildformat geeignet? Nachstehende Tabelle zeigt Ihnen die nötigen Pixelmaße für gebräuchliche Fotoformate mit einer Auflösung von 300 dpi:

Format	*Abmessungen*	*Pixelmaße*	*Megapixel (aufgerundet)*
9 x 13	8,9 x 13,3	1.571 x 1.051	1,6
10 x 13	10,2 x 13,6	1.606 x 1.205	1,9
10 x 15	10,2 x 15,2	1.795 x 1.205	2,2
13 x 18	12,7 x 17,8	2.102 x 1.500	3,2

Sie sehen also – für herkömmliche Fotoabzüge ist die Auflösung moderner Digitalkameras von 8 bis 12 Megapixeln mehr als ausreichend. Wenn Sie allerdings Ausschnittvergrößerungen planen, sollten Sie im Dialog *Bildgröße* stets checken, ob der Bildausschnitt im gewünschten Format noch die erforderlichen 300 Pixel pro Zoll aufweist.

Diese Bilddatei einer 8-Megapixel-Kamera lässt sich bei einer Auflösung von 300 dpi problemlos auf eine Druckgröße von DIN A4 bringen.

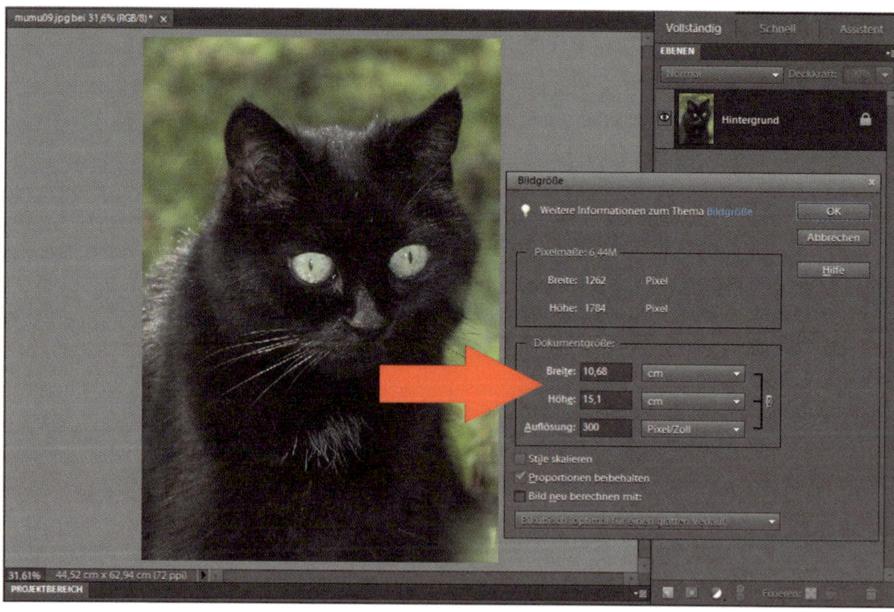

Eine Ausschnittvergrößerung derselben 8-Megapixel-Datei reduziert die verfügbaren Pixel drastisch, sodass es nur noch für einen Fotoabzug im Format 10 x 15 reicht.

7.6.2 DIN-Formate und Poster

Während Sie sich bei kleinen Fotoabzügen kaum Sorgen um die Auflösung machen müssen, stoßen selbst sehr hochauflösende Digitalkameras bei großen DIN-Formaten an ihre Grenzen. So lassen sich Bilddateien mit 5 bis 8 Megapixeln (z. B. von Fotohandys) nicht mehr mit vollen 300 dpi auf einen A4-Bogen drucken, da hierzu mindestens 9,1 Megapixel vonnöten wären. Bei der erforderlichen Auflösung für ein Poster im A3-Format sind selbst hochwertige Digitalkameras überfordert – um 300 dpi in diesem Großformat zu erzielen, bedarf es satten 18 Megapixeln.

Format	*Abmessungen*	*Pixelmaße*	*Megapixel (aufgerundet)*
A5	154 x 216	1.819 x 2.551	4,6
A4	216 x 303	2.551 x 3.579	9,1
A3	303 x 426	3.579 x 5.031	18,0

Um das Auflösungsproblem bei Posterformaten wie A3, A2 oder A1 zu umgehen, kann man zwei Tricks anwenden:

1. Da der Betrachtungsabstand bei einem Poster wesentlich größer ausfällt als bei einem kleinen Abzug, kann man die Auflösung auf 200 oder 150 dpi reduzieren. Einzelne Pixel fallen dem Betrachter erst dann auf, wenn er ganz nah an das Poster herangeht.
2. Man fertigt eine Panoramaaufnahme aus vier oder mehr Einzelbildern an und kombiniert diese in Photoshop Elements zu einer einzigen großen Datei mit ultrahoher Auflösung. Dazu später mehr.

7.6.3 Fotoabzüge mit Photoshop Elements vorbereiten

Adobe Photoshop Elements bietet eine Vielzahl von Komfortfunktionen zum Überprüfen und Ändern der Bildauflösung, Beschneiden der Bildränder und Festlegen des richtigen Foto- oder Posterformats.

1. Bild laden und den Assistenten starten

Wählen Sie im Menü *Datei* die Funktion *Öffnen*. Navigieren Sie zu der Stelle – also dem Verzeichnis oder der Speicherkarte, an der die gewünschte Bilddatei liegt. Dann öffnen Sie rechts oben das Register *Bearbeiten*, gefolgt von *Assistent*. In der Sektion *Grundlegende Bearbeitungen* starten Sie per Mausklick den Assistenten *Foto freistellen*.

Der Assistent zum Freistellen von Bildern findet sich in der Sektion *Grundlegende Bearbeitungen*.

2. Passendes Fotoformat auswählen

Öffnen Sie per Mausklick die Ausklappliste unter *Ausschnittrahmen*. In der Liste finden sich verbreitete Fotoformate wie *10 x 15*, *13 x 18* oder *20 x 30 cm*. Im Beispiel fiel unsere Wahl auf das Format *13 x 18 cm*.

Über die Liste *Ausschnittrahmen* haben Sie direkten Zugriff auf diverse Standardfotoformate.

3. Perfekten Bildausschnitt festlegen

Nun können Sie durch Klicken und Ziehen an einem der Markierungspunkte des gestrichelten Rahmens den Bildausschnitt bestimmen. Das Seitenverhältnis ist gesperrt, sodass Sie stets ein Bild im voreingestellten Verhältnis von Länge zu Breite erhalten. Dadurch wird sichergestellt, dass bei der Produktion des Abzugs weder Bildteile verloren gehen noch unschöne weiße Ränder entstehen.

Mithilfe der Markierungspunkte rund um den gestrichelten Rahmen legen Sie den gewünschten Bildausschnitt fest.

4. Neuen Bildausschnitt bestätigen

Sind Sie mit dem Bildausschnitt zufrieden, bestätigen Sie mit einem Klick auf das grüne Häkchen am Bildrahmen rechts unten. Im Assistentenbereich rechts unten schließen Sie den Assistenten mit der Schaltfläche *Fertig*. Per *Datei/Speichern unter* sichern Sie das zugeschnittene Foto unter einem neuen Dateinamen, damit das Original nicht überschrieben wird.

Das fertig zugeschnittene Foto im Format 13 x 18 cm.

7.6.4 Perfekte Bildausschnitte ganz einfach

Besonders harmonische Bildkompositionen erhalten Sie, wenn Sie den Ausschnitt unter Zuhilfenahme der Option *Überlagerung* festlegen. Dann können Sie die Objekte im Bild nach der Drittel-Regel oder dem besonders ästhetischen Goldenen Schnitt anordnen.

1. Überlagerung mit der Drittel-Regel

Klicken Sie im Freistellungsassistenten auf das Menü *Überlagerung* und wählen Sie die Option *Drittel-Regel*. Nun wird der gestrichelte Ausschnittrahmen sowohl horizontal als auch vertikal in drei gleich große Segmente unterteilt. Versuchen Sie beim Festlegen des Ausschnitts, durch Ziehen der Eck- oder Mittelpunkte des Rahmens einzelne Motivteile in den jeweiligen Drittelflächen unterzubringen.

Die Überlagerungsoption *Drittel-Regel* segmentiert den Ausschnittrahmen in drei gleich große Teile.

Wie im Beispielbild gut zu erkennen ist, befinden sich auf der horizontalen Achse die beiden kleinen Türme im linken Bilddrittel, der große Turm steht im mittleren Drittel, und die Baumkrone sehen Sie im rechten Drittel. Auch vertikal herrscht eine strikte Aufteilung: Das Kirchenschiff nimmt das untere Bilddrittel ein, die kleinen Türme und der Baum das mittlere Drittel und der Himmel zusammen mit der Turmspitze das obere Drittel.

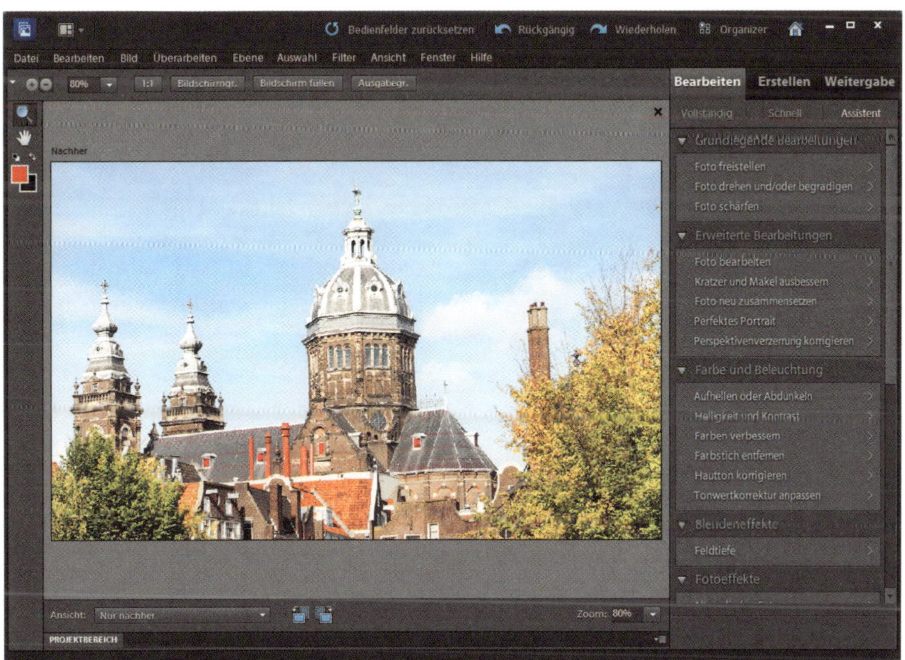

Das fertig beschnittene Bild verfügt über eine visuell angenehme Motivverteilung.

2. Überlagerung mit dem Goldenen Schnitt

Das Seitenverhältnis des Goldenen Schnitts – 1,618 – wird als besonders harmonisch wahrgenommen. Das ideale Verhältnis zweier Strecken zueinander lässt sich mit der Formel $a : b = (a + b) : a$ berechnen. Die Rechnerei können Sie sich jedoch sparen, da Photoshop Elements dank der Überlagerungsoption *Goldener Schnitt* einen Ausschnittrahmen bietet, der sich an diesen harmonischen Proportionen orientiert und darüber hinaus auch die Innenfläche des Rahmens mit entsprechenden Hilfslinien ausstattet.

Die Überlagerungsoption *Goldener Schnitt* ermöglicht überaus harmonische Bildkompositionen.

Tipp: Indem Sie den Mauspfeil etwas außerhalb der Eckpunkte des Ausschnittrahmens bewegen, verwandelt sich dieser in einen Doppelpfeil, und der ganze Rahmen lässt sich samt enthaltener Hilfslinien drehen – so geschehen im Beispielbild.

Nicht nur das äußere Bildformat mit dem Seitenverhältnis 1:1,618 sorgt für einen angenehmen Bildeindruck, sondern auch die Anordnung der Motive innerhalb des Rahmens: Die beiden Türmchen links befinden sich exakt innerhalb der kleinen Unterteilung und verfügen über einen optimalen Abstand zum linken Bildrand. Das Ergebnis kann sich wirklich sehen lassen:

Das fertige Bild folgt den Regeln des Goldenen Schnitts und wirkt deshalb besonders ausgewogen auf das menschliche Auge.

7.6.5 Bildauflösung künstlich erhöhen

Wie bereits am Anfang dieses Kapitels erklärt, reichen die 8 bis 12 Megapixel aktueller Digitalkameras und besserer Fotohandys für herkömmliche Fotoabzüge aus. Schwierig wird es dann, wenn Sie ein Plakat im Format A3 oder höher ausgeben lassen wollen.

Ein A3-Plakat würde bei einer Druckauflösung vom 300 dpi eine Bilddatei mit satten 18 Megapixeln benötigen – das entspricht einer horizontalen oder vertikalen Größe von über 5.000 Pixeln. Natürlich ließe sich die erforderliche Auflösung durch Reduzierung der Druckauflösung auf 150 dpi halbieren – doch wenn aufgrund geringer Betrachtungsabstände 300 dpi vonnöten sind, müssen Sie tricksen.

Und das geht so: Sie fertigen mehrere Aufnahmen eines Motivs an, die jeweils nur ein Segment des finalen Fotos darstellen – zum Beispiel vier Fotos mit den Motivteilen oben links, unten links, oben rechts und unten rechts. Anschließend setzen Sie diese Segmente mithilfe der Panoramafunktion von Photoshop Elements zu einem super hochauflösenden Bild zusammen.

1. Photomerge Panorama starten

Wählen Sie *Datei/Neu/Photomerge Panorama*. Im nun erscheinenden Dialog *Photomerge* klicken Sie auf die Schaltfläche *Durchsuchen*.

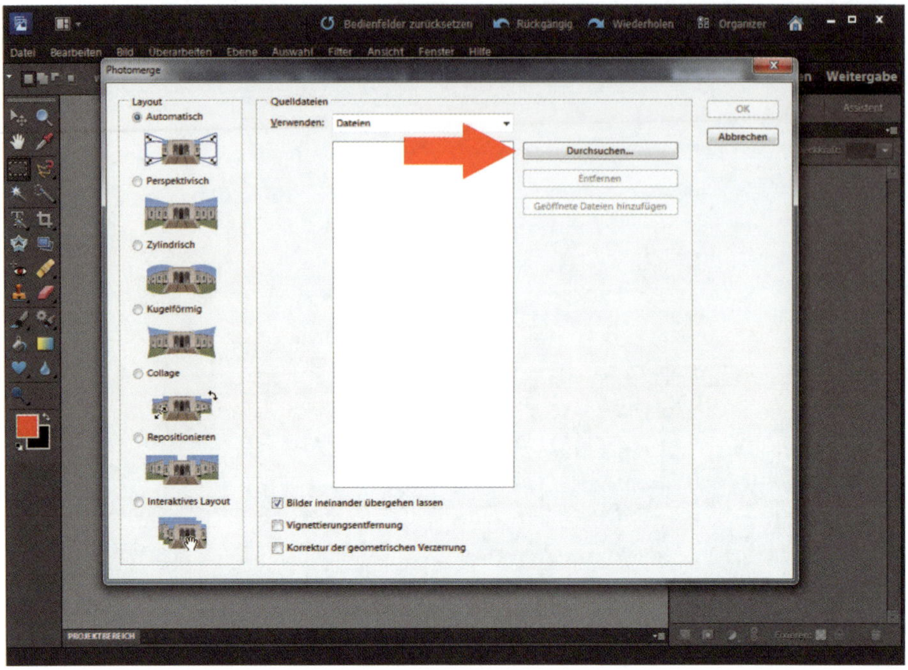

Zum Erstellen von Panoramabildern bietet Photoshop Elements ein integriertes Tool. Per Klick auf *Durchsuchen* laden Sie die gewünschten Bilderserien.

2. Zusammensetzen der Einzelbilder

Sobald Sie im Fenster *Öffnen* die gewünschten Bildteile geladen haben, in unserem Fall die zwei Hälften einer Landschaftsaufnahme, aktivieren Sie im Dialog links unter *Layout* die Option *Automatisch* und bestätigen mit *OK*. Nun fügt Photomerge die beiden Bildhälften automatisch zu einem großen Panoramabild zusammen. Dabei entstehen durch die Perspektivenkorrektur mehr oder weniger große, weiße Bereiche an den Bildrändern. Wenn Sie den Dialog *Kanten bereinigen* mit *Ja* bestätigen, füllt Photomerge diese Bereiche automatisch aus – was in den meisten Fällen überraschend gut funktioniert.

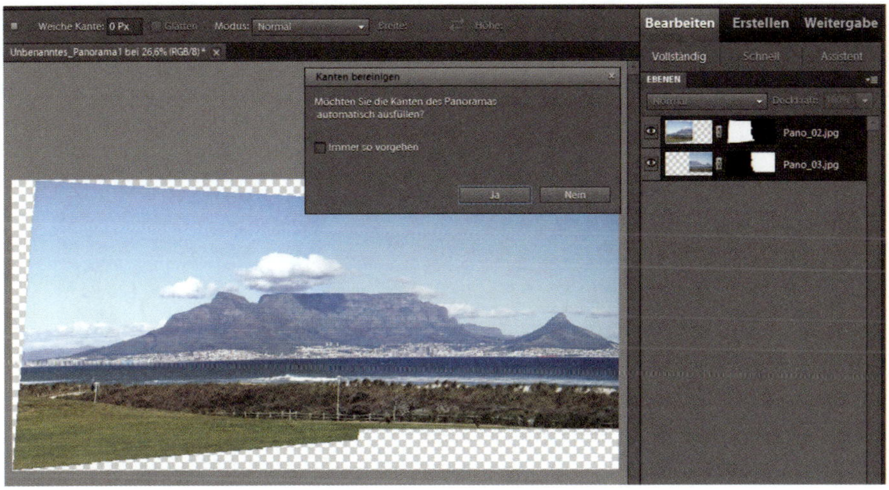

Photomerge fügt zwei niedrig auflösende Bilder zu einer höher aufgelösten Datei zusammen.

Das fertige Panorama nach dem automatischen Bereinigen der Kanten.

Auf diese Weise wurde aus zwei Fotos mit einer Druckauflösung von 150 dpi eine neue Bilddatei mit der doppelten Auflösung, also 300 dpi. Das horizontale Pixelmaß wurde von 2.000 auf 4.000 Pixel erhöht. Nun lässt sich beispielsweise eine Ausschnittvergrößerung des Bergmassivs in der Bildmitte bewerkstelligen, die in einem großen Bildformat in bester Qualität ausgegeben werden kann.

Dank der künstlich vergrößerten Bildauflösung bleibt die Qualität auch bei einer Ausschnittvergrößerung erhalten.

Unten stehendes Beispiel illustriert den Auflösungsgewinn bei einer Panoramaaufnahme mit vielen Segmenten, die mit einer niedrig auflösenden Handykamera angefertigt wurden. Jedes Einzelbild lässt sich bei einer Auflösung von 300 dpi gerade mal auf einer Fläche von 6,7 x 4,3 cm ausgeben. Fügt man die vier Segmente mit Photomerge zusammen, ist die qualitativ hochwertige Ausgabe im Format 13,4 x 8,6 cm möglich – das reicht für das Standardformat 9 x 13.

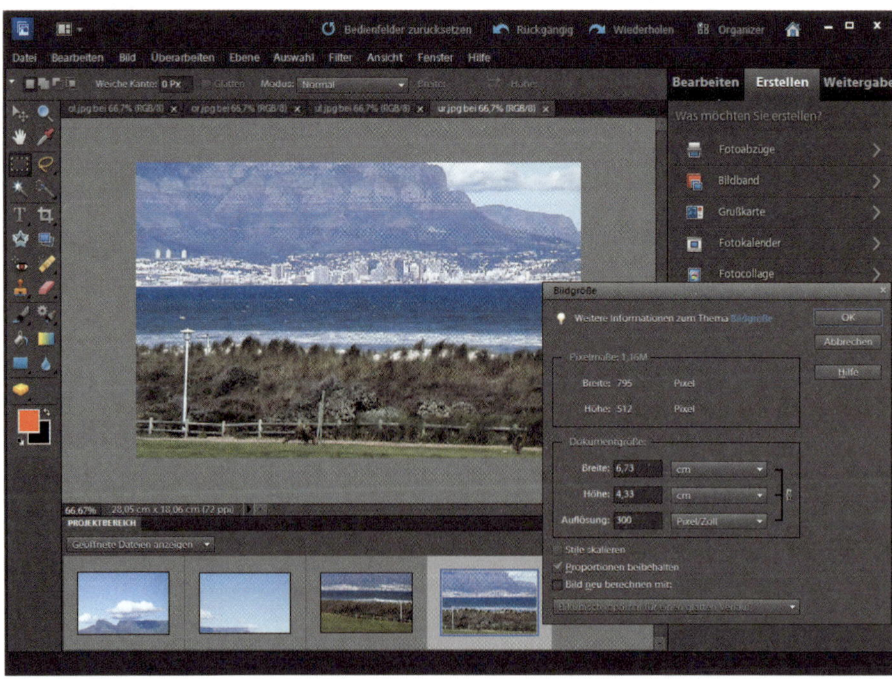

Mit vier Bildsegmenten lässt sich die tatsächliche Bildauflösung vervierfachen.

7.7 Fotoabzüge direkt online bestellen

Fotoabzüge lassen sich online direkt aus Photoshop Elements heraus bestellen. Dieser praktische Service wird von Adobe in Zusammenarbeit mit Kodak angeboten.

7.7.1 Aus Elements direkt zur Kodak Gallery

Bequemer geht's nicht: Direkt aus Photoshop Elements heraus können Sie Fotoabzüge bei Kodak Gallery bestellen.

1. Bilder für Abzüge laden

Laden Sie per *Datei/Öffnen* sämtliche Bilder, die Sie als Fotoabzüge bestellen möchten. Dann wählen Sie im Assistentenbereich die Registerkarte *Erstellen*, gefolgt von *Fotoabzüge*.

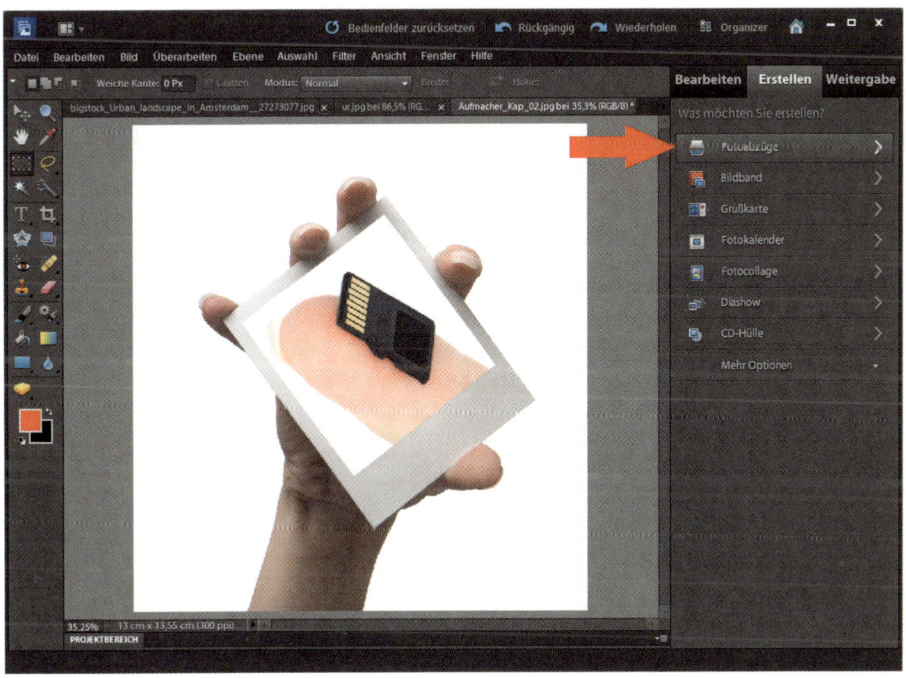

Im Register *Erstellen* finden Sie die Option zum Bestellen von Fotoabzügen.

2. Den Bilderservice starten

Klicken Sie nun in der Auswahlliste ganz rechts auf die unterste Option *Bestellen Sie KODAK Qualitätsabzüge*. Daraufhin wird automatisch der Photoshop Elements Organizer gestartet, und nach kurzer Zeit erscheint der Dialog *Abzüge von Kodak bestellen*.

Nach dem Start des Organizers erscheint der Bestelldialog von Kodak Gallery.

3. Registrieren oder anmelden

Geben Sie nun in das Feld *Konto erstellen* Ihre Daten ein. Danach steht es Ihnen frei, ob Sie die beiden Kontrollkästchen zum Bezug von Infomaterial via E-Mail angekreuzt lassen oder per Mausklick inaktiv schalten. Auf jeden Fall müssen Sie in das unterste Kontrollkästchen *Ich erkläre mich damit einverstanden, die ...* ein Häkchen setzen, um die Geschäftsbedingungen zu akzeptieren.

Verfügen Sie bereits über ein Konto, klicken Sie oben rechts auf den Link *Anmelden*. Dann erscheint ein Dialog zur Eingabe von *E-Mail-Adresse* und *Passwort*.

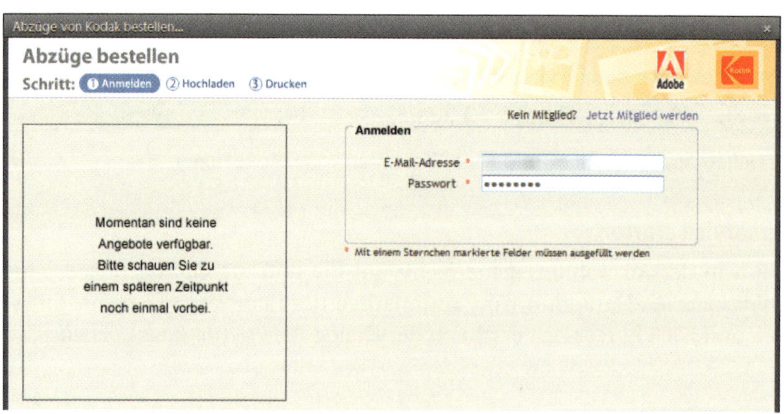

Wenn Sie schon über ein Konto verfügen, können Sie sich direkt anmelden. Links sind oftmals saisonale Sonderangebote zu finden.

4. Ausgewählte Bilder hochladen

Nach einem Klick auf *Weiter* nimmt die Software Kontakt mit dem Kodak-Server auf und überträgt die Bilddateien. Ein Ladebalken informiert Sie über den Fortschritt des Datei-Uploads.

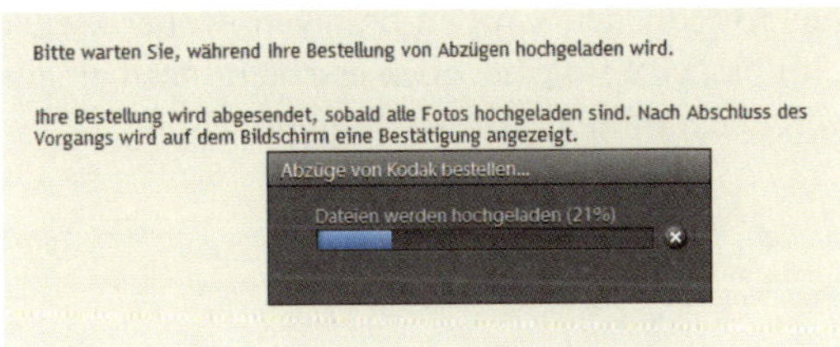

Die Bilder werden hochgeladen.

5. Bildauswahl nochmals bestätigen

Nun wird automatisch Ihr Webbrowser geladen und navigiert zur Kodak-Website. Sie sehen Miniaturen der zuvor hochgeladenen Bilder. Ein Häkchen neben *Abzüge bestellen* markiert die entsprechenden Bilder für die Bestellung. Alternativ können Sie auch ein Häkchen neben *Alle Fotos in diesem Album auswählen* setzen, um sämtliche angezeigten Bilder mit einem Klick in die Bestellung aufzunehmen.

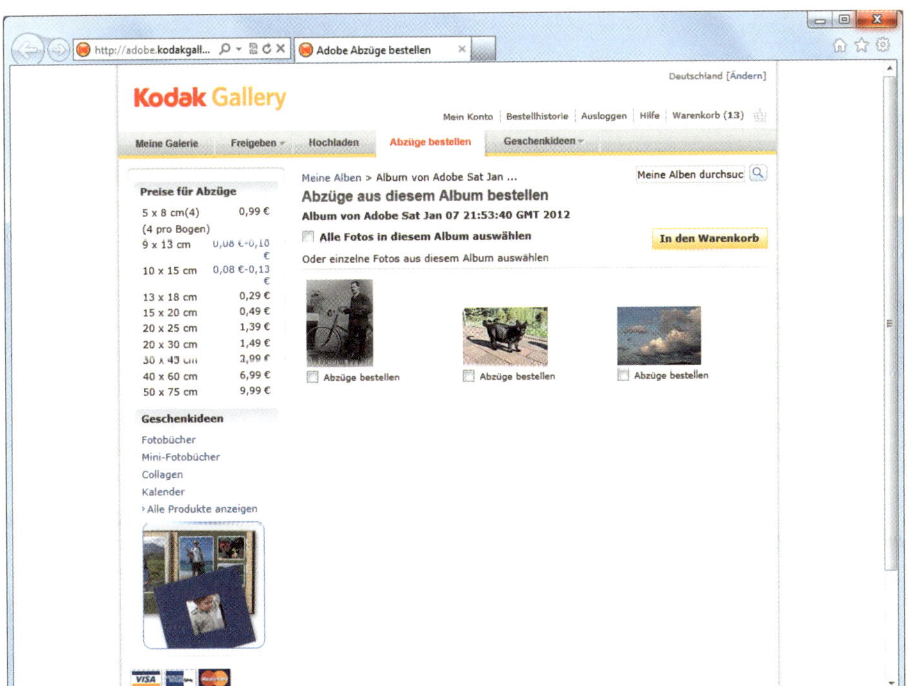

Im Bestelldialog wählen Sie aus, von welchen der hochgeladenen Bildern Sie Abzüge bestellen möchten.

6. Passendes Format auswählen

Klicken Sie auf die Schaltfläche *In den Warenkorb*, um zum Bildschirm für die Eingabe von Formaten und Exemplaren zu gelangen. Tipp: Indem Sie eines der Kontrollkästchen rechts unter *Expressbestellung* anklicken, wird für jedes Motiv ein Abzug im gewählten Format geordert. Sie können auch direkt in den Eingabefeldern unterhalb des jeweiligen Motivs beliebig viele Exemplare in unterschiedlichen Größen bestellen, wobei Mehrfachauswahlen ebenfalls möglich sind. Im blauen Feld ganz oben erscheint nach einem Klick auf *Neu berechnen* die aktuelle Zwischensumme für die gesamte Bestellung.

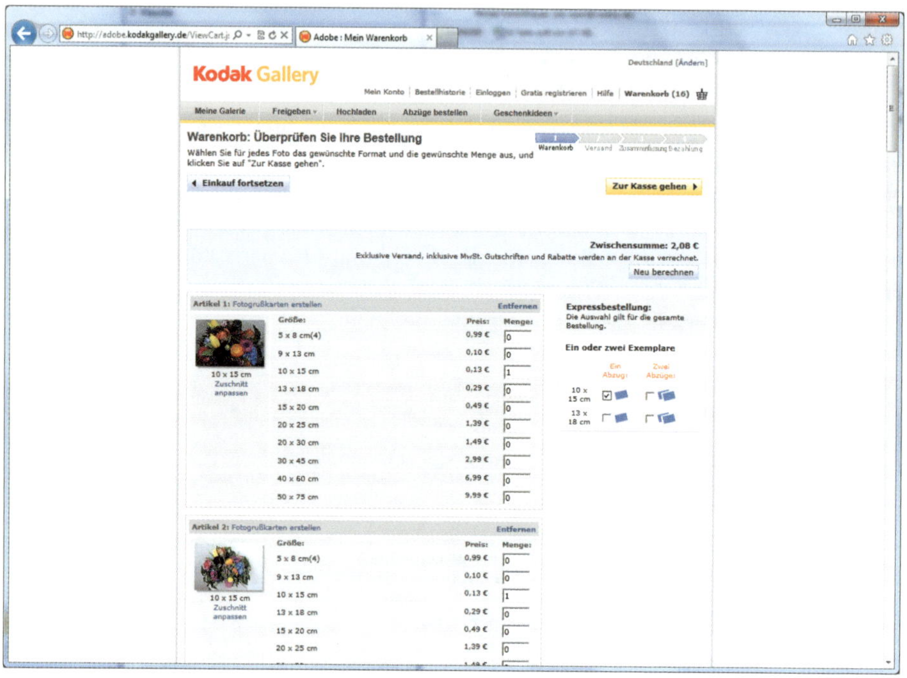

Im Warenkorb legen Sie die Anzahl und das Format der Fotoabzüge fest.

7. Empfängerdaten und Zahlungsoptionen angeben

Nach einem Klick auf *Zur Kasse gehen* gelangen Sie in den Versandbildschirm. Hier belassen Sie entweder das Häkchen bei der links dargestellten Adresse, die Ihren Registrierdaten entspricht, oder Sie geben im rechten Bereich eine alternative Lieferadresse ein. Danach wechseln Sie mit einem Klick auf *Weiter* zum Bildschirm für die Versandmethode.

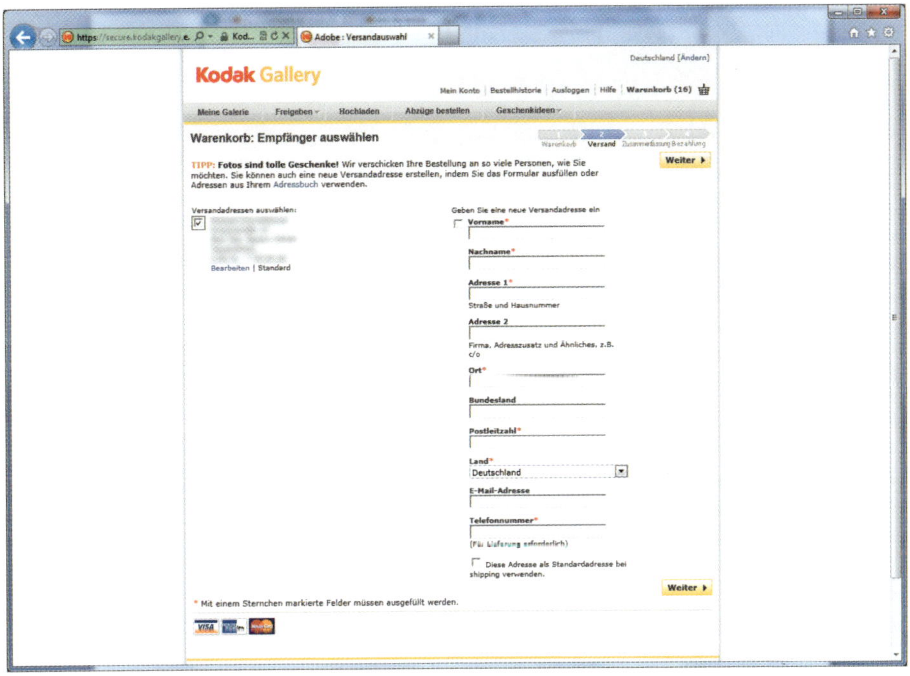

Hier wählen Sie den Empfänger der Sendung aus – rechts können Sie eine alternative Lieferadresse vorgeben.

Anschließend gelangen Sie in den Übersichtsbildschirm, in dem Ihre Bestellung zusammengefasst dargestellt wird. Nachdem Sie die Daten überprüft haben und mit den Bestelloptionen einverstanden sind, gehen Sie mit *Weiter* zum letzten Schritt. Hier entscheiden Sie sich noch, ob Sie per PayPal oder per Kreditkarte bezahlen möchten. Ein paar Tage später dürfen Sie sich über qualitativ hochwertige Abzüge in der Post freuen!

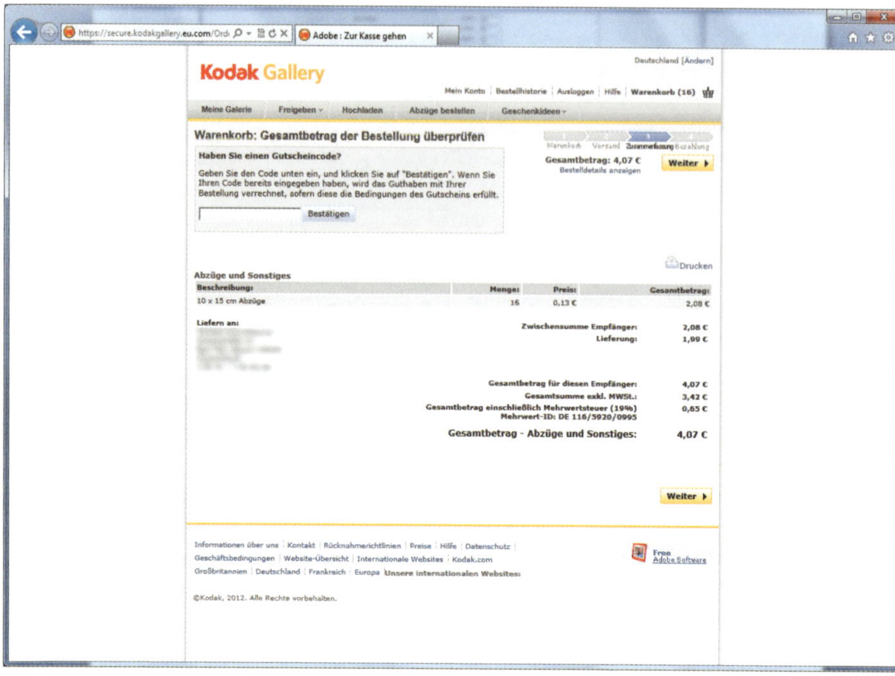

Die Zusammenfassung gibt Ihnen einen Überblick über Ihre Bestellung.

7.8 Fotobücher mit dem CEWE-Editor

Am Beispiel des beliebten Fotobucheditors von CEWE zeigen wir Ihnen, wie Sie im Handumdrehen ein attraktives Fotobuch gestalten. Die komfortable Editorsoftware von CEWE ermöglicht Ihnen sowohl die assistentengestützte als auch die freie Gestaltung Ihres Fotobuchs. Da die Ergebnisse mit dem Assistenten nicht so berauschend ausfallen und aufgrund ihrer Einfachheit auch keiner weiteren Erklärung bedürfen, bringen wir Ihnen die freie Fotobuchgestaltung näher.

7.8.1 CEWE-Editor herunterladen und installieren

Steuern Sie zunächst einmal im Browser die Website von CEWE unter *www.cewe.de* an. Dort angekommen, klicken Sie in der oberen Menüleiste auf den Button *CEWE FOTOBUCH*.

Auf der Homepage von CEWE führt Sie gleich der erste Button oben links zur Fotobücherrubrik.

Im nächsten Bildschirm klicken Sie auf die Schaltfläche *Software-Download.* Auf der sich öffnenden Seite klicken Sie – je nach verwendetem Betriebssystem – auf die Schaltfläche *Download für Windows, Download für Mac* oder *Download für Linux.* Wenn Sie einen Windows-PC verwenden, erscheint nun die Warnmeldung *Möchten Sie ... ausführen oder speichern?.* Klicken Sie auf die Schaltfläche *Ausführen.*

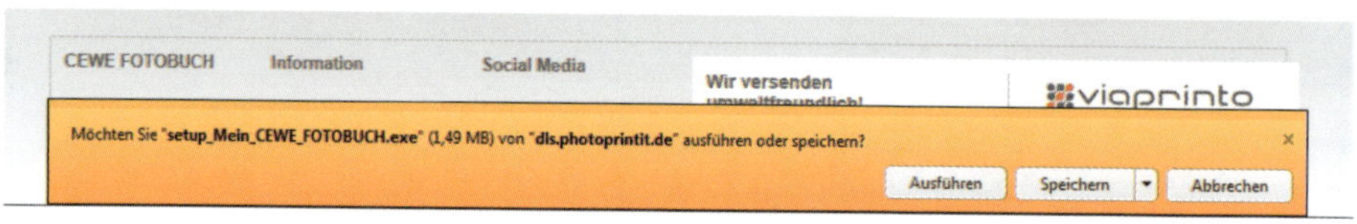

Per Klick auf *Ausführen* veranlassen Sie Ihren Windows-PC, den Software-Download zu starten und anschließend die Installationsroutine aufzurufen.

Anschließend folgen Sie den Anweisungen der Installationsroutine und nehmen die Lizenzbedingungen an. Es folgt ein Download von ca. 150 MByte, der je nach Internetverbindung zwischen drei Minuten und einer Viertelstunde in Anspruch nehmen kann.

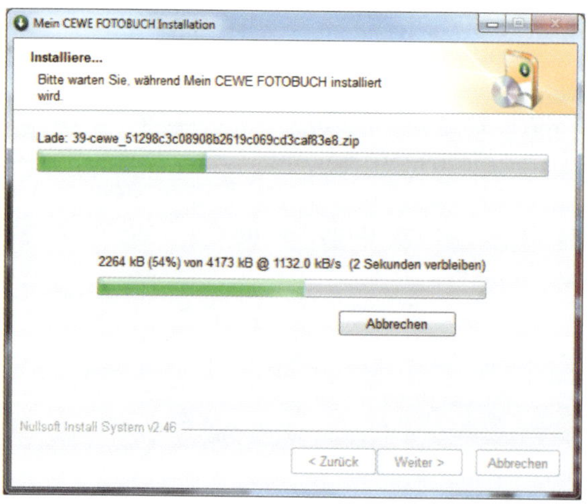

Mit einer schnellen DSL-Verbindung ist das Herunterladen der CEWE-Fotobuchsoftware eine Sache von wenigen Minuten.

Nach Download und Installation erscheint ein Dialog, in dem Sie einstellen können, ob ein Desktopsymbol erstellt und ob die Software gleich gestartet werden soll. Bestätigen Sie mit einem Klick auf *Fertig stellen*, und die Installation ist beendet.

7.8.2 Das richtige Format für Ihr Fotobuch

Sobald Sie die Software per Doppelklick auf das Icon *Mein CEWE FOTOBUCH* gestartet haben, gelangen Sie zunächst in die Formatauswahl. Über die obere Leiste navigieren Sie zu den entsprechenden Unterrubriken:

- *Kleine*: Kleinformatige Fotobücher mit bis zu 98 Seiten. Von *Mini* mit 15 x 11 cm über *Compact Panorama* mit 19 x 15 cm bis hin zu *Quadratisch* mit 21 x 21 cm. Kosten: ab 7,95 Euro.

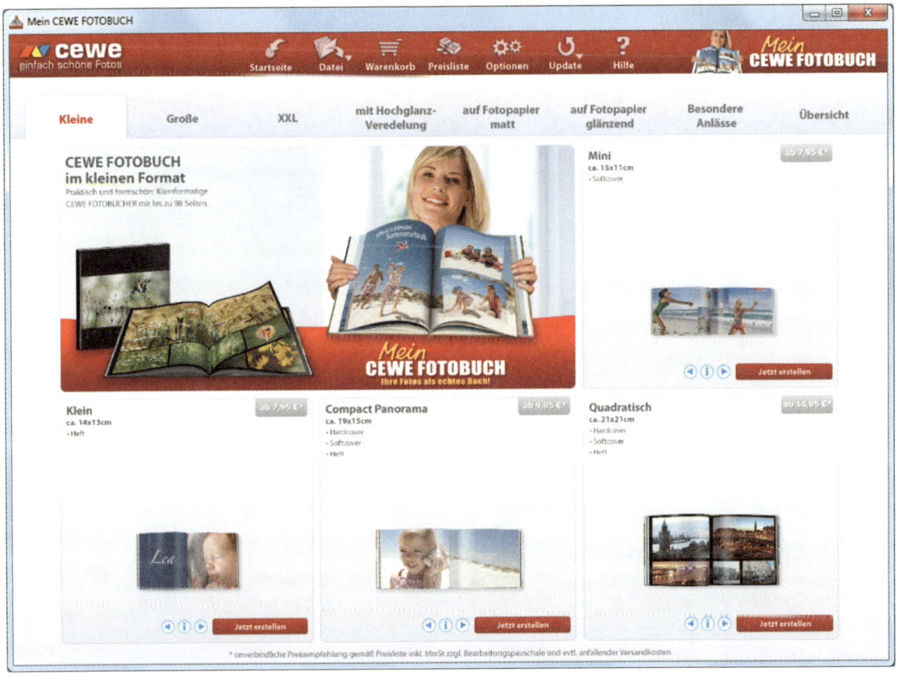

- *Große*: Fotobücher im Großformat ab DIN A4 aufwärts. Mit hochwertigen Einbänden und bis zu 154 Seiten. *Groß*: A4-Hochformat mit 21 x 28 cm. *Groß Panorama*: A4-Querformat (ein sogenanntes Table Top) mit 28 x 21 cm. *XL*: Quadratisches Sonderformat mit 30 x 30 cm. Kosten: ab 15,95 Euro.
- *XXL*: Hier finden Sie die Großformate des CEWE-Repertoires. Aufgeschlagen, messen die riesigen Fotobücher 38 x 29 cm, was in etwa dem A3-Format entspricht. Achtung: Wenn Sie seitenfüllende Fotos abbilden wollen, müssen Sie über entsprechend hochauflösendes Bildmaterial verfügen. Kosten: ab 49,95 Euro.
- *mit Hochglanzveredelung*: Hochglänzend lackierte Seiten für einen glänzenden Bildeindruck. Vorteile: brillante Farben und edle Anmutung. Nachteile: anfällig für Verschmutzungen und Fingerabdrücke sowie stark reflektierend. Fünf Formate, Kosten: ab 21,99 Euro.
- *mit Fotopapier matt/mit Fotopapier glänzend*: Besonders edle Anmutung Ihrer Bilder auf mattem oder glänzendem Fotopapier. Bei der Variante *Matt* kommen die Farben am natürlichsten zur Geltung, und die Gefahr von Fingerabdrücken und anderen

Verschmutzungen ist am geringsten. Die glänzende Variante wirkt brillanter, ist allerdings auch empfindlicher. Kosten: ab 21,95 Euro.

- *Besondere Anlässe*: Hier finden Sie verschiedene Buchformate mit ansprechenden, themenorientierten Designs – zum Beispiel *Sport*, *Kinder*, *Hochzeit* oder *Reisen*. Kosten: ab 18,95 Euro.
- *Übersicht*: Alle Formate und Drucktechniken im Überblick. Links sehen Sie aufsteigend die Größen und rechts daneben die verfügbaren Varianten (Digitaldruck oder Fotopapier). Ein Klick auf das entsprechende Feld wählt das jeweilige Format aus und bringt Sie zum Editor. Seitenzahl und Umschlag legen Sie später im Editor fest.

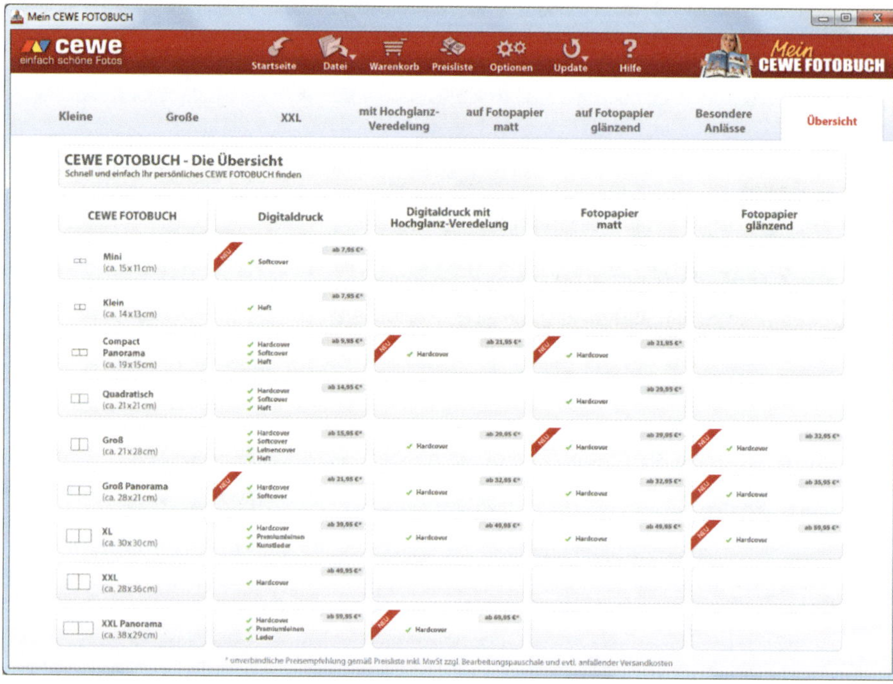

Der CEWE-Editor im Überblick.

Nachdem Sie sich für ein Format entschieden haben, müssen Sie kurz warten, bis der CEWE-Editor geladen ist. Als Erstes wird Ihnen der Willkommensbildschirm mit der Frage *Wie möchten Sie Ihr CEWE Fotobuch gestalten?* präsentiert.

Selbst gestalten oder Assistent?

Die Assistentenfunktion des CEWE-Editors füllt zwar den Fotobuchentwurf schneller mit Bildern auf, doch gestalterisch sind Sie dabei stark eingeschränkt. Auch die Korrektur seltsamer oder nicht nachvollziehbarer Bildanordnungen durch den Assistenten kann unter Umständen mehr Zeit in Anspruch nehmen als eine komplette Neugestaltung. Deshalb sollten Sie sich als ambitionierter Fotobuchdesigner auf die freie Gestaltungsoption verlassen.

Die Option *Vorschlag erstellen* ignorieren Sie (siehe Kasten »Selbst gestalten oder Assistent«) und klicken auf *Leeres Fotobuch öffnen*. Der Dialog verschwindet und gibt den Blick frei auf das Editorfenster von CEWE Fotobuch. Lassen Sie sich von der Vielzahl der Tasten, Menüs und Werkzeuge nicht irritieren – die Gestaltung Ihres Fotobuchs funktioniert mit wenigen Mausklicks.

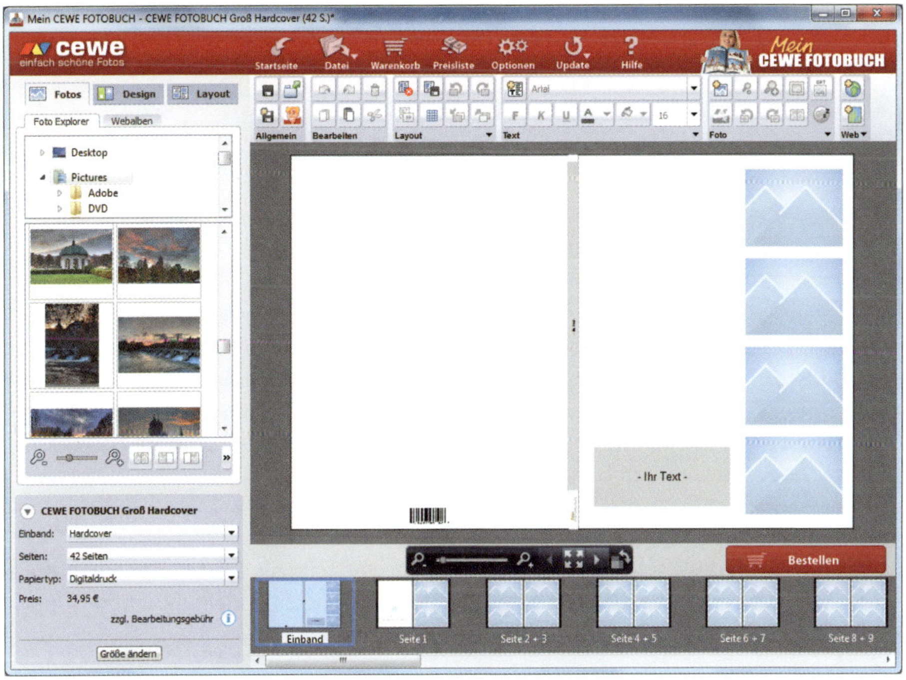

Der Editor *Mein CEWE Fotobuch* direkt nach dem Programmstart.

7.8.3 Die Arbeitsbereiche im CEWE-Editor

Das Programmfenster des Editors teilt sich in sechs große Bereiche auf:

1. Vorschaubereich

Im Vorschaubereich wird Ihnen jeweils eine Doppelseite Ihres Fotobuchs präsentiert. Die blauen Kästen mit den stilisierten Bergspitzen stellen dabei Platzhalter für Ihre Fotos dar. Dabei handelt es sich lediglich um Vorschläge – per Anklicken und einem Druck auf *Entfernen* können Sie diese Platzhalter von den Seiten löschen.

Der Vorschaubereich.

Im unteren Vorschaubereich erkennen Sie die Ansichtsleiste. Mit dem Regler vergrößern respektive verkleinern Sie die Ansicht, während Sie die Taste mit dem Vierfachpfeil zu einer bildschirmfüllenden Seitenansicht führt. Die Taste mit dem Pfeil nach rechts führt zur nächsten Doppelseite, während die Taste ganz rechts außen zum Kippen der Ansicht um 90 Grad dient. Ein Klick auf den großen roten Button *Bestellen* leitet Sie nach Fertigstellung des Fotobuchs zum Bestelldialog weiter.

2. Seitenübersicht

Direkt unterhalb des Vorschaubereichs finden Sie eine schmale Leiste mit Seitenminiaturen. Hier können Sie bequem im gesamten Buch navigieren, indem Sie einen Doppelklick auf die gewünschte Miniatur ausführen.

Die Seitenübersicht.

3. Werkzeugbereich

Oberhalb vom Vorschaubereich befindet sich der Werkzeugbereich, der in folgende Kategorien unterteilt ist: *Allgemein* (Dateiverwaltung), *Bearbeiten* (Kopieren, Ausschneiden, Einfügen, Rückgängig, Löschen), *Layout* (Vorlagen auswählen, Raster, Ebenenverwaltung), *Text* (Schriftart und -format), *Foto* (Bilder einfügen, drehen, skalieren) sowie *Web* (Fotos/Texte aus dem Internet sowie Landkarten importieren).

Der Werkzeugbereich.

4. Organisationsbereich

In der roten Leiste im Fenster ganz oben finden Sie wichtige Befehle wie einen direkten Link zur *Startseite* oder zu *Datei öffnen*, und Sie erhalten direkten Zugriff auf Ihren virtuellen *Warenkorb* und die *Preisliste* von CEWE. In den *Optionen* legen Sie wichtige Programmeinstellungen fest, und per *Update* stellen Sie sicher, dass sich Ihre Software auf dem neuesten Stand befindet.

Der Organisationsbereich.

5. Datei- und Vorlagenbereich

Im Programmfenster links außen genießen Sie direkten Zugriff auf Ihre Bilddateien, indem Sie den *Foto Explorer* in der Rubrik *Fotos* verwenden. Mit dem Regler ganz unten stellen Sie die Miniaturengröße ganz nach eigenen Wünschen ein. Die Miniaturen lassen sich bequem per Drag-and-drop auf die Buchseiten ziehen.

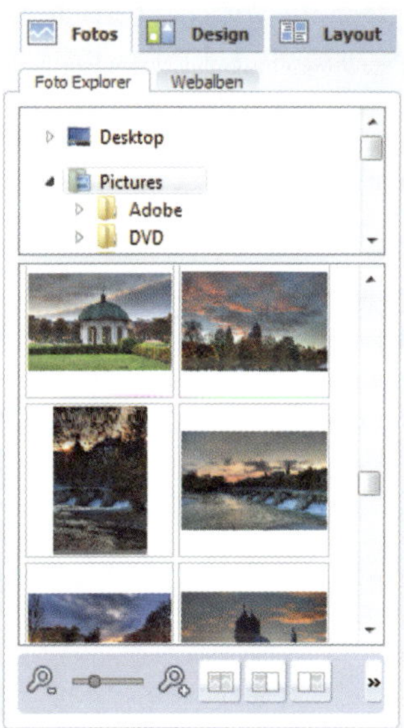

Der Datei- und Vorlagenbereich.

In der Rubrik *Design* können Sie auf Hintergründe und Cliparts zugreifen, um die Seiten Ihres Fotobuchs damit auszuschmücken. Tipp: Per *Mehr herunterladen* genießen Sie Zugriff auf Hunderte kostenloser Hintergründe und Clipartbilder.

Last, but not least finden Sie im Vorlagenbereich noch die Rubrik *Layout*, die vordefinierte Seitenlayouts sowie Passepartouts zum Einrahmen Ihrer Fotos bereithält.

6. Buchbereich

Links unten befindet sich der Buchbereich, in dem Sie die Einbandvariante (Hard-, Soft- oder Leinencover sowie Heft), die Seitenzahl und den Papiertyp (Fotopapier oder Digitaldruck) festlegen. Daraus errechnet sich auch der Preis für ein Exemplar Ihres Fotobuchs, der ganz unten links angezeigt und bei jeder Variation angepasst wird.

Der Buchbereich.

7.8.4 Besonderer Blickfang: die Umschlagseite

Nachdem Sie sich nun mit der Oberfläche des CEWE-Editors vertraut gemacht haben, können Sie auch schon loslegen und Ihr erstes eigenes Fotobuch gestalten. Dabei kommt der Umschlagseite besondere Bedeutung zu, denn sie ist sozusagen die »Visitenkarte« Ihres Fotobuchs, da der Blick des Betrachters zuerst darauf fällt.

1. Erste Schritte im Editor

Nach dem Start des Editors prangt bereits die Umschlagseite im Vorschaubereich des Editors. Dabei handelt es sich um die letzte Buchseite (Fachjargon: U4 für »Umschlag 4«) im linken und die Titelseite (U1 für »Umschlag 1«) im rechten Bereich, getrennt vom schmalen Buchrücken in der Mitte. Wenn Sie unterhalb des Vorschaubereichs auf den Button mit dem Vierfachpfeil klicken, wird eine bildschirmfüllende Vorschau der noch jungfräulichen Einbandseite angezeigt.

Die (noch) leere Einbandseite in der Vorschauansicht. Der Barcode links unten ist ein fixes Element, das nicht entfernt werden kann.

Schließen Sie das große Vorschaufenster mit einem Druck auf die [Esc]-Taste und begutachten Sie die Titelseite rechts. Standardmäßig befinden sich hier vier Platzhalter für Bilder auf der rechten Seitenhälfte sowie ein Textfenster für den Titel auf der Titelseite links unten.

2. Den Buchtitel anlegen

Klicken Sie in den grauen Kasten mit der Aufschrift *Mein Text*, und schon schaltet der Editor in den Bearbeitungsmodus um und erlaubt die Texteingabe. Nun können Sie den Buchtitel eingeben – im Beispiel *Himmlische Aussichten.*

Tipp: Mit zwei oder drei Linksklicks auf das Lupensymbol unterhalb des Vorschaubereichs holen Sie den Textkasten so nah heran, dass er sehr gut les- und editierbar wird.

In der Standardschriftart Arial und der Größe 12 Punkt wirkt der Text nur wenig wie ein Buchtitel – da muss ein schönerer Schriftschnitt in einer standesgemäßen Größe her! Mithilfe der Werkzeuge aus der Sektion *Text* wählen Sie eine alternative Schriftart (im Beispiel Gill Sans Ultra Bold) und erhöhen die Schriftgröße auf 30 bis 40 Punkt. Nach getaner Arbeit verlassen den Textmodus, indem Sie mit dem Mauspfeil auf eine freie Stelle im Buch klicken.

Den Buchtitel setzen Sie mithilfe der Textwerkzeuge in einer ansprechenden Schriftart und adäquater Größe.

3. Titelbilder integrieren

Die vier Platzhalter der Titelseite können Sie nun mit eigenen Bildern füllen, indem Sie im Dateibereich links in der Sektion *Fotos* auf die Registerkarte *Foto Explorer* klicken und den gewünschten Bilderordner auf der Festplatte auswählen. Nach einer kurzen Wartezeit füllt sich der Vorschaubereich mit Miniaturen der im Verzeichnis enthaltenen Bilddateien.

Titelbilder auswählen.

Tipp: Mit dem Regler ganz unten links können Sie die Größe der Miniaturen variieren.

Klicken Sie nun auf die Bildminiatur Ihrer Wahl, halten Sie die Maustaste gedrückt und ziehen Sie die Miniatur über den obersten Platzhalter auf der Titelseite, wo Sie die Maustaste wieder loslassen. Schon erscheint anstelle des Platzhaltersymbols an dieser Stelle das entsprechende Bild.

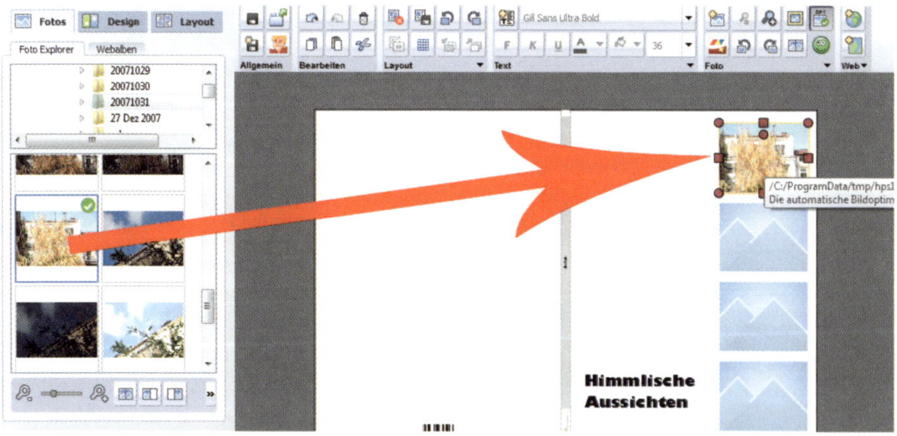

Bilder lassen sich per Drag-and-drop ganz einfach aus dem Dateibereich in einen Platzhalter auf der Buchseite ziehen.

Auf diese Weise füllen Sie nun die drei verbleibenden Platzhalter mit Fotos Ihrer Wahl. Damit ist die Titelseite gemäß der CEWE-Vorlage vollendet – ganz nett, doch wie ein richtig gutes Buch sieht das nicht aus.

Die Titelseite gemäß der Standardvorlage des Editors kann nicht so recht überzeugen.

4. Titelvorlage variieren

Vier kleine Bilder am rechten Rand eignen sich vielleicht für eine Rückseite – einer Titelseite sind sie nicht würdig. Aus diesem Grund verschieben Sie das Bildquartett flugs auf die Rückseite des Buchs. Ziehen Sie bei gedrückt gehaltener Maustaste einen Rahmen um alle vier Bilder auf, sodass diese durch einen gemeinsamen orangefarbenen Rahmen markiert werden. Dann bewegen Sie den Mauspfeil genau über den Rand des Rahmens, sodass er sich in einen Vierfachpfeil verwandelt. Nun halten Sie die linke Maustaste gedrückt und verschieben die Bilderreihe an den rechten Rand der Rückseite.

Gemeinsam markierte Bilderserien lassen sich durch Klickziehen des orangefarbenen Rands gemeinsam verschieben.

Nun markieren Sie im Foto Explorer das schönste Bild aus Ihrer Serie mit einem Linksklick und wählen in der Symbolleiste rechts neben dem Vergrößerungsregler die Option *Foto als Hintergrund auf beiden Seiten.*

Foto als Hintergrund auf beiden Seiten verwenden.

Schon werden Vorder- und Rückseite des Buchs formatfüllend mit dem ausgewählten Bild gefüllt. Das sieht schon wesentlich anspruchsvoller aus als die Standardversion.

Mit formatfüllendem Hintergrundbild gewinnt der Einband deutlich an Attraktivität.

Nun sitzt jedoch der Titeltext an der falschen Stelle und ist gegen den Hintergrund kaum mehr sichtbar. Aus diesem Grund klicken Sie das Textfenster an und verschieben es bei gedrückt gehaltener linker Maustaste nach oben. Auch hierbei müssen Sie mit dem Mauszeiger den orangefarbenen Rahmen treffen, um den Vierfachpfeil zum Verschieben zu aktivieren.

Den Titeltext an die vorgesehene Stelle schieben.

5. Überschrift anpassen

Durch die Änderung der Position wirkt die Überschrift nun ein wenig zu zierlich. Deshalb ziehen Sie den Textkasten ein wenig größer, indem Sie den rechten unteren Eckpunkt bei gedrückt gehaltener linker Maustaste verschieben. Dann markieren Sie den Titeltext und erhöhen die Schriftgröße auf 48 Punkt.

Einen hübschen dynamischen Effekt erzielen Sie, wenn Sie nach dem oberen Wort *Himmlische* mit der [Enter]-Taste einen harten Zeilenumbruch einfügen und vor das untere Wort *Aussichten* ein paar Leerzeichen setzen.

Die vergrößerte Überschrift gewinnt durch einen Versatz der beiden Wörter deutlich an Dynamik.

6. Autorenzeile einfügen

Zu einem anständigen Buchtitel gehört auch eine Zeile mit dem Namen des Autors respektive des Fotografen. Um einen neuen Textkasten zu kreieren, klicken Sie auf die Schaltfläche *Neuer Text* direkt links neben dem Schriftart-Pull-down-Menü und ziehen bei gedrückt gehaltener Maustaste einen Rahmen auf. Da Schriftart und -größe des letzten Textkastens übernommen werden, fallen die Buchstaben nun viel zu groß aus. Verringern Sie die Schriftgröße auf 20 Punkt und wählen Sie einen weniger fetten Schriftschnitt. Nach Eingabe des Texts *Ein Fotobuch von Max Mustermann* verschieben Sie den

Kasten ein wenig nach links, sodass die Einrückung mit jener der Überschrift korrespondiert.

Mit dem Werkzeug *Neuer Text* erzeugen Sie einen Textkasten für die Autorenzeilen.

Mehr Dynamik mit gedrehtem Text

Sobald Sie einen Textkasten ausgewählt haben, erscheint unterhalb des oberen mittleren Bearbeitungspunkts ein roter Kreis. Ein Linksklick darauf verwandelt den Mauscursor in einen gebogenen Doppelpfeil, mit dem Sie den Kasten bei gedrückt gehaltener Maustaste drehen können. Auf diese Weise können Sie beispielsweise einen Text an der Schräge des Gebäudes im Beispielbild ausrichten.

7. Bildrahmen intensivieren

Aufgrund ihrer Ähnlichkeit mit dem Hintergrundbild heben sich die vier Fotos auf der Rückseite nicht genug ab. Deshalb markieren Sie ein Bild per Mausklick und aktivieren in der Werkzeugleiste die Funktion *Rahmen und Schatten um das Foto bearbeiten.*

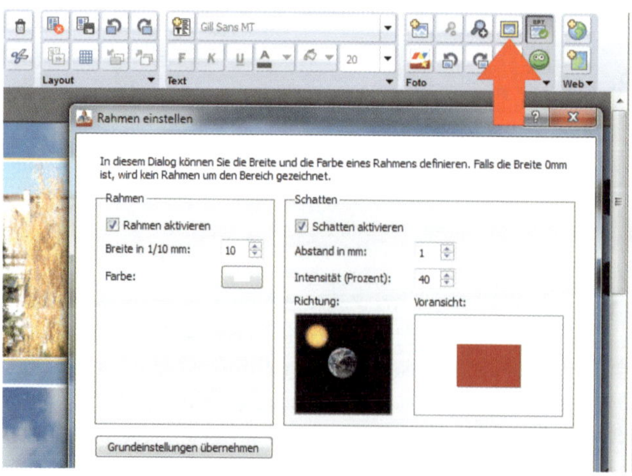

Mit einem Klick auf das Rahmensymbol in der Rubrik *Foto* holen Sie den Dialog *Rahmen einstellen* auf den Bildschirm.

Im Dialogfenster *Rahmen einstellen* setzen Sie ein Häkchen neben dem Kontrollkästchen *Rahmen aktivieren*, erhöhen die *Breite in 1/10 mm* auf *10* (entspricht einem Zentimeter) und wählen unter *Farbe* Weiß aus. Weiter unten im Feld *Änderungen übernehmen für* aktivieren Sie die Option *Alle Fotos auf dieser Doppelseite* und bestätigen die Änderungen mit einem finalen Klick auf *OK*. Dank der relativ dicken weißen Umrandung heben sich die vier Bilder auf der Rückseite nun deutlich vom Hintergrundbild ab.

Dicke weiße Rahmen sorgen dafür, dass sich die kleinen Bilder auf der Rückseite deutlich vom Hintergrund abheben.

8. Buchrücken und Rückentext integrieren

Fehlen noch die Beschriftung des Buchrückens sowie ein Text für die Buchrückseite. Klicken Sie einfach auf die Wörter – *Ihr Text* – im Buchrücken, um den Titel eingeben zu können. Setzen Sie drei bis vier Leerzeichen vor den Namen des Autors und fügen Sie anschließend ein paar Tabs bis zur Buchmitte ein, um dort den Titel einzugeben. Nach weiteren Tabs folgt am rechten (in der Ansicht oberen) Rand des Buchrückens der imaginäre »Muster Verlag«. Damit sich der Buchrücken und die darauf enthaltene Schrift deutlich vom Rest der Umschlagseite abheben, markieren Sie den Buchrücken per Mausklick, öffnen das Farbauswahlfeld und wählen ein sattes Orange als Hintergrundfarbe für das Textfeld. Das Orange bildet einen interessanten Komplementärkontrast zum Blau des Himmels.

Der Buchrücken wird mithilfe des Farbeimerwerkzeugs orange eingefärbt.

Bleibt nur noch die Beschriftung der hinteren Umschlagseite. Hier bietet sich oben links – sozusagen in den Wolken – ein passendes Zitat an. Dazu haben wir ganz einfach die Worte *himmlisch* und *Zitat* gegoogelt und sind unter *zitate.net* auf diesen schönen Ausspruch von Johann Wolfgang von Goethe gestoßen: »Welch eine himmlische Empfindung ist es, seinem Herzen zu folgen.« Dieser Text wurde in der Schreibschrift Segoe Script mit einer Größe von 20 Punkt gesetzt, während darunter der Name des Verfassers in der Gill Sans mit 16 Punkt rechtsbündig angeordnet wurde.

Das passende Zitat zum Buch haben wir gegoogelt.

Im unteren Bereich der Rückseite finden noch ein paar inhaltliche Angaben unterhalb des Autorennamens und des Buchtitels Platz. Damit ist die Umschlagseite vollendet und kann sich wirklich sehen lassen!

Der fertige Einband sieht bedeutend besser aus als die ursprüngliche Standardvorlage.

7.8.5 Gestaltung der Buchinnenseiten

Nachdem Titel- und Rückseite vollendet sind, können Sie sich an die Gestaltung der Innenseiten machen. Da diese weniger komplex aufgebaut sind als der Einband, gehen sie deutlich schneller von der Hand.

1. Schmutztitel anlegen

Die erste Seite eines Buchs wird gemeinhin als Schmutztitel bezeichnet. Hier finden sich entweder ganz schlicht Titel und Autor der Werks oder auch eine Wiederholung der Titelseite. Letzteres ist interessanter, sodass Sie das zuvor verwendete Titelbild im Foto Explorer auswählen und unten rechts auf den Button *Foto als Hintergrund rechts* klicken. Die beiden Platzhalter über der Seite sind störend; klicken Sie diese also an und tilgen Sie sie mit der [Entf]-Taste von der Seite. Anschließend verschieben Sie das Bild bei gedrückt gehaltener Maustaste ein wenig nach rechts, damit mehr Himmel auf die Seite kommt.

Die Rückseite des Titels (links) ist standardmäßig für die Bearbeitung gesperrt. Auf Seite 1, dem Schmutztitel, wird das Motiv von der Titelseite wiederholt.

Titel- und Autorenzeilen holen Sie sich ganz einfach von der Titelseite: Markieren Sie dort die entsprechenden Textkästen, klicken Sie mit dem Mauszeiger auf den orangefarbenen Rand des Kastens und nutzen Sie die Tastenkombination [Strg]+[C], um den Kasten in die Zwischenablage zu kopieren. Dann wechseln Sie zur Schmutztitelseite und fügen den Kasten per [Strg]+[V] dort ein. Mithilfe der Cursortasten der Tastatur positionieren Sie die Textkästen exakt im oberen linken Drittel der Seite.

Die Textelemente für die erste Seite kopieren Sie einfach von der Titelseite des Fotobuchs.

Der fertige Schmutztitel, der die Gestaltungselemente der Titelseite aufnimmt, kann sich sehen lassen.

2. Aufmacherseiten vorbereiten

In der Regel wird ein Bildband wie ein Sachbuch oder ein Roman in mehrere Kapitel unterteilt. Auch bei einem Fotobuch ist eine solche Unterteilung sinnvoll. Ein neues Kapitel wird am besten von einer Aufmacherseite eingeleitet, die den Leser auf das Nachfolgende einstimmt. Dazu wechseln Sie in der Miniaturansicht unten zunächst auf die Doppelseite mit der Bezeichnung *Seite 2 + 3*. Ziehen Sie einen Rahmen um die vier Platzhalter auf, um sie mit der [Entf]-Taste zu löschen.

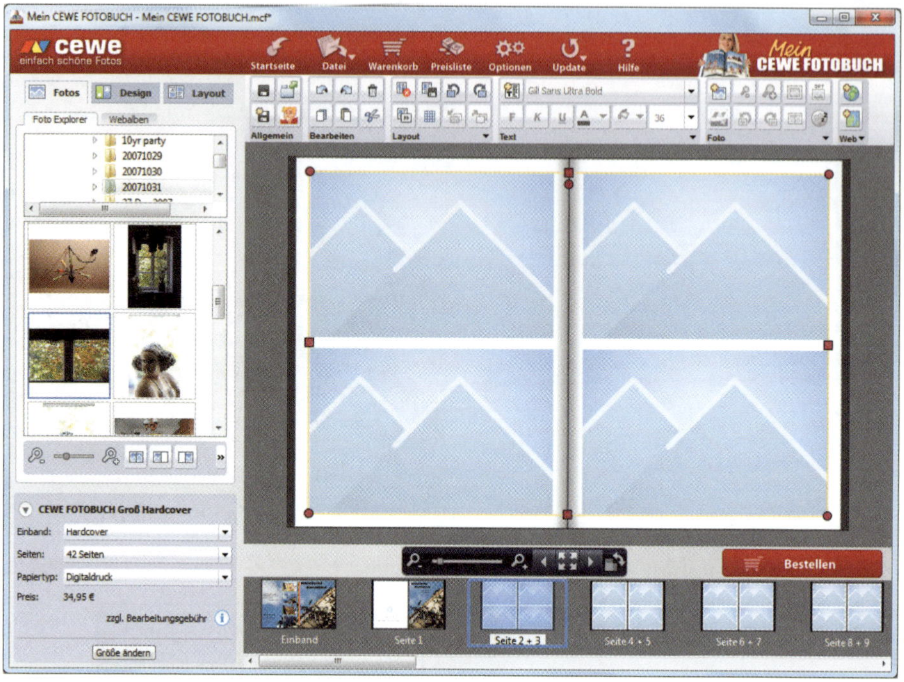

Seite 2 + 3 soll ein Aufmachermotiv zieren. Dazu entfernen Sie zunächst einmal die vier Platzhalter.

Anschließend markieren Sie im Foto Explorer das gewünschte Motiv für die Aufmacherseite und klicken auf *Foto als Hintergrund auf beide Seiten*. Für das Beispiel haben wir ein besonders plakatives Motiv ausgesucht, das das Motto »Draußen ist die Welt viel bunter« anschaulich illustriert: ein Blick durch das Fenster eines dunklen Raums hinaus in die herbstliche Pracht der Natur. Die strikte Zweiteilung des Fotos durch die beiden Fenster und der obere schwarze Bereich, in den sich hervorragend eine Kapitelüberschrift einfügen lässt, machen die Aufnahme wie geschaffen für einen doppelseitigen Aufmacher. Diese Bildanordnung, bei der ein Motiv bis zu den Seitenrändern reicht, nennt man im Fachjargon »abfallend«.

Ein interessantes Motiv für einen doppelseitigen Aufmacher – und der schwarze Rand oben lädt zum Beschriften ein.

Für die Überschrift ziehen Sie nun einen neuen Textkasten über die gesamte Doppelseite hinweg auf. Innerhalb des schwarzen Bereichs geben Sie mit großer Schriftgröße (im Beispiel 72 Punkt) das erste Wort *Draußen* ein und mit kleinerer Größe (28 Punkt) die restlichen Wörter *ist die Welt viel bunter*. Durch Leerzeichen zwischen *Draußen* und *ist* richten Sie die Lettern so aus, dass sich in der Mitte ein deutlicher Abstand ergibt und sich die Textpassagen damit auf zwei Seiten verteilen.

Die fertige Aufmacherseite weckt das Interesse des Betrachters und lädt zum Weiterblättern ein.

Mit Schriftfarben spielen

Mit dem Werkzeug *Textfarbe festlegen* (dem Button mit dem unterstrichenen A) können Sie aus den weißen Lettern blitzschnell farbige Buchstaben machen, die mit den Bildinhalten korrespondieren. Dabei sind Sie nicht auf die Handvoll Farben aus dem Pull-down-Menü angewiesen, sondern können per *Farbe wählen* aus dem Vollen schöpfen. Im Beispiel wurde der Text auf der linken Seite orange eingefärbt und rechts grün – passend zum Herbstlaub auf dem Foto.

3. Bilderseiten auffüllen

Der Rest des Fotobuchs wird mit Bilderseiten aufgefüllt, unterbrochen von Aufmacherseiten für neue Kapitel/Abschnitte. Diese werden so gestaltet, wie nachfolgend beschrieben:

- Klicken Sie die nächste Doppelseitenminiatur an (im Beispiel *Seite 4 + 5*).
- Im Programmfenster links oben wechseln Sie auf die Registerkarte *Layout*.
- Als Unterrubrik wählen Sie *Seitenlayout*.
- Entscheiden Sie sich für eine Layoutvariante (1, 2, 3, 4 Foto(s) pro Seite oder mehr).
- Ziehen Sie die gewünschte Layoutvorlage aus dem Vorschaubereich über die Buchseite(n) oder nutzen Sie die quadratischen Buttons unterhalb des Vorschaubereichs, um die ausgewählte Vorlage auf die Doppelseite, die rechte Seite oder die linke Seite anzuwenden.
- Wechseln Sie zurück zur Kategorie *Fotos* und ziehen Sie die gewünschten Bilddateien aus dem Foto Explorer über die Platzhalter der Layoutvorlagen.

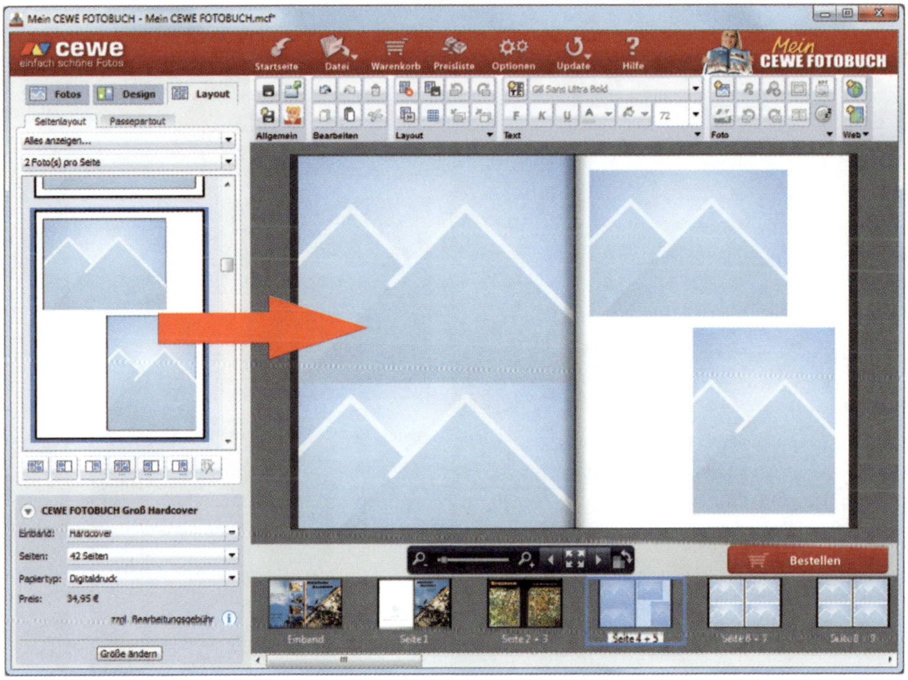

Mithilfe der vielfältigen Layoutvorlagen lassen sich die Innenseiten blitzschnell gestalten.

Sobald Sie eine Bilddatei in einen Platzhalter gezogen haben, können Sie per gedrückt gehaltener Maustaste den Bildausschnitt frei anpassen. Die Bildgröße innerhalb des Rahmens wird vom Editor automatisch festgelegt. Um den Bildausschnitt manuell zu verändern, verwenden Sie das Werkzeug *Ins Foto zoomen* aus der Werkzeugleistenrubrik *Foto*. Tipp: Hinein- und Herauszoomen funktioniert auch mit dem Mausrad.

Mit den Lupentasten in der Sektion *Foto* können Sie den Bildausschnitt frei anpassen. Das funktioniert auch mit dem Mausrad.

4. Hintergründe variieren

Bei den Innenseiten sind Sie nicht auf weiße Hintergründe festgelegt – der Editor enthält jede Menge vordefinierter Hintergrundgrafiken für jeden Zweck. Wechseln Sie im Editorfenster links oben zur Registerkarte *Design* und dort zur Unterrubrik *Hintergrund*. Das Pull-down-Menü bietet jede Menge themenorientierter Hintergründe – von der Hochzeit über Sport bis hin zum Jubiläum. Besonders praktisch ist das Thema *Multicolor*. Dieses enthält ansprechende Strukturen, die Sie mit einem Klick in die Farbleiste an die Farbtonalität Ihrer Bilder anpassen können.

Farblich passende Hintergrundstrukturen finden Sie im Themenbereich *Multicolor*. Die Hintergründe werden einfach per Drag-and-drop aus dem Vorschaubereich über die jeweilige Buchseite gezogen.

Noch mehr Hintergründe

Der große rote Button *Mehr herunterladen* hat es in sich: Dieser gewährt Ihnen den direkten Zugriff auf die riesige Bibliothek an Hintergründen, Cliparts und Rahmen auf dem CEWE-Server. Im dazugehörigen Dialog können Sie mit einem Klick auf *Vorschau der Inhalte* das Material begutachten, per *Installieren* vom Server herunterladen und dann in Ihren eigenen Publikationen verwenden.

5. Clipartgrafiken einbauen

Zum Ausschmücken von leeren Seitenbereichen sind Cliparts hervorragend geeignet. Dabei handelt es sich um kleine, themenorientierte Grafiken, die Sie auf der *Design*-Registerkarte unter *Clipart* finden. Auch diese Grafiken wurden per Pull-down-Menü thematisch vorsortiert – in Rubriken wie *Baby*, *Blumen*, *Ostern* oder *Weihnachten*.

Tipp: Das Clipartarchiv können Sie wie die Hintergründe mit einem Klick auf *Mehr herunterladen* beliebig erweitern.

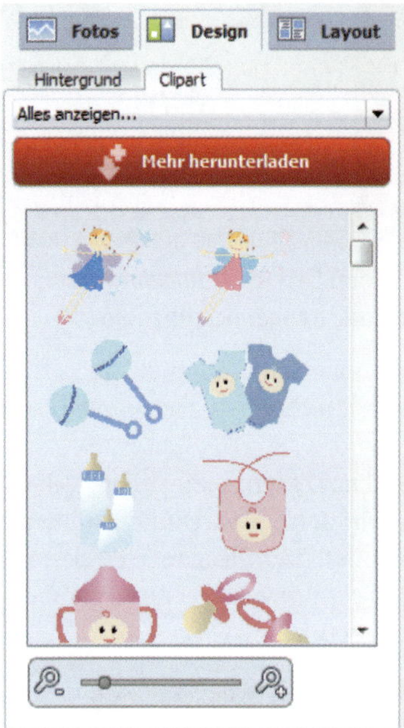

Mehr Cliparts herunterladen.

Im Beispiel haben wir in der Kategorie *Urlaub* einen farblich perfekt zu den Fotos passenden Krebs aufgespürt, den wir zur Illustration in die untere rechte Seitenecke gezogen haben. Wie Hintergründe, lassen sich auch Cliparts per Drag-and-drop aus dem Vorschaubereich über die gewünschte Position auf der Seite ziehen.

In der Clipartbibliothek des Editors findet sich meist die passende Grafik zur Abrundung einer Bilderseite.

Die fertige Bilderseite mit Layoutvorlage, Hintergrund, Textkasten und Clipart.

Auf diese Weise füllen Sie alle Seiten mit Ihren Fotos und lockern das Buch zwischendurch mit Aufmacherseiten auf.

Tipp: Vergessen Sie nicht, zwischenzuspeichern, indem Sie häufig auf das Diskettensymbol in der Werkzeugleistenrubrik *Allgemein* klicken – ein Datenverlust nach mehreren fertig gestalteten Doppelseiten kann sehr schmerzhaft sein.

7.8.6 Der Bestellvorgang von A bis Z

Sobald Sie Ihr Werk vollendet haben, klicken Sie auf den großen roten Button *Bestellen* rechts unterhalb des Vorschaubereichs. Daraufhin erscheint ein kleiner Dialog, in dem Sie auswählen können, ob Sie das Projekt speichern und in den Warenkorb legen möchten (empfohlen) oder es nur in den Warenkorb befördern wollen.

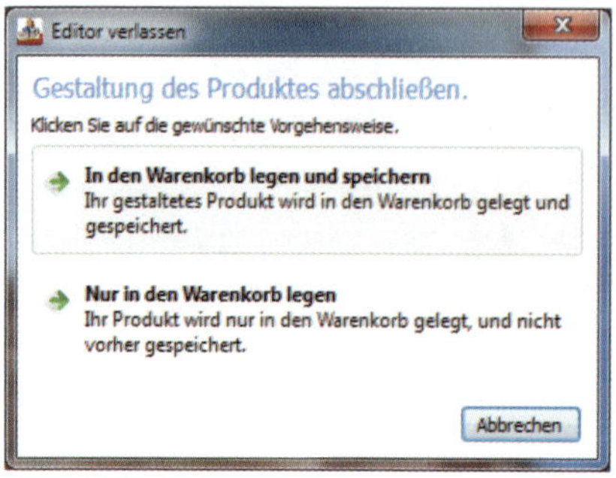

Gestaltung des Projekts abschließen.

Daraufhin gelangen Sie in eine große Liste mit Handelspartnern von CEWE. Wenn Sie beispielsweise oft bei REWE oder in einem der dm-Drogeriemärkte einkaufen, können Sie Ihr Fotobuch dorthin liefern lassen und persönlich abholen. Im Beispiel entscheiden wir uns für den Onlineversand über Amazon. Ein Klick auf *OK* schließt den Handelspartnerdialog.

Indem Sie einen dafür geeigneten Handelspartner auswählen, können Sie beispielsweise Ihr Fotobuch an der Supermarktkasse in Empfang nehmen.

Im nächsten Dialog erhalten Sie eine Übersicht über Ihre Bestellung sowie den Preis zuzüglich Versand. Im Feld *Anzahl* geben Sie an, wie viele Exemplare Ihres Werks Sie bestellen wollen. Der Endpreis wird dann automatisch aktualisiert. Im Beispiel kommt ein Exemplar auf 34,95 Euro, und wir ordern drei Stück, wodurch sich ein Gesamtpreis von 104,85 Euro plus 4,49 Euro für den Postversand ergibt.

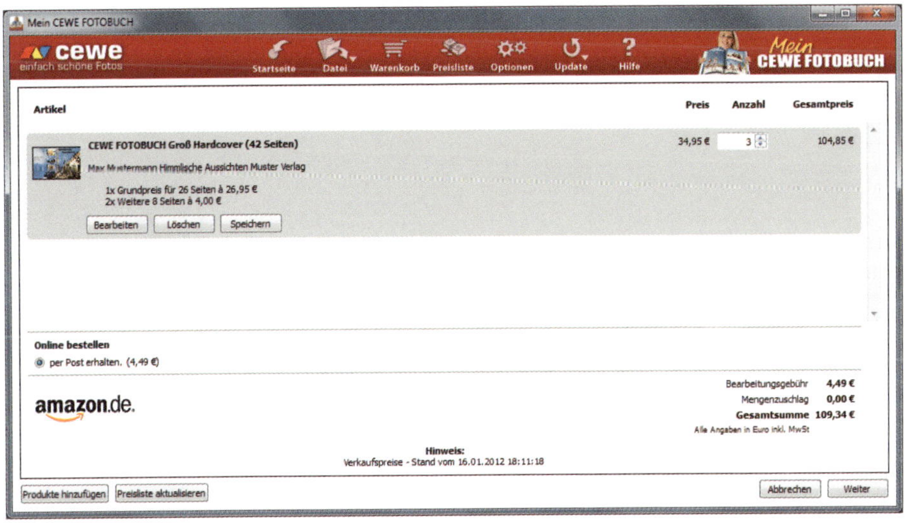

In der Zusammenfassung der Bestellung geben Sie die gewünschte Anzahl der Exemplare vor.

Nachfolgend authentifizieren Sie sich mit Ihrer E-Mail-Adresse und Ihrem Passwort oder melden sich als Neukunde an. Im nächsten Bildschirm überprüfen Sie die Versandadresse, gefolgt von der gewünschten Zahlungsart.

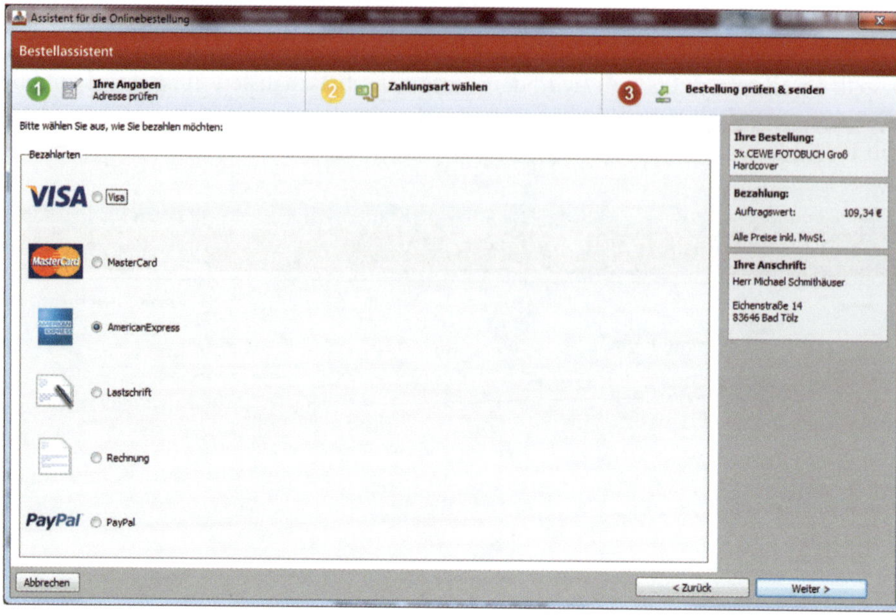

Der Bestellassistent bietet sechs Zahlungsarten an – von der Kreditkarte über die Lastschrift bis hin zur PayPal-Abbuchung.

Im nächsten Bildschirm folgt nochmals eine finale Zusammenfassung zur Überprüfung. Anschließend geben Sie die Zahlungsdaten ein und bestätigen die Bestellung. Nachdem alle Bilder auf den CEWE-Server übertragen wurden, dürfen Sie sich zum angegebenen Termin auf Ihr Fotobuch freuen!

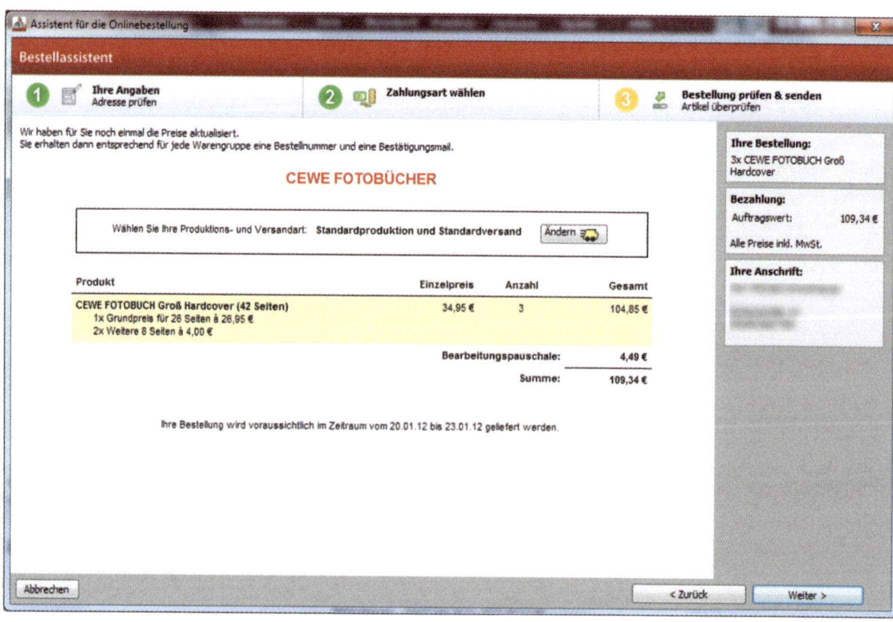

Im finalen Bestellbildschirm sollten Sie noch mal alle Daten gewissenhaft überprüfen.

7.9 Fotobücher mit Photoshop Elements gestalten

Adobe Photoshop Elements ist mit seinen vielfältigen Gestaltungsfunktionen die perfekte Alternative zu herkömmlichen Fotobucheditoren. In diesem Bildbearbeitungsprogramm können Sie die einzelnen Seiten Ihres Buchs entweder völlig frei gestalten oder auf den komfortablen Bildbandassistenten zurückgreifen. Die Einzelseiten werden am Ende exportiert und in einen Fotobucheditor Ihrer Wahl geladen. Auch beim Aufbereiten, Korrigieren und Verschönern Ihrer Digitalfotos leistet Ihnen Photoshop Elements wertvolle Hilfe. Machen Sie aus Ihren schönsten Fotos echte Meisterwerke, bevor Sie sie in die Fotobuchseiten integrieren!

Alle nachfolgenden Beispiele sind mit der Version 10 von Photoshop Elements entstanden. Eine kostenlose, vier Wochen lang uneingeschränkt lauffähige Testversion erhalten Sie auf der Adobe-Website unter *www.adobe.de.*

Mit Photoshop Elements korrigieren Sie nicht nur Bildfehler, sondern fertigen auch effektvolle Collagen und Bildkompositionen für Ihre Fotobuchseiten an.

7.9.1 Collagen für attraktive Aufmacherseiten

Sie wollen Ihre Fotobuchaufmacherseiten mit ganz besonderen Motiven aufwerten? Dann sollten Sie unbedingt die Spezialeffekte von Photoshop Elements ausprobieren. Damit lassen Sie beispielsweise ein Motiv keck aus dem Bildrahmen herausragen, machen aus einem Querformatfoto ein hochformatiges Aufmacherbild für eine Fotobuchseite oder tauschen Bildhintergründe gegen effektvolle Muster aus.

Ganz besonders effektvolle Aufmacherseiten für Ihr Fotobuch gestalten Sie mit dem Assistenten *Bilderstapel* aus der Rubrik *Fotospiel.* Damit teilen Sie ein einzelnes Bild in vier, acht oder zwölf Fotoabzüge auf, die Photoshop Elements zufällig verteilt und übereinanderstapelt. Das Ergebnis kann sich wirklich sehen lassen!

Vorher: Ein ganz normales Urlaubsfoto, entstanden an der felsigen Küste des Atlantik nahe Kapstadt.

Nachher: Der Assistent *Bilderstapel* erzeugt vollautomatisch eine Collage aus übereinandergestapelten Fotoabzügen.

1. Assistent Bilderstapel aufrufen

Öffnen Sie die Registerkarte *Bearbeiten/Assistent* und wechseln Sie in die Kategorie *Fotospiel*. Nach einem Klick auf *Bilderstapel* füllt sich der rechte Assistentenbereich mit verschiedenen Optionen zur Steuerung des Effekts.

Der Assistent *Bilderstapel* ist in der Kategorie *Fotospiel* zu finden.

2. Anzahl der Fotos festlegen

Im mittleren Menübereich stellen Sie per Mausklick ein, ob die Collage aus 4, 8 oder 12 Bildern bestehen soll. Für das Beispiel haben wir die Option *8 Bilder* gewählt. Nach dem Klick müssen Sie sich einige Sekunden gedulden, da Photoshop Elements das Bild in acht unterschiedlich große Segmente unterteilt und diese für einen 3-D-Look gegeneinander verdreht sowie mit Rahmen und Schatten versieht.

Ein Klick auf das gewünschte Symbol unter *Anzahl der Bilder auswählen* genügt, und schon erstellt Photoshop Elements automatisch eine effektvolle Collage.

3. Bildränder definieren

In der Sektion *Rahmenbreite ändern* legen Sie fest, ob die weißen Bildränder der einzelnen Abzüge *Klein*, *Mittel* oder *Groß* ausfallen sollen. Für das Beispiel haben wir die goldene Mitte gewählt.

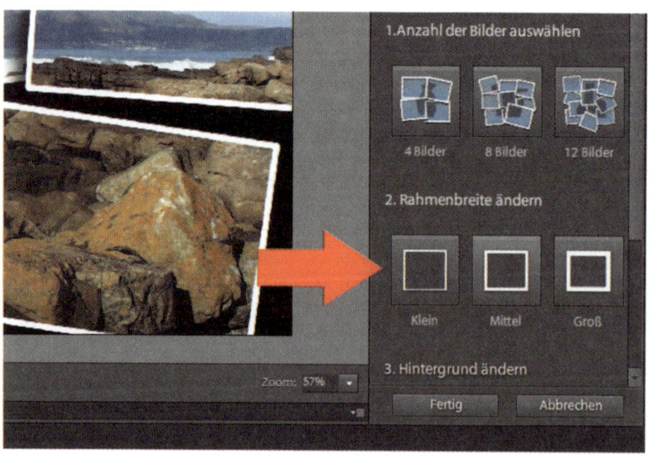

Ein Klick auf das Symbol *Mittel* unter *Rahmenbreite ändern* gestaltet die weißen Bilderrahmen ein wenig dicker, was den Effekt zusätzlich verstärkt.

4. Hintergrund festlegen

Zu guter Letzt versehen Sie die Collage noch mit einem attraktiven Hintergrund. Scrollen Sie im Assistentenmenü ein wenig nach unten und entscheiden Sie sich unter *Hin-*

tergrund ändern für einen Farbverlauf oder einen einfarbigen Hintergrund. Im Beispiel wurde die Option *Verlauf* mit den Standardeinstellungen verwendet, was einen radialen Verlauf von Hell- nach Dunkelgrau hinter der Collage erzeugte.

Mit der Option *Hintergrund ändern* versehen Sie Ihre Collage zum Abschluss mit einem interessanten Farbverlaufshintergrund.

7.9.2 Motive aus dem Bild herausragen lassen

Unter einem Out-of-Bounds-Effekt versteht man das »Herausragen« bestimmter Bildteile aus dem eigentlichen Fotorahmen. Damit lassen sich spektakuläre Bildeffekte für Ihre Aufmacherseiten erzielen – aber sehen Sie selbst!

Vorher: Wohin schaut sie denn bloß? Eine naturverbundene Schönheit, eingesperrt in den Rahmen des Standardformats.

Nachher: Mithilfe des Assistenten *Out-of-Bounds* durchbricht die Dame den Rahmen, was in Verbindung mit der Blickrichtung für eine starke Dynamik sorgt.

1. Assistent für Out-of-Bounds-Effekte starten

Zunächst laden Sie das gewünschte Bild, das Sie mit einem Out-of-Bounds-Effekt versehen möchten. Besonders geeignet für diesen Effekt sind Personenaufnahmen, in denen Extremitäten wie Kopf, Arme oder Beine aus dem Bilderrahmen herausragen können (wie im Beispiel), oder auch Architekturaufnahmen, bei denen dann etwa die Spitze eines Gebäudes den Bilderrahmen durchbricht.

Wechseln Sie zum Arbeitsbereich *Bearbeiten* und klicken Sie rechts auf die Registerkarte *Assistent*. Scrollen Sie nach unten, bis Sie auf die Rubrik *Fotospiel* stoßen. Hier findet sich der Assistent *Out-of-Bounds* als zweiter Eintrag.

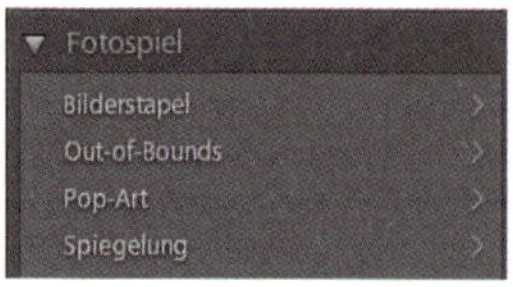

Der Assistent *Out-of-Bounds* versteckt sich in der Rubrik *Fotospiel*.

2. Einen Bildausschnitt festlegen

Der erste Schritt des Assistenten verlangt das Aufziehen eines Rahmens, der den späteren Bildausschnitt festlegt. Dieser Rahmen gibt sozusagen die Größe des später entstehenden »Fotoabzugs« vor, aus dem bestimmte Bildteile herausragen sollen. Klicken Sie auf die Schaltfläche *Rahmen hinzufügen* und verschieben Sie die Eck-/Mittelpunkte des vordefinierten Rahmens so weit, bis sich das obere Drittel des Kopfs außerhalb der oberen Rahmenbegrenzung befindet. Gefällt Ihnen der Ausschnitt, klicken Sie auf das grüne Häkchen an der unteren rechten Rahmenecke.

Der gewählte Bildausschnitt sorgt dafür, dass der obere Teil des Kopfs außerhalb des Bilderrahmens liegen wird.

3. Rahmenstärke bestimmen

Im nächsten Schritt bestimmen Sie die Rahmenstärke des Bilds. Dazu verschieben Sie wahlweise die Anfasser an den Ecken oder an den Rahmenmittelpunkten bei gedrückt gehaltener Maustaste nach außen.

Hier bestimmen Sie die Dicke des weißen Rahmens, der das finale Bild umschließen wird.

Da beim finalen Bild ein weißer Rahmen um das Foto herum erscheinen soll, ist es besser, diesen nicht zu schmal anzulegen. Denn je dicker der Rahmen ausfällt, desto stärker wird das Foto vom Hintergrund isoliert, und desto spektakulärer fällt der Out-of-Bounds-Effekt aus. Tipp: Indem Sie während des Verschiebens der Anfasser die Taste Alt gedrückt halten, wird der Rahmen gleichmäßig an allen vier Seiten skaliert.

Sind Sie mit der Rahmenstärke zufrieden, beenden Sie die Aktion mit einem Klick auf das grüne Häkchen.

Die Vorschau vermittelt Ihnen einen guten Eindruck davon, wie das finale Bild aussehen wird.

4. Erweiterung auswählen

Nun müssen Sie jene Bildteile, die später aus dem Bild herausragen sollen, vom Hintergrund isolieren. Das ist im Fall unseres Beispiels das obere Drittel des Kopfs unserer Schönheit. Dazu verwenden Sie, wie im Assistenten vorgeschlagen, das *Schnellauswahl-Werkzeug*.

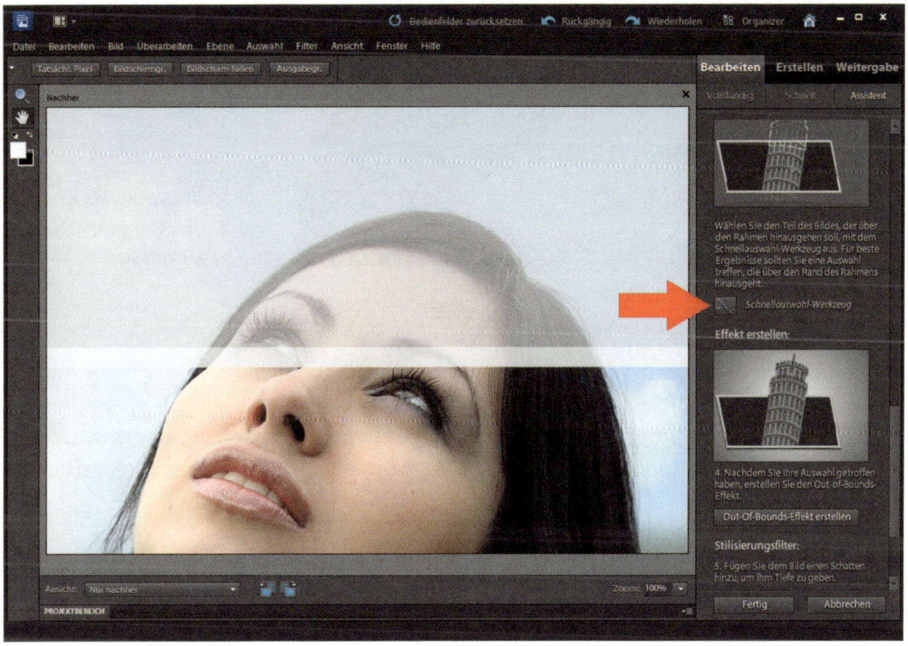

Jene Elemente des Motivs, die über das Bild hinausragen sollen, markieren Sie mit dem *Schnellauswahl-Werkzeug*.

Aktivieren Sie in der Werkzeugleiste links oben das Zoomwerkzeug (geht auch mit einem Tastendruck auf [Z]) und holen Sie den Kopf der Dame in der oberen rechten Bildecke nah heran. Dann klicken Sie im Assistentenbereich auf das Icon *Schnellauswahl-Werkzeug*. Tipp: Aktivieren Sie im oberen Auswahlbereich die Option *Automatisch verbessern*, um eine perfekte, randscharfe Auswahl zu erhalten. Bewegen Sie den Cursor über den Kopf und klicken Sie mit der linken Maustaste. Bewegen Sie die Maus bei gedrückt gehaltener Maustaste entlang der Konturen des Kopfs, bis alles ausgewählt ist – indiziert durch eine gestrichelte Linie.

Die Markierung darf auch in den inneren Bildbereich hineinlaufen; das hat keinerlei Auswirkungen auf den finalen Effekt. Sie sollten jedoch darauf achten, dass Bildteile, die über dem weißen Fotorahmen liegen, mit ausgewählt sind.

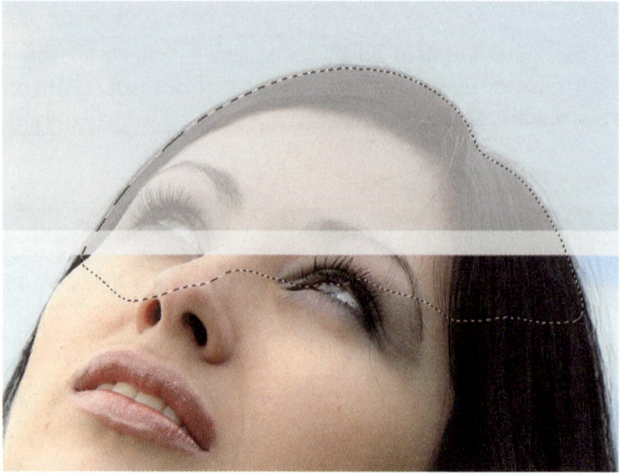

Mit dem Schnellauswahlwerkzeug markieren Sie blitzschnell die Konturen des Kopfs.

5. Out-of-Bounds-Effekt erzeugen

Haben Sie den Kopf erfolgreich markiert, stellen Sie die Ansicht mit Strg + 0 auf das ganze Bild ein und klicken im Assistentenbereich auf die Schaltfläche *Out-of-Bounds-Effekt erstellen.* Nun entfernt der Assistent den Hintergrund außerhalb des neu angelegten Rahmens und lässt nur die zuvor markierten Bildteile – sprich, das obere Drittel des Kopfs – stehen.

Das teilweise freigestellte Bild nach einem Klick auf *Out-of-Bounds-Effekt erstellen*.

6. Schatten hinzufügen

Durch einen Klick auf eine der Schaltflächen *Klein, Mittel* oder *Groß* im Bereich *Stilisierungsfilter* fügen Sie dem Bild einen realistisch wirkenden Schatten hinzu. Erst dadurch kommt der Out-of-Bounds-Effekt so richtig zur Geltung, da der Schatten entlang der aus dem Bild ragenden Elemente verläuft und auch auf den breiten, weißen Bildrand geworfen wird. Das verleiht der Aufnahme mehr Tiefe und Realismus.

Ein weicher Schlagschatten bringt den Out-of-Bounds-Effekt erst richtig zur Geltung.

7. Verlauf hinzufügen

Die Schaltfläche *Verlauf hinzufügen* bringt den Dialog *Neue Ebene* auf den Bildschirm. Bestätigen Sie ihn mit *OK*, woraufhin das Fenster *Verlaufsfüllung* erscheint. Hier können Sie mit einem radialen oder linearen Verlauf dem Bild den letzten Schliff verpassen. Im Beispiel wurde als *Stil Radial* bei einem *Winkel* von *135* Grad sowie einer *Skalierung* von *100 %* verwendet. Dadurch entsteht ein imaginäres Leuchten hinter dem Foto, dessen helles Zentrum oben rechts den Out-of-Bounds-Effekt zusätzlich hervorhebt.

Im Dialog *Verlaufsfüllung* bringen Sie den Hintergrund mit einem radialen Verlauf zum Leuchten.

Alternativ können Sie auch den Stil *Linear* verwenden. Hier sollten Sie den Winkel auf ca. –150 Grad einstellen, damit sich der helle Bereich rechts oben befindet und somit mit dem Schattenwurf korrespondiert.

8. Fertig!

Nun bleibt nur noch der Klick im Assistentenbereich auf *Fertig*, und Sie können das effektvolle Ergebnis unter einem neuen Namen speichern.

Um zu sehen, welch umfangreiche Effekte mithilfe des Assistenten auf das ursprüngliche Bild angewendet wurden, wechseln Sie in den Bearbeitungsmodus *Vollständig*. Das Ebenenfenster rechts füllt sich mit Bearbeitungs-, Farb- und Maskierungsebenen, die Sie sichtbar- und unsichtbar schalten können, um die Arbeitsweise des Out-of-Bounds-Assistenten nachzuvollziehen.

So können Sie beispielsweise in der Ebene *Farbfüllung* die Hintergrundfarbe ändern, in der Ebene *Verlaufsfüllung* den Verlaufseffekt anpassen oder in der Ebene *Maskiert* die freigestellten Elemente nachträglich korrigieren. Im Beispiel haben wir einfach die Strandaufnahme aus einem vorangegangenen Projekt hinter dem Fotomotiv platziert.

Der Assistent hat ganze Arbeit geleistet, wie Sie an der Zahl der Bearbeitungsebenen erkennen können. Der neue Hintergrund liegt über der Ebene *Verlaufsfüllung 1*.

7.9.3 Auch mit B-Bildern zu tollen Aufmacherseiten

Wie man aus einer scheinbar hoffnungslos schlechten Aufnahme, die zu allem Überdruss im falschen Format vorliegt, eine wunderschönes Aufmacherseite macht, erfahren Sie in unserem dritten Projekt. Hier lernen Sie, wie Sie aus einem querformatigen Foto, das Sie neu zusammensetzen, ein Hochformatfoto machen, und tristes Buschwerk im Hintergrund in ein leuchtend blaues Firmament verwandeln.

Vorher: Eigentlich ein schönes Aufmachermotiv, aber ein unbefriedigender Bildausschnitt und ein furchtbar trister Hintergrund.

Nachher: Aus dem tristen Schnappschuss ist eine beeindruckende Aufnahme im Hochformat geworden, die sich perfekt zum Einbau in eine Aufmacherseite eignet.

1. Aus quer mach hoch

Zunächst einmal stellt sich die Frage: Wie machen wir aus diesem Querformatfoto ein hochformatiges Poster, ohne wesentliche Bildbestandteile zu verlieren?

Der Aufmacher soll einen hochformatigen Ausschnitt präsentieren (rechteckige Markierung), wobei jedoch Zebra und Giraffe vollständig erhalten bleiben sollen. Unmöglich? Nicht mit Photoshop Elements!

Für solche kniffligen Fälle hält Photoshop Elements das Neu-zusammensetzen-Werkzeug bereit, das Sie auch mit einem Druck auf die Taste [C] erreichen. Den nachfolgenden Erklärungsdialog klicken Sie mit *OK* weg. Dann konzentrieren Sie sich auf die Werkzeuge am oberen Bildrand: Mit dem Werkzeug *Als geschützt markieren*, symbolisiert durch einen grünen Pinsel, sagen Sie Photoshop Elements, welche Bildbereiche bei den nachfolgenden Skalierungsmaßnahmen bewahrt werden sollen. Bildteile, die unwichtig sind, können Sie zusätzlich mit dem Werkzeug *Zum Löschen markieren* – symbolisiert durch einen roten Pinsel – auswählen. Doch Letzteres ist im Beispiel nicht nötig, hier reicht das Werkzeug *Als geschützt markieren* vollkommen aus.

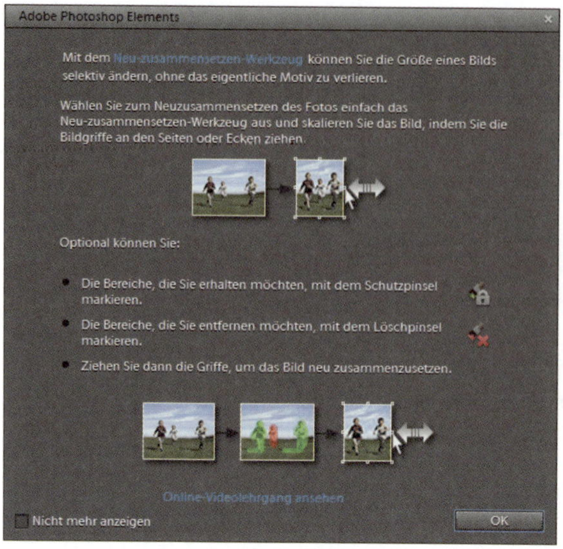

Das Neu-zusammensetzen-Werkzeug braucht von Ihnen Informationen darüber, welche Bildteile vor Änderungen geschützt werden sollen.

Erhöhen Sie im Feld *Größe* in der oberen Symbolleiste die Pinselgröße auf *100 bis 300 Px* und malen Sie mit dem Werkzeug *Als geschützt markieren* über das Zebra am linken Bildrand und die Giraffe rechts. Sie müssen nicht exakt alle Konturen umfahren, eine ungefähre Kennzeichnung genügt vollkommen. Achten Sie darauf, auch die Spiegelung im Wasser zu übermalen.

Mit dem grünen Pinsel schützen Sie die Tiere vor Verzerrungen während der nachfolgenden Skalierung.

Nun stauchen Sie das Bild auf ein ungefähr quadratisches Seitenverhältnis zusammen, indem Sie den rechten mittleren Anfasser nach links verschieben. Dabei bleiben die Proportionen der zuvor als geschützt markierten Wildtiere auf wundersame Weise komplett erhalten. Zebra und Giraffe sind nun wesentlich näher zusammengerückt. Bestätigen Sie die Operation abschließend mit einem Klick auf das grüne Häkchen unten rechts.

Beim Stauchen des Bilds mit den mittleren Anfassern rücken die Tiere näher zusammen, ohne ihre Proportionen zu verlieren.

2. Bild nach oben erweitern

Um ein echtes Hochformat (z. B. für eine DIN-A4-Seite im Fotobuch) zu erhalten, müssen Sie das Foto nach oben erweitern. Das geschieht im Dialog *Bild/Skalieren/Arbeitsfläche*. Klicken Sie hier zunächst auf den Pfeil nach unten, um eine Arbeitsflächenskalierung nach oben zu bewirken. Dann addieren Sie zum Wert *Höhe* 5 bis 7 cm hinzu und geben den neuen Wert in das entsprechende Feld ein.

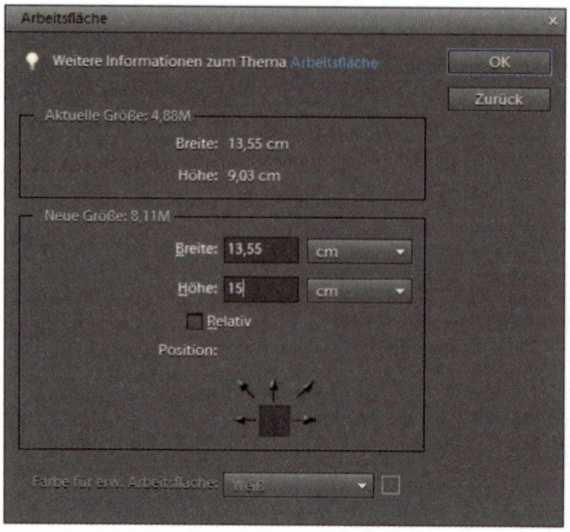

Im Dialog *Arbeitsfläche* erweitern Sie das Foto problemlos nach oben.

Nachdem Sie den Dialog mit *OK* geschlossen haben, drücken Sie die Tastenkombination [Strg]+[0], um das gesamte Bild angezeigt zu bekommen. Sie sehen rechts die durch die Stauchung entstandene Leerfläche und oben die neu hinzugefügte Leerfläche. Mit dem Auswahlrechteckwerkzeug, das Sie auch mit der Taste [M] erreichen, markieren Sie nun bei gedrückt gehaltener Maustaste das gewünschte Seitenformat, wobei die Leerfläche oben zum nachfolgenden Einfügen des neuen Hintergrunds mit aufgenommen wird.

Das neue Seitenformat wird mit dem Auswahlrechteck festgelegt.

Anschließend schneiden Sie das Foto mit der Funktion *Freistellen* aus dem Menü *Bild* auf das neue Rahmenformat zu. Nun müssen Sie nur noch den Hintergrund austauschen, um das perfekte Aufmacherbild zu erhalten.

Das neue Bildformat eignet sich perfekt für eine Aufmacherseite in einem hochformatigen Fotobuch.

3. Alternativen Hintergrund einfügen

Im nächsten Schritt tauschen Sie das triste Buschwerk und die durch die Formatänderung am oberen Bildrand entstandene Leerfläche durch einen spektakulären Abendhimmel aus. Die Wahl fiel auf ein Dämmerungsmotiv, da die rötliche Färbung des Originalbilds darauf schließen ließ, dass das Foto entweder am frühen Morgen oder am späten Nachmittag entstanden ist.

Der Himmel aus diesem Foto soll den Hintergrund unserer Tieraufnahme zieren.

Aktivieren Sie das Schnellauswahlwerkzeug (Taste [A]), stellen Sie eine relativ große Pinselgröße zwischen 50 und 150 Punkt ein und markieren Sie Buschwerk und Leerfläche bei gedrückt gehaltener Maustaste. Tipp: Wenn die Markierung versehentlich in einen nicht zu markierenden Bereich hineinläuft (etwa den Rücken der Giraffe), reduzieren Sie die Pinselgröße und ziehen die betreffenden Bereich bei gedrückt gehaltener [Strg]-Taste wieder von der Auswahl ab.

Mit dem Schnellauswahlwerkzeug markieren Sie jene Bereiche im Bild, in die der neue Hintergrund eingefügt werden soll.

Nun öffnen Sie die Quelldatei für den neuen Hintergrund – im Beispiel das Foto mit dem spektakulären Abendhimmel – und markieren den Bereich des Himmels mit dem Auswahlrechteck. Befördern Sie den Inhalt der Auswahl mit *Bearbeiten/Kopieren* (Strg+C) in die Zwischenablage.

Mit dem Auswahlrechteck markieren Sie den Himmel und kopieren ihn in die Zwischenablage.

Zurück im Aufmacherbild, wählen Sie die Option *In Auswahl einfügen* aus dem Menü *Bearbeiten*. Schon füllt sich der zuvor markierte Bereich mit dem hübschen Abendhimmel. Per [Strg]+[T] schalten Sie in den Transformationsmodus um und passen den Bildausschnitt des Himmels durch Verschieben der Anfasserpunkte Ihren Wünschen entsprechend an. Tipp: Aktivieren Sie in der Funktionsleiste ganz oben die Option *Proportionen beibehalten*, um unerwünschte Verzerrungen während des Transformierens zu vermeiden. Sind Sie mit Größe und Position des neuen Himmels zufrieden, beenden Sie die Operation mit einem Klick auf das grüne Häkchen unten rechts.

Im Transformationsmodus passen Sie die Größe des Himmelsausschnitts an den neuen Bildausschnitt an.

4. Bildfehler und Kantenübergänge weichzeichnen

Das Einzige, was jetzt noch stört, sind die harschen Übergänge zwischen den Steinen des Originalmotivs und dem neuen Himmel sowie einige durch den Neu-zusammensetzen-Effekt entstandene Bildstörungen im Bereich zwischen den beiden Tieren. Diese bekommen Sie mit dem Weichzeichner (Taste [R]) in den Griff.

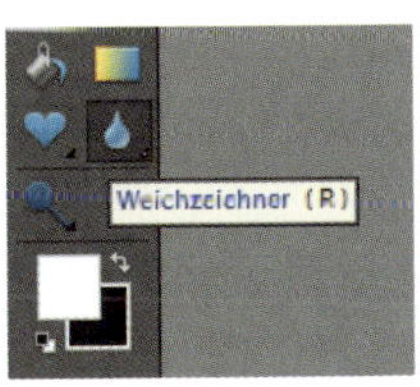

Der *Weichzeichner* dient dem Abschwächen harter Kantenübergänge und sichtbarer Bildfehler.

Stellen Sie in der Optionsleiste des Weichzeichnerwerkzeugs den *Modus Normal* sowie eine *Stärke* von *80%* ein. Mit einer Pinselgröße von *40* bis *100 Px* fahren Sie nun vorsichtig bei gedrückt gehaltener linker Maustaste über die Stoßkante zwischen Originalmotiv und eingefügtem Himmel. Schon fallen die Übergänge wesentlich fließender und weniger auffällig aus. Ähnlich verfahren Sie bei den durch die vorherige Stauchungsaktion entstandenen Pixelartefakten – kurz mit dem Weichzeichner drüberpinseln, und schon werden die Artefakte deutlich abgeschwächt.

Mit dem Weichzeichner säubern Sie die Stoßkante zwischen Originalbild und Himmel (oben) und mildern Pixelartefakte (rechter Bildbereich) ab.

5. Fertig!

Das war der letzte Bearbeitungsschritt – Sie haben aus einem tristen Schnappschuss einen repräsentativen Aufmacher gemacht! Speichern Sie die Datei noch unter einem anderen Namen und verwenden Sie das Photoshop-PSD-Format, um alle Bearbeitungsebenen zu erhalten, damit Sie sie bei Bedarf später weiter bearbeiten können.

7.9.4 Text an einem Pfad entlanglaufen lassen

Texte können Sie in Photoshop Elements viel exakter und kreativer gestalten als im Fotobucheditor. Beispielsweise können Schriftzüge mit der Text-am-Pfad-Funktion an beliebigen Pfaden entlanglaufen – z. B. an den Konturen des Motivs.

Mit Texteffekten wurde der Aufnahme aus unserem Out-of-Bounds-Beispiel ein ganz besonderer Touch verliehen.

1. Bilddatei vorbereiten

Das Out-of-Bounds-Beispiel mit der naturverbundenen Schönheit wurde im Bearbeitungsmodus *Vollständig* mit dem Abenddämmerungsfoto aus dem vorangegangenen Beispiel hinterlegt und per *Ebene/Auf Hintergrundebene reduzieren* in eine »flache« Bilddatei ohne Ebenen verwandelt.

Als Vorlage für unser Textbeispiel dient eine Kombination aus den Bildern der vorangegangenen Beispiele.

2. Textauswahl vorbereiten

Aktivieren Sie nun das Text-auf-Auswahl-Werkzeug. Der Cursor verwandelt sich in einen Kreis mit einem Pluszeichen, was nichts anderes als das gewohnte Schnellauswahlwerkzeug repräsentiert. Wählen Sie damit den oberen Teil des Kopfs aus. Wichtig ist nur die obere Seite der Auswahl, da diese als Pfad für den Text dienen wird.

Das *Text-auf-Auswahl-Werkzeug* erreichen Sie, indem Sie den fünften Eintrag aus dem Ausklappmenü des Textsymbols wählen.

3. Text auf Auswahl eingeben

Klicken Sie auf das grüne Häkchen unten rechts, um die Auswahl zu bestätigen. Dann bewegen Sie den Cursor über jene Stelle der Auswahl, an der der Textfluss beginnen soll. Sobald der Cursor die Auswahllinie berührt, verwandelt er sich in einen Textcursor, und Sie können per Linksklick den Eingabemodus aktivieren.

Ist die Auswahl erstellt, platzieren Sie den Eingabecursor am gewünschten Startpunkt des Texts.

Nun geben Sie den gewünschten Text ein – im Beispiel *Ich träum von Afrika*. Um ihn zu formatieren, führen Sie einen Doppelklick auf den Schriftzug aus und wählen in der Optionsleiste oben Schriftart, -größe, -auszeichnung und -farbe. Im Beispiel wurde eine Myriad Pro in 11 Punkt und der Farbe Weiß verwendet.

Schon während der Eingabe folgt der Text exakt der Kontur des Motivs.

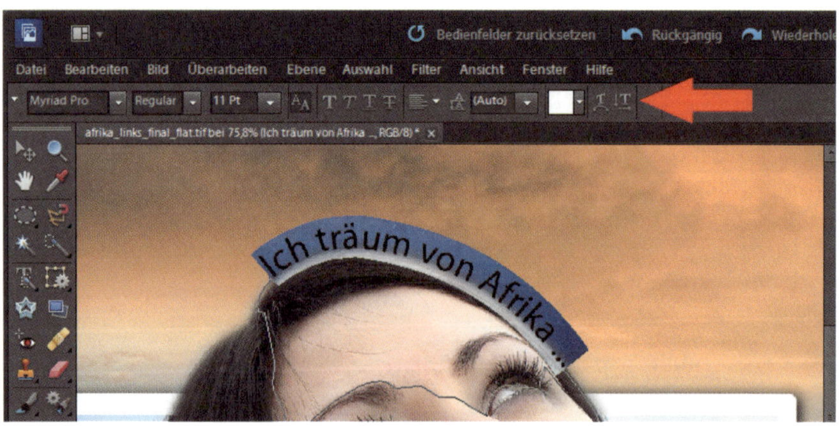

Mithilfe der Optionsleiste ganz oben formatieren Sie den Text nach Ihren Wünschen.

4. Textposition anpassen

Sobald die Texteingabe vollendet ist, aktivieren Sie das Verschieben-Werkzeug in der Werkzeugleiste ganz links oben. Text und Auswahl werden nun von einem gestrichelten Rechteck umgeben. Jetzt können Sie die Textzeile bei gedrückt gehaltener linker Maustaste oder mithilfe der Cursortasten auf der Tastatur ein wenig vom Kopf der jungen Dame wegrücken.

Zum Abschluss verschieben Sie den Text ein wenig nach links oben, damit etwas »Luft« zwischen Kontur und Textzeile entsteht.

5. Bilddateien in CEWE-Editor importieren

Am Beispiel einer attraktiven Doppelseite sehen Sie unten, wie die in Photoshop Elements entstandenen Aufmacherseiten in einem Fotobuch aussehen würden. Dazu wurden die Bilder per *Datei/Speichern unter* im verlustfreien TIF-Format gespeichert und im CEWE-Editor ganz einfach aus dem Foto Explorer über die Buchseiten gezogen und in der Größe angepasst.

Die aus Photoshop Elements im TIF-Format exportierten Bilddateien können in den CEWE-Editor geladen und auf Fotobuchseiten gelegt werden.

7.9.5 Bildband direkt aus Photoshop Elements

Nachdem Sie Photoshop Elements 10 gestartet haben, wählen Sie ganz rechts oben den Assistentenbereich *Erstellen*, gefolgt von *Bildband*.

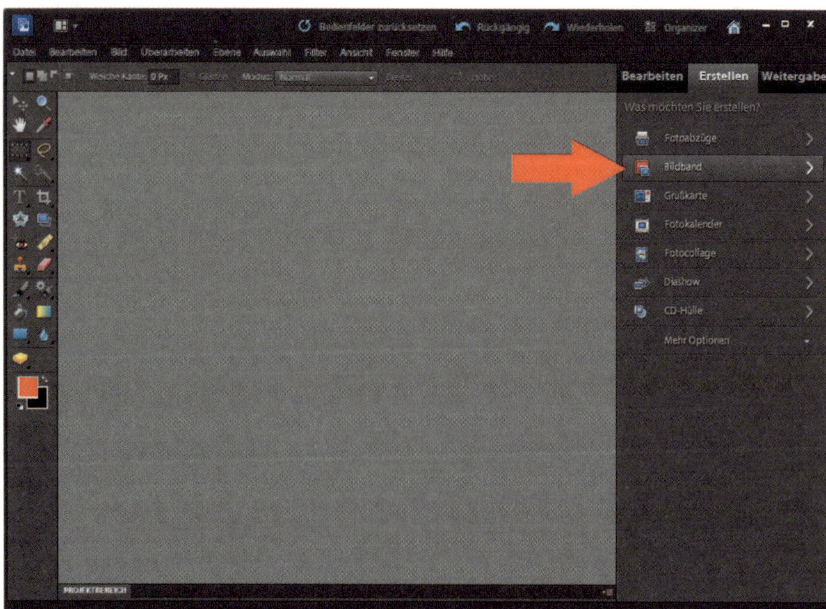

Im Assistentenbereich *Erstellen* finden Sie den Assistenten zum Gestalten ansprechender Bildbände.

1. Ein Thema auswählen

Nun erscheint der Dialog *Bildband*, in dem Sie links das gewünschte Format (entweder 297 x 210 mm A4 oder 300 x 300 mm quadratisch) und in der Mitte ein Thema für die Buchgestaltung auswählen. Jedes Thema besteht aus einer Sammlung von Hintergründen, Bildrahmen und Cliparts, die perfekt aufeinander abgestimmt sind. Um einen Eindruck von einem Thema zu erhalten, markieren Sie es mit der Maus und bewegen den Mauszeiger im rechten Vorschaubereich über das dritte kleine Icon unten links. Schon startet eine kleine Animation mit Beispielseiten.

Im Dialogfenster *Bildband* legen Sie nicht nur das Format und das Thema des Buchs fest, sondern genießen auch eine animierte Vorschau (rechts).

Für das Beispiel entscheiden wir uns für das Thema *Bunt* (in der Auswahl ganz oben) und legen die *Seitenzahl* auf *26* fest.

2. Der Bildbandassistent

Nun müssen Sie sich ein wenig gedulden, bis Photoshop Elements die erforderlichen 26 Einzelseiten angelegt hat. Dann landen Sie in der Bearbeitungsansicht des Bildbandassistenten. Standardmäßig ist der *Einfache Modus* aktiviert, der Ihnen alle nötigen Funktionen für die schnelle Bearbeitung bietet.

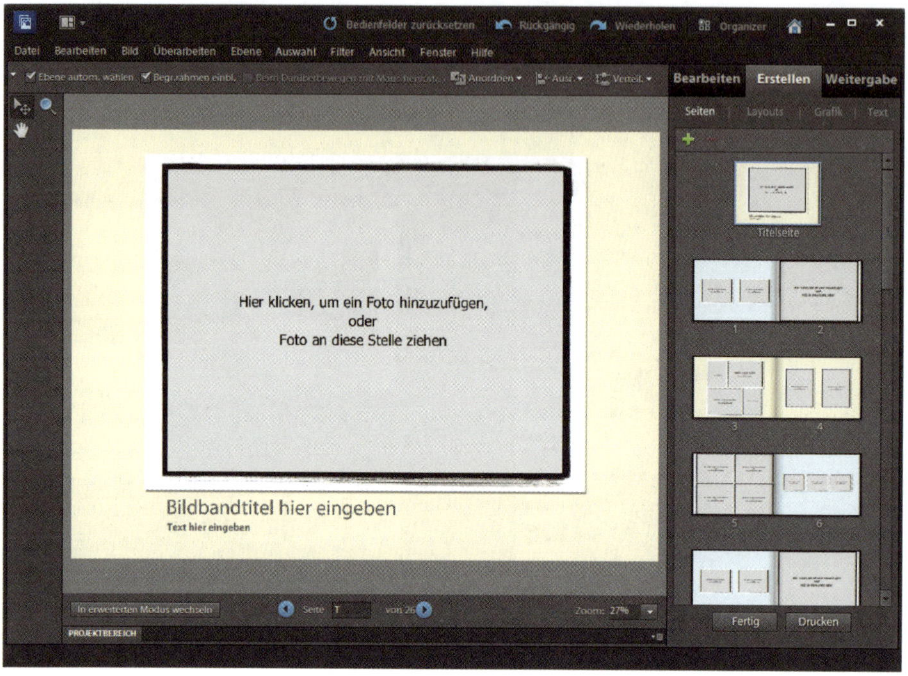

Der Bildbandassistent von Photoshop Elements im einfachen Modus. Links finden Sie die nötigsten Werkzeuge zum Verschieben der Elemente und Ändern der Ansicht, rechts sehen Sie eine Palette mit Seitenminiaturen, Layoutvarianten, Grafiken und Textoptionen.

Mit einem Klick auf die Schaltfläche *In erweiterten Modus wechseln* ganz unten links gelangen Sie in den Standardbearbeitungsmodus von Photoshop Elements, in dem Ihnen sämtliche Funktionen des Bildbearbeitungsprogramms zur Verfügung stehen. Das nachfolgende Beispiel wird jedoch im einfachen Modus gestaltet.

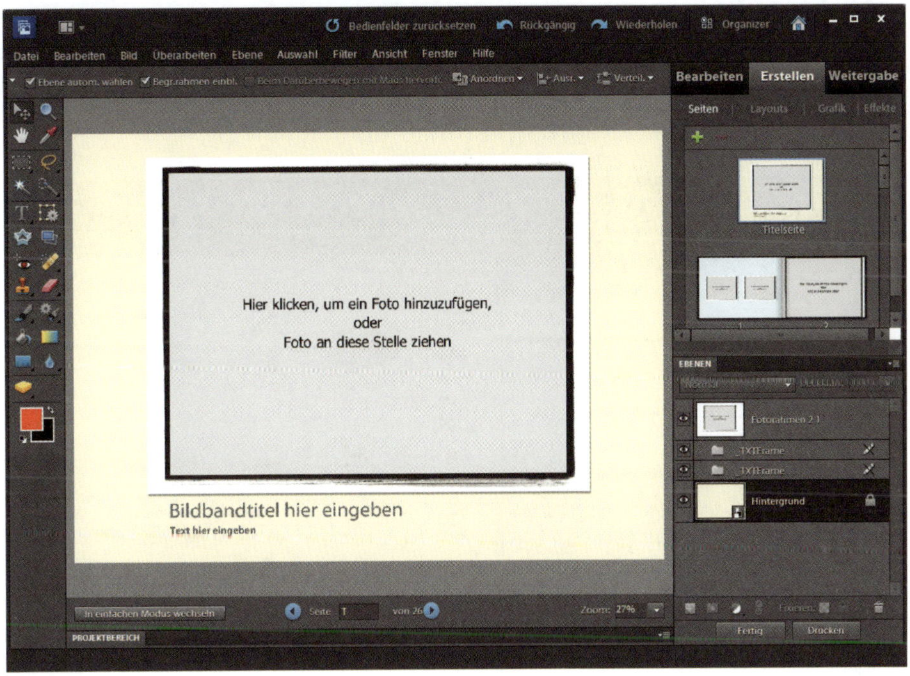

Der *Erweiterte Modus* ist ideal geeignet für Anwender, die mit den vielfältigen Bildbearbeitungsfunktionen von Photoshop Elements vertraut sind.

3. Die Titelseite gestalten

Zurück im einfachen Modus, klicken Sie nun auf den Platzhalter in der Bildmitte. Schon erscheint das Dateifenster, in dem Sie zu Ihrem Bildverzeichnis navigieren, das gewünschte Titelbild anklicken und mit *Platzieren* bestätigen.

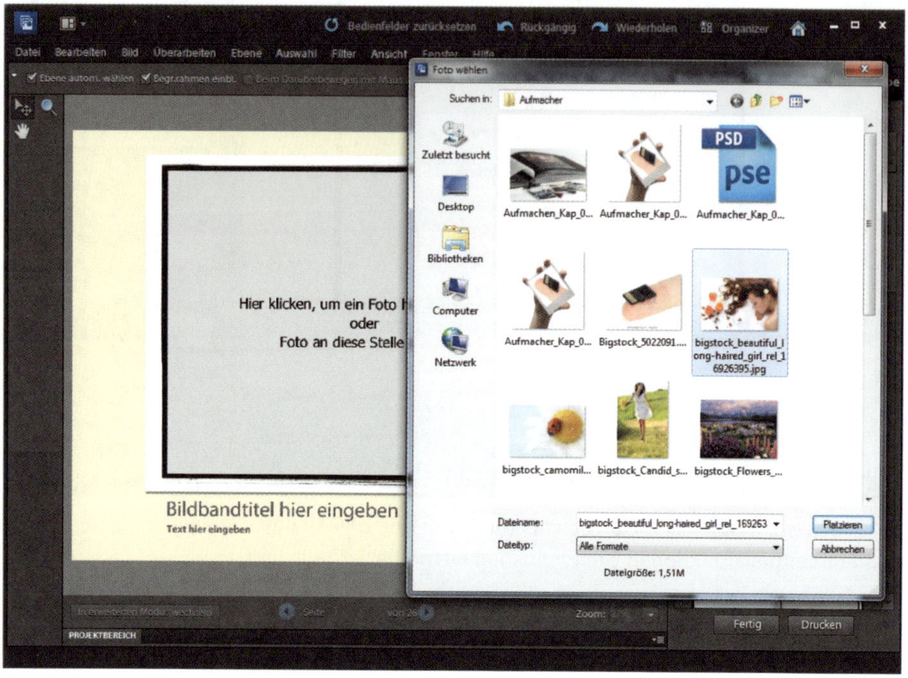

Mithilfe des Dialogs *Foto wählen* durchstöbern Sie die Festplatte nach einem geeigneten Titelbild.

Das Foto wird nun in Originalgröße im Bildrahmen platziert, was bei großen Bilddateien dazu führen kann, dass nur ein kleiner Ausschnitt sichtbar ist. Mit dem Schieberegler am oberen linken Bildrand passen Sie die Darstellungsgröße entsprechend an, sodass das Foto den Bildrahmen optimal ausfüllt. Indem Sie in das Bild klicken und die Maustaste gedrückt halten, können Sie das Foto innerhalb des Rahmens verschieben und somit ideal platzieren. Sind Sie mit dem Ergebnis zufrieden, bestätigen Sie es mit einem Klick auf das grüne Häkchen rechts vom Schieberegler.

Mit dem Schieberegler passen Sie die Bild- an die Rahmengröße an.

Nun führen Sie einen Doppelklick auf das Textfeld *Bildbandtitel hier eingeben* aus, um den Textmodus des Assistenten zu aktivieren. Markieren Sie bei gedrückt gehaltener Maustaste den Platzhaltertext und ersetzen Sie ihn durch den gewünschten Titel für den Bildband – im Beispiel *Flower Power*. Im rechten Fensterbereich können Sie unter *Einstellungen* Schriftart, -größe und -formatierung einstellen. Im Beispiel wurde die Schriftart Myriad Pro Black in einer Größe von 36 Punkt verwendet.

Der Buchtitel wird im Textmodus des Assistenten eingegeben und nach eigenem Gusto formatiert.

Stilvolle Lettern

In der Textrubrik des Bildbandassistenten finden Sie unten eine Sektion namens *Stile*. Hier finden Sie eine Vielzahl vordefinierter Textstile mit unterschiedlichen Farben, Füllungen, Mustern, Schatten und 3-D-Effekten. Um einem Text einen Stil zuzuweisen, markieren Sie einfach den entsprechenden Textblock im Vorschaubereich und führen dann einen Doppelklick auf die Stilminiatur Ihrer Wahl aus.

Den kleinen Text unterhalb der Überschrift (*Text hier eingeben*) tauschen Sie gegen den Namen des Fotografen/Autors aus, im Beispiel *Max Mustermann*. Tipp: Mithilfe der Zoomfunktion (Lupensymbol links oben) oder dem Feld *Zoom* rechts unten können Sie den Textbereich ganz nah heranholen, um alle Änderungen perfekt im Blick zu behalten. Mit der Tastenkombination Strg+0 schalten Sie wieder zur Ansicht der kompletten Seite um.

Abschließend runden Sie den Titel mit einer Clipartgrafik ab. Dazu wechseln Sie im Assistentenbereich rechts zur Registerkarte *Grafik* und öffnen die Unterrubrik *Grafiken*. Nun füllt sich der Bildschirm mit einer Reihe von Minigrafiken, die Sie ganz einfach per Drag-and-drop auf die Seite ziehen und damit platzieren können. Unsere Wahl fiel auf die langstielige Rose, die perfekt mit Überschrift und Titelmotiv harmoniert.

Cliparts ziehen Sie ganz einfach per Drag-and-drop aus dem Assistentenbereich über die Buchseite.

Durch Verschieben der Bearbeitungspunkte an den Ecken des Grafikrahmens können Sie die Größe der Clipart optimal anpassen. Die Grafik lässt sich auch drehen. Dazu bewegen Sie den Mauspfeil in die Nähe eines Bearbeitungspunkts außerhalb des Bildrahmens, sodass sich dieser in einen gebogenen Pfeil verwandelt. Bei gedrückt gehaltener Maustaste lassen Sie das Bild nun rotieren. Sobald Größe und Drehung im Einklang mit Motiv und Titel sind, bestätigen Sie mit einem Klick auf das grüne Häkchen.

Die Clipartgrafik lässt sich mithilfe der Bearbeitungspunkte frei skalieren und drehen.

Die fertige Titelseite ist ein echter Eyecatcher und wirkt überaus professionell.

4. Erste Doppelseite anlegen

Mit dem kreisförmigen blauen Pfeilbutton unterhalb der Vorschauansicht blättern Sie nun in Ihrem Fotobuch auf die nächste Seite. Da die Rückseite der Titelseite (also *Seite 1* im Assistenten) nicht bedruckbar ist, löschen Sie den Platzhalterrahmen mit einem Druck auf die `Entf`-Taste. Ebenso verfahren Sie mit dem Bildrahmen auf *Seite 2*, dem Schmutztitel. Stattdessen platzieren Sie mit einem Klick auf *Textblock hinzufügen* einen neuen Textrahmen auf der Seite, den Sie mit dem Buchtitel *Flower Power* füllen. Ein weiterer neuer Textblock enthält den Namen des Autors in kleinerer Schrift.

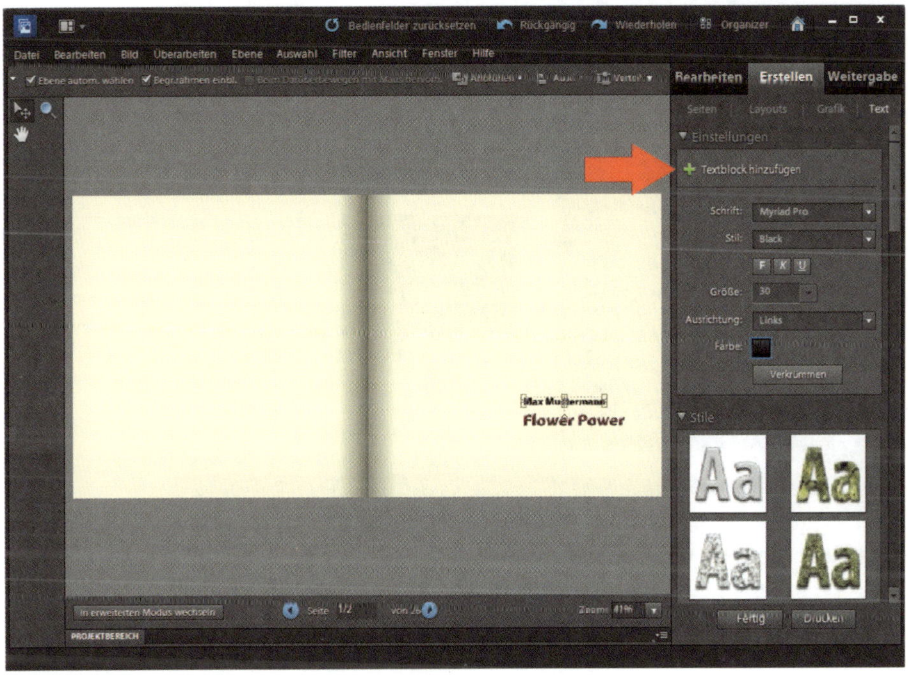

Mit der Funktion *Textblock hinzufügen* platzieren Sie den Namen des Autors und den Buchtitel auf der zweiten Seite des Bildbands.

Zu guter Letzt wechseln Sie noch in die Sektion *Grafik* und ziehen den zartgelben Hintergrund, wie er auch auf der Titelseite verwendet wurde, auf die ersten beiden Innenseiten. Dann blättern Sie weiter auf die *Seiten 3/4*, die Sie zu einer Aufmacherdoppelseite machen.

5. Aufmacherseite anlegen

Löschen Sie erneut alle vorhandenen Platzhalter, um eine komplett leere Doppelseite zu erhalten. Dann wählen Sie im Menü *Datei* den Befehl *Platzieren* und holen damit das Aufmachermotiv auf die Seite.

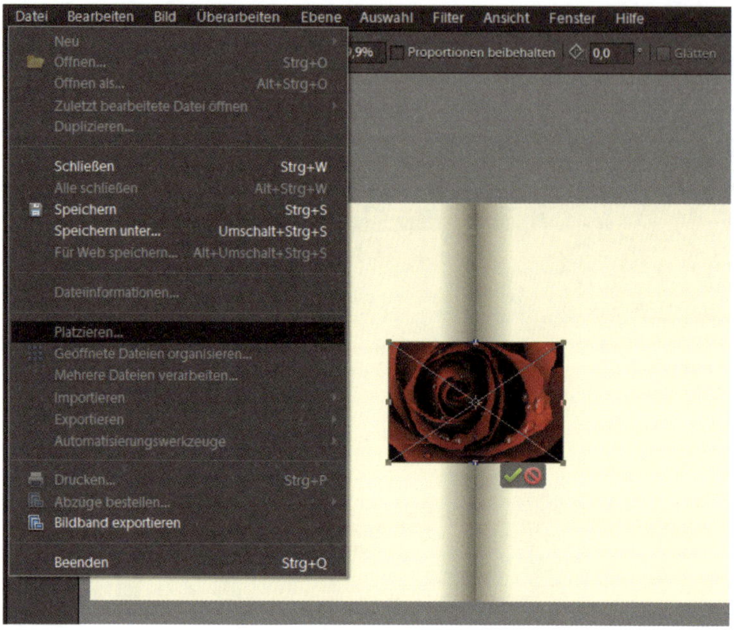

Mit dem Befehl *Platzieren* aus dem Menü *Datei* positionieren Sie ein Bild frei auf der Doppelseite.

Das Bild fällt ein wenig klein aus für die Doppelseite – aus diesem Grund verschieben Sie es bei gedrückt gehaltener Maustaste nach links oben, um es dann durch Klickziehen des unteren rechten Bearbeitungspunkts auf die volle Seitengröße zu skalieren.

Tipp: Halten Sie während des Vergrößerns die [Strg]-Taste gedrückt, damit das korrekte Seitenverhältnis des Fotos gewahrt bleibt. Sind Sie mit der Position der Aufmachergrafik zufrieden, beenden Sie die Aktion mit einem Klick auf das grüne Häkchen.

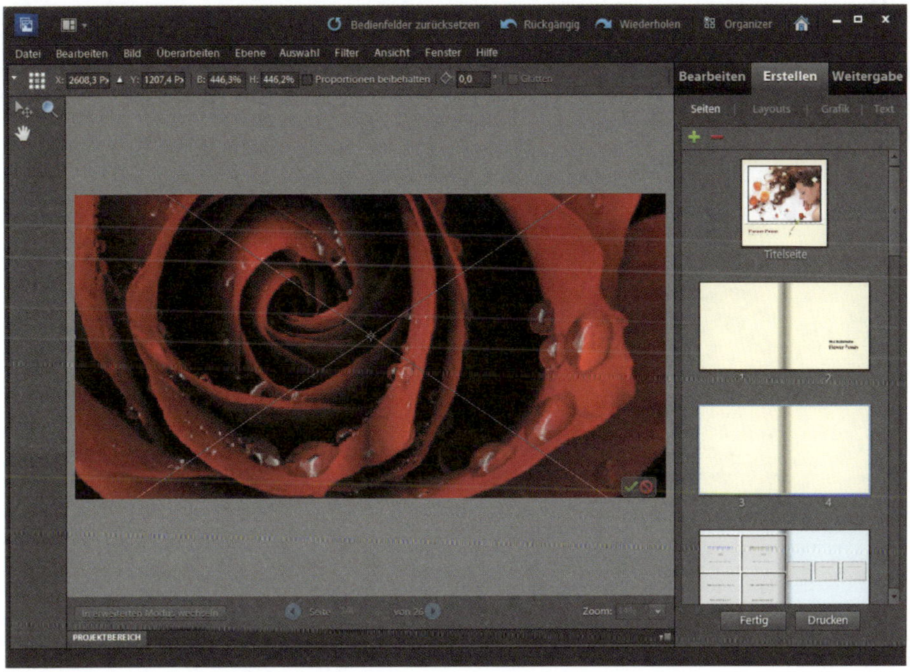

Das Aufmacherbild wird mithilfe der Bearbeitungspunkte auf Seitengröße skaliert.

Der doppelseitige Aufmacher verleitet den Betrachter mit ungeheurer visueller Wucht zum Weiterblättern. Texte und Cliparts wären hier fehl am Platz.

6. Bilderseiten festlegen

Die nachfolgenden Innenseiten wurden vom Assistenten automatisch mit zufällig gewählten Layouts bestückt – an die Sie sich jedoch nicht halten müssen. Öffnen Sie einfach die Registerkarte *Layouts* und wählen Sie die gewünschte Bildanzahl pro Seite aus. Dann ziehen Sie die entsprechende Miniatur bei gedrückt gehaltener Maustaste über die Seite, um das Layout anzupassen. Im Beispiel haben wir auf die linke Seite die Layoutvorlage *3 Geneigt* aus der Rubrik *Drei Fotos* und auf die rechte Seite *1 Querformat* aus der

Rubrik *Ein Foto* angewendet. Danach haben wir per Rechtsklick auf das rechte Foto im Kontextmenü die Option *Rahmen löschen* gewählt, um das Foto rahmenlos abzubilden. Der gelbe Strukturhintergrund stammt aus der Sektion *Grafik/Hintergründe.*

In der Sektion *Layouts* finden Sie jede Menge Layoutvorlagen, die Sie per Drag-and-drop auf die Buchseiten anwenden können.

Effizient gestalten dank Kontextmenü

Im Kontextmenü der Bildobjekte – erreichbar mit einem Rechtsklick in den Bildrahmen – finden Sie alle wichtigen Kommandos im Direktzugriff. Dazu gehören unter anderem *Rahmen löschen* zum Eliminieren von Umrandungen, *Foto in Rahmen positionieren* zum Aufrufen des Schiebereglers für die Positionierung und *Foto ersetzen* zum schnellen Austauschen einer Bilddatei.

Eine ansprechend gestaltete Bilderseite unter Verwendung von Textblock, Layoutvorlagen, Clipartgrafik und Hintergrund.

7.9.6 Bildband für den Druck vorbereiten

Ist Ihr Bildband fertiggestellt, legt Photoshop Elements beim Speichern eine Übersichtsdatei mit der Endung **.psd* – z. B. *Bildband.psd* – sowie einen Ordner mit dem entsprechenden Dateinamen (z. B. *Bildband*) an, in dem sich die Doppelseiten als einzelne Dateien im PSD-Format befinden.

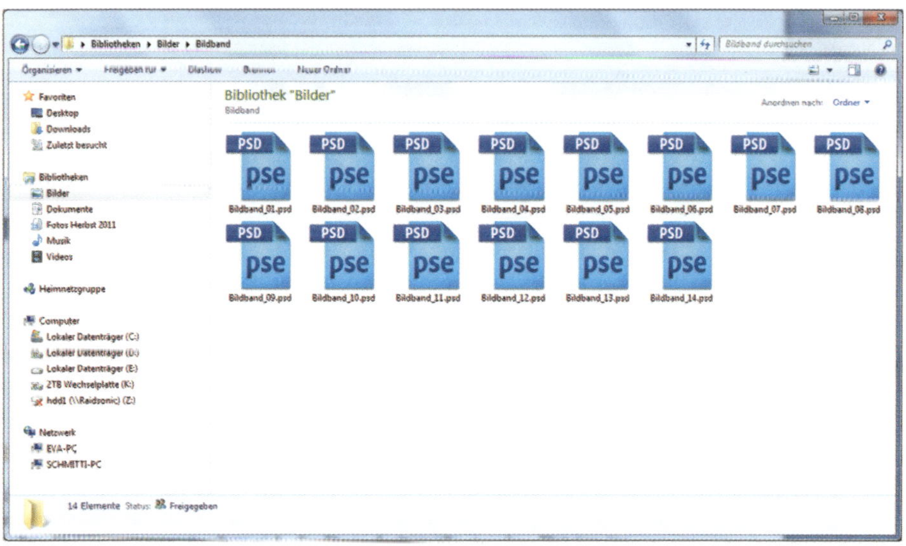

Die einzelnen Grafikdateien des Bildbands werden in einem gemeinsamen Ordner abgelegt. Bei der Datei *_01* handelt es sich um die Titelseite, bei der Datei *_02* um die erste Doppelseite etc.

Wie Sie sicher schon festgestellt haben, hat Photoshop Elements in der Mittelfalz der Doppelseiten attraktive Schatteneffekte platziert – gut für die Bildschirmpräsentation, aber verheerend für den Fotobuchdruck.

1. Export aus Photoshop Elements

Um diese Effekte zu entfernen, wechseln Sie in den erweiterten Modus und durchsuchen Sie das *Ebenen*-Bedienfeld rechts unten nach den beiden Ebenen *_DZGRADIENT*. Schalten Sie diese mit einem Klick auf das Augensymbol neben dem Ebenennamen unsichtbar, und schon sind die Schatten verschwunden. Diesen Vorgang wiederholen Sie für alle anderen Doppelseiten im Buch, bevor Sie das Endergebnis erneut speichern.

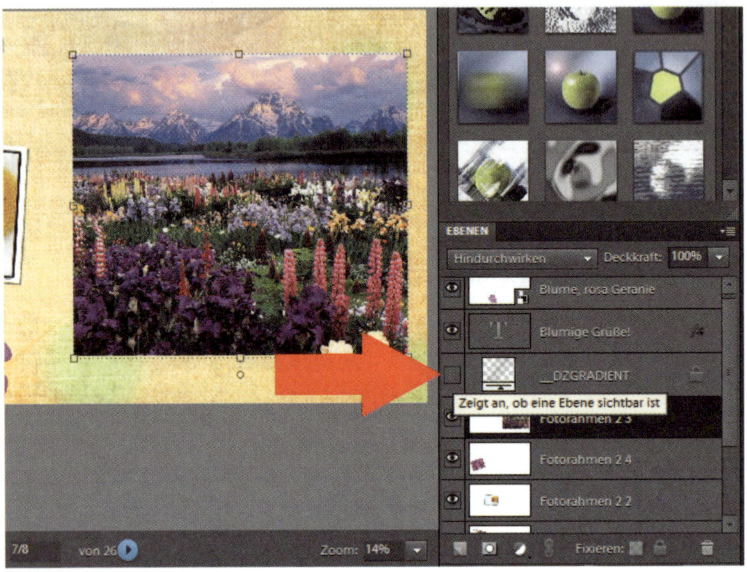

Die Schatten über der Mittelfalz verbergen sich hinter den Ebenen *_DZGRADIENT*.

Da das Photoshop-PSD-Format nur von den wenigsten Fotobucheditoren interpretiert werden kann, müssen Sie nun alle im Bildbandordner enthaltenen Bilddateien ins allgemein verständliche JPG-Format überführen. Keine Angst, Sie müssen nicht jede Datei einzeln öffnen und wieder speichern – dafür hält Photoshop Elements die Funktion *Mehrere Dateien verarbeiten* aus dem Menü *Datei* bereit.

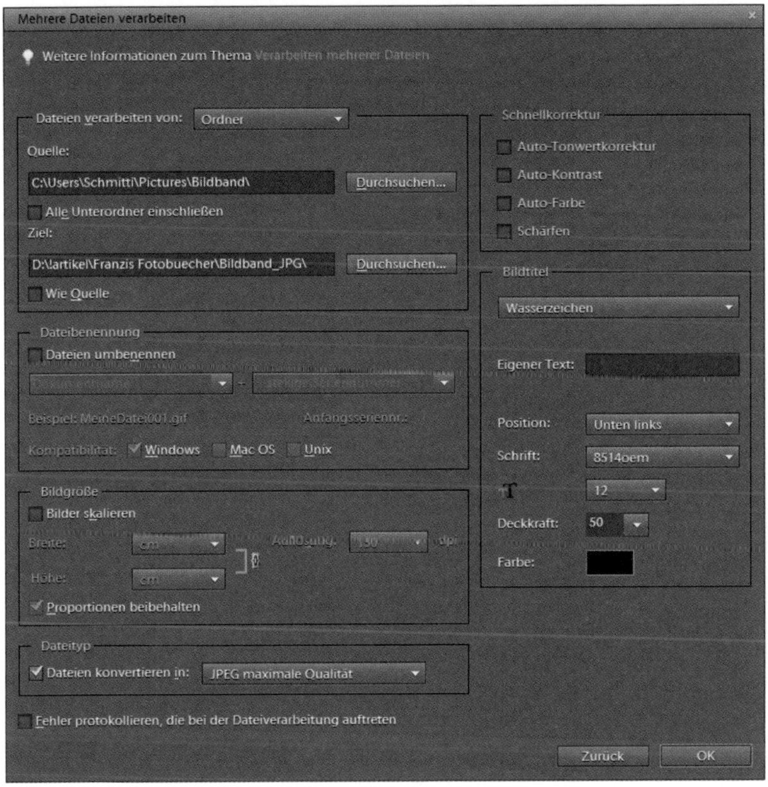

Dank dieses Dialogs konvertieren Sie mehrere Buchseiten in einem Rutsch vom PSD- ins JPG-Format.

In der Sektion *Quelle* oben links geben Sie den Quellordner an – also jenen Ordner, in dem Photoshop Elements die Bilddateien für das Buch abgelegt hat. Unter *Ziel* geben Sie einen neuen, eigenen Ordner an – z. B. *Bildband_JPG*. Fehlt nur noch das Häkchen links unten neben *Dateien konvertieren in* sowie die Auswahl von *JPEG maximale Qualität* aus dem Pull-down-Menü rechts daneben. Mit einem Klick auf *OK* starten Sie die automatische Konvertierung.

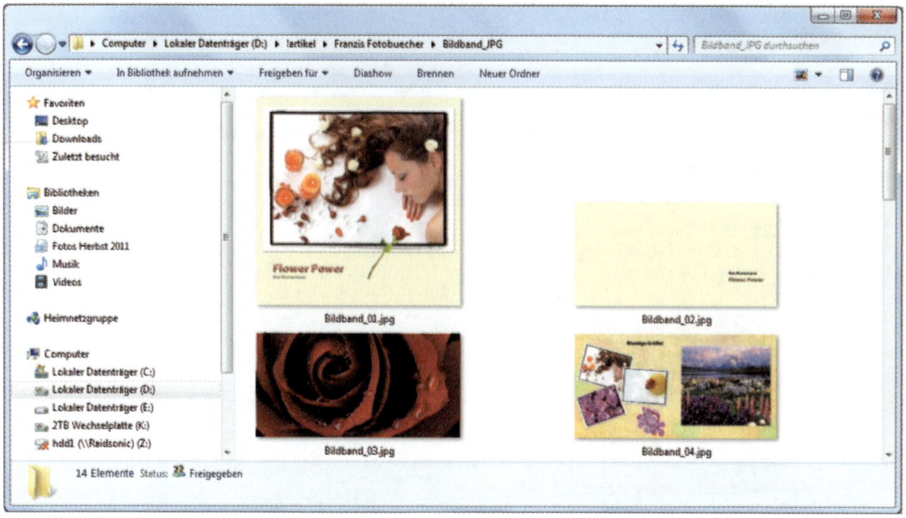

Nach der Konvertierung hat sich der von Ihnen angegebene Zielordner mit JPEG-Dateien Ihres Bildbands gefüllt.

2. Import in den CEWE-Editor

Nun ist es an der Zeit, den Fotobucheditor zu starten – in unserem Fall den bereits hinlänglich bekannten CEWE-Editor. In der Formatauswahl wechseln Sie zur Rubrik *Große* und entscheiden sich für das Format *XL*, das mit 30 x 30 cm exakt den in Photoshop Elements erstellten Bildbandseiten entspricht.

Im Foto Explorer links außen wechseln Sie nun ins zuvor erstellte Bildbandverzeichnis, das die Buchseiten im JPG-Format enthält. Löschen Sie die Platzhalterfelder von der Titelseite, markieren Sie die in Photoshop Elements entstandene Titelseite per Mausklick und wählen Sie unterhalb des Vorschaubereichs die Option *Foto als Hintergrund rechts.* Sollte der Anschnitt ein wenig zu stark ausfallen, können Sie das Bild auch direkt vom Foto Explorer per Drag-and-drop über die leere Seite ziehen und manuell so skalieren, dass es exakt bis an die Seitenränder reicht.

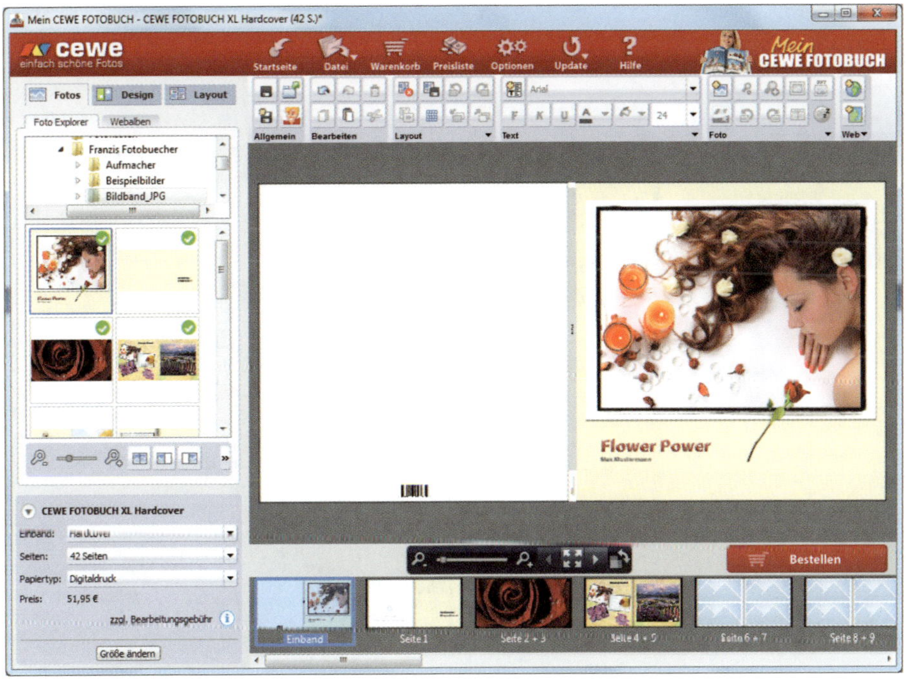

Die in Photoshop Elements entstandene Titelseite im CEWE-Fotobucheditor.

Auf diese Weise füllen Sie jede Doppelseite, bis sich alle Buchseiten im CEWE-Editor befinden. Nun können Sie Ihre CEWE-Datei speichern und wie im vorangegangenen Abschnitt beschrieben die Bestellprozedur einleiten!

Nach und nach übertragen Sie die vorgefertigten Buchseiten in den CEWE-Fotobucheditor.

Perfekt gestaltete Fotobücher ohne Editor

Die auf den vorangegangenen Seiten beschriebene Vorgehensweise funktioniert natürlich nicht nur mit dem Bildbandassistenten von Photoshop Elements. Sie können auch ohne Assistent einzelne Seiten mit den mächtigen Bildbearbeitungsfunktionen des Adobe-Produkts im gewünschten Format anlegen und frei nach Ihren Wünschen gestalten. Achten Sie bei der Erstellung von neuen Dateien stets darauf, dass das Format einer vom Fotobuchversand unterstützten Größe bei einer Auflösung von 300 Punkten pro Zoll entspricht, und positionieren Sie die Elemente auf den Seiten so, dass ein ausreichender umlaufender Rand von zwei bis drei Zentimetern entsteht. Nur so ist gewährleistet, dass bei der Positionierung der Bilder im Editor keine Elemente angeschnitten werden.

7.10 Layouttipps für das perfekte Fotobuch

Sie wollen, dass Ihre Fotobücher in Sachen Qualität und Erscheinungsbild genauso gut aussehen wie von Profis gestaltete Bildbände aus der Bücherei? Kein Problem, wenn Sie einige grundlegende Gestaltungsrichtlinien für Satz und Layout einhalten. Anhand einer Reihe von Praxisbeispielen und Layoutvorschlägen erfahren Sie, wie Sie von der Titelseite über das Inhaltsverzeichnis bis hin zu Aufmachern und Bilderseiten perfekte »Hingucker« gestalten.

Gestalten wie die Profis – mit den Tricks und Kniffen auf den folgenden Seiten kreieren Sie wunderschöne Bildbände.

Alternativer Fotobucheditor

In diesem Kapitel lernen Sie eine Alternative zum CEWE Editor und dem Bildbandassistenten von Photoshop Elements kennen.

Unter *www.fotokasten.de* können Sie Ihr Fotobuch direkt im Webbrowser schnell und unkompliziert gestalten. Die Gestaltungsmöglichkeiten sind zwar stark eingeschränkt, aber die Qualität der Vorlagen, Hintergründe und Cliparts ist durchweg sehr hoch. Wenn's mal schnell gehen soll, lohnt sich ein Besuch bei der Fotokasten AG auf jeden Fall!

7.10.1 Titelseite und Umschlag: Der erste Eindruck zählt!

Die Titelseite und die dazugehörige Umschlagseite sind die Visitenkarte Ihres Fotobuchs – es heißt nicht umsonst: Der erste Eindruck ist entscheidend! Deshalb sollten Sie den Umschlagseiten besonders viel Aufmerksamkeit widmen.

1. Der schlichte Titel

Wenn es einmal ganz schnell gehen oder der Bucheinband sehr dezent ausfallen soll, greifen Sie auf die simple Variante zurück: in der Mitte ein Bild im Querformat, darunter die Titelzeile nebst Autorennamen. Diese Variante schlägt auch der Bildbandassistent von Photoshop Elements in den Standardeinstellungen vor.

Tipp: Ein kleiner Farbstreifen an einem der Seitenränder lockert die Seite ungemein auf.

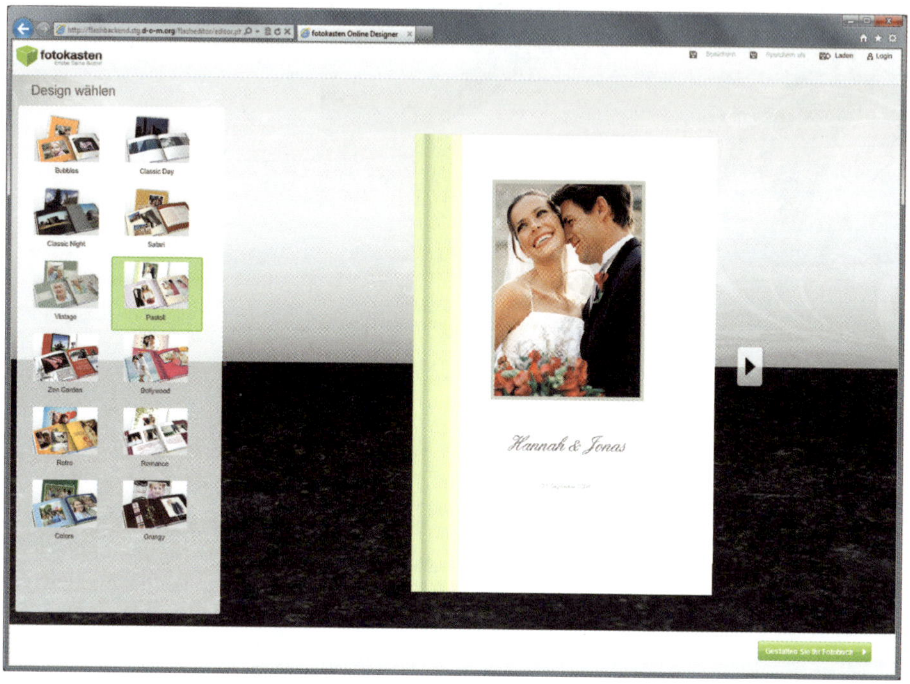

Weniger ist mehr: ein ganz schlichter Titel mit Bild, zentriert angeordnetem Text und einem kleinen Farbakzent, wie hier als Designvorschlag des Browsereditors von *www.fotokasten.de*.

Mustertitel? – Nein, danke!

Hintergrundgrafiken, Cliparts und Muster sind den Innenseiten eines Fotobuchs vorbehalten. Wer eine Titelseite mit einem Muster und mehreren Minigrafiken zuknallt, nimmt dem Buch viel von seiner visuellen Wirkung. Im Bild sehen Sie ein Negativbeispiel dafür, wie man es keinesfalls machen sollte!

2. Fokus auf ein Foto

Wenn das Foto auf der Einbandseite im Fokus stehen soll, fügen Sie es ganz einfach abfallend, also bis an die Seitenränder reichend, als Hintergrundbild ein. Im Beispiel wurde der interessante Part des unten stehenden Fotos im CEWE-Editor als Hintergrund für die Titelseite definiert.

Dieses stimmungsvolle Foto dient als Vorlage für das Titelbild unseres Fotobuchs.

Mit der Funktion *Foto als Hintergrund* rechts wurde das Bild abfallend auf dem Titelblatt montiert und der Ausschnitt so weit nach links geschoben, dass die Flucht mit den Neonröhren den Hauptteil der Seite einnimmt.

Wenn Sie formatfüllende Aufnahmen auf der Titelseite verwenden möchten, müssen Sie stets darauf achten, dass freie und/oder relativ homogene Bereiche vorhanden sind, in denen Sie den Titeltext platzieren können. Im Fall des Beispiels eignet sich die gleichmäßig graue Straße in der unteren rechten Ecke ideal als Hintergrund für den Titel. Dort haben wir in der Windows-Systemschrift Arial Rounded das Wort *NEON* platziert und es im Blau der Neonröhren eingefärbt. Dezent und klein über dem Titel steht der Name des Fotografen.

Über der rechten unteren Seitenecke findet sich ein idealer Platz für die Titelzeile. Die Schriftfarbe wurde dem Blau der Beleuchtung angepasst. Die fertige Titelseite besticht durch ihre Ausgewogenheit. Der Text auf dem Buchrücken ganz links wurde mit den im Titel verwendeten Schriftarten und -farben formatiert.

3. Mehrere Fotos einsetzen

Wenn Sie den Titel Ihres Fotobuchs ein wenig dezenter gestalten möchten, können Sie auf einen einfarbigen, vollflächigen Hintergrund und mehrere kleine Bilder setzen. Die Wahl der Hintergrundfarbe steht Ihnen dabei frei, doch die besten Kontraste und das edelste Erscheinungsbild erzielen Sie stets mit Schwarz oder Weiß. Im Beispiel wurden ein schwarzer Hintergrund mit weißer Schrift und ein schmaler Bildstreifen verwendet, der sich über die gesamte Seitenbreite erstreckt. Der visuelle Clou des Bildstreifens sind die unterschiedlichen Bildbreiten, die sich von links nach rechts um ca. ein Drittel vergrößern. Dadurch entsteht mehr Spannung und Dynamik auf der Titelseite.

Tipp: Gerade bei dunklen Hintergründen erhöht ein feiner weißer Bildrahmen den Kontrast ungemein.

Schön schlicht: Eine nachtschwarze Titelseite mit weißer Schrift und einem dezenten Bildstreifen, der sich über die gesamte Seitenbreite erstreckt.

4. Die passende Rückseite

Beim Gestalten der Umschlagseite sollten Sie sich stets vergegenwärtigen, dass Titel- und Rückseite eine visuelle Einheit bilden. Deshalb sollten Sie starke Brüche im Design vermeiden.

- Verwenden Sie für Titel- und Rückseite stets dieselbe(n) Schriftart(en).
- Achten Sie auf die passende Farbabstimmung.
- Wiederholen Sie Bildelemente von der Vorderseite auf der Rückseite oder verwenden Sie ähnliche Fotos.
- Titel und Autor/Fotograf gehören auch auf die hintere Umschlagseite.
- Platzieren Sie einen kurzen, prägnanten Infotext zum Buch auf der Rückseite.

Nachfolgend die passenden Rückseiten zu unseren letzten beiden Titelentwürfen: zum einen eine helle Umschlagseite mit drei Einzelbildern als Kontrast zum seitenfüllenden Titelbild und zum anderen ein dunkler Hintergrund für die schwarze Titelvariante mit einem angeschnittenen Hochformat auf der linken Seite.

Eine passende Rückseite für den formatfüllenden Titel: drei Einzelbilder am rechten Seitenrand auf hellem Hintergrund. Für mehr Dynamik sorgt das unterste der drei Einzelbilder, das durch den Anschnitt den Eindruck eines durchlaufenden Filmstreifens erzeugt.

Black is beautiful: Die Rückseite korrespondiert perfekt mit dem Titelblatt. Das große Hochformat am linken Rand setzt einen Kontrapunkt zu den drei Einzelbildern auf dem Titel. Die Aufteilung der Rückseite folgt den Regeln des Goldenen Schnitts (siehe Kasten).

Der Goldene Schnitt

Bei der Rückseite der schwarzen Einbandseite entspricht die Seiteneinteilung dem Verhältnis des Goldenen Schnitts. Dieses liegt bei 1:1,618 oder a : b = (a + b) : a, wobei es sich bei a + b um die gesamte Seitenbreite respektive -höhe handelt. In Prozentzahlen ausgedrückt, nimmt das Hochformatbild rund 62 Prozent der Seitenbreite ein und das dunkle Textfeld die verbleibenden ca. 38 Prozent.

Beim Fotobuchformat 30 x 30 cm muss eine Seite also in eine Sektion mit 18,5 cm und einen zweiten Bereich mit 11,5 cm unterteilt werden, um ein harmonisches Verhältnis im Goldenen Schnitt zu erzeugen.

Wenn Sie nicht manuell nachrechnen wollen, können Sie die Website *http://jumk.de/goldener-schnitt* bemühen, um das perfekte Seitenverhältnis auszurechnen. Im Fotobuchbeispiel mit 30 cm Breite geben Sie einfach den Wert *30* in das untere Feld *a+b* ein und klicken auf *Berechnen* – schon werden die Maße *a* und *b* korrekt angezeigt.

7.10.2 Anlegen eines bebilderten Inhaltsverzeichnisses

Das Anlegen eines Inhaltsverzeichnisses ist – gerade bei Fotobüchern mit wenigen Seiten – kein absolutes Muss, doch bei umfangreicheren Werken drückt es Professionalität aus und erleichtert dem Leser die Orientierung. Dabei sollten Sie auf schnöde Textverzeichnisse wie in Romanen oder einigen Sachbüchern verzichten, sondern lieber passend zum visuellen Charakter eines Fotobuchs reich bebilderte Inhaltsseiten anlegen. Wenn Sie es geschickt anstellen, wie in unserem Beispiel, können Sie geringfügig modifizierte Varianten des Inhaltsverzeichnisses als Kapiteltrenner verwenden.

Ein visuelles Inhaltsverzeichnis verleiht Ihrem Fotobuch ein hohes Maß an Professionalität und erleichtert dem Betrachter die Orientierung im Buch. Das verwendete Layout reduziert Textelemente auf ein absolutes Mindestmaß und stellt die Bildminiaturen in den Vordergrund.

Vom Inhaltsverzeichnis zum Kapiteltrenner

Basierend auf dem visuellen Inhaltsverzeichnis aus dem vorangegangenen Beispiel, haben wir ansprechende Kapiteltrenner gebastelt, die sich ideal als Einleitungsdoppelseite für einen neuen thematischen Abschnitt im Fotobuch eignen. Dazu haben wir im CEWE-Editor zunächst eine Kopie der Inhaltsseiten angelegt und die Seitenzahlen sowie die Unterschriften gelöscht. Dann wurde jede Bildminiatur bis auf eine mit der Funktion *Foto bearbeiten* aus der Werkzeugleistensektion *Foto* per *Bearbeiten/Schwarzweiß* in eine Schwarz-Weiß-Aufnahme konvertiert.

Mit der integrierten Bildbearbeitungsfunktion des CEWE-Editors (blauer Pfeil Mitte) lassen sich Bilder blitzschnell in Schwarz-Weiß-Aufnahmen verwandeln (blauer Pfeil links).

Die verbleibende Farbaufnahme wurde vergrößert und mit Rubriktitel sowie Entstehungsdatum versehen. Damit war die Einleitungsseite für das Kapitel »Urlaub« vollendet. Durch den Bandcharakter und die vergrößerte Miniatur entsteht überdies der Eindruck eines Auswahlmenüs einer Website oder eines Smartphones – ein überaus moderner Ansatz!

Kapiteltrenner im modernen Look eines Smartphone-Auswahlmenüs – der nachfolgende Abschnitt wird durch ein hervorgehobenes Farbbild eingeleitet.

7.10.3 Anregende Aufmacherseiten als Hingucker

Aufmacherseiten sind das Prunkstück einer jeden Layoutarbeit. Deshalb sollten Sie Ihren Fotobüchern besonders viele dieser meist doppelseitigen Hingucker spendieren – zum Beispiel als Einleitung für ein neues Thema oder als Auflockerung zwischen langen Bildstrecken. Natürlich verwenden Sie nur Ihre allerbesten Bilder für die Aufmacherseiten.

1. Passendes Aufmacherbild auswählen

Sobald Sie in Ihrem Bildarchiv ein passendes Foto in ausreichend hoher Auflösung gefunden haben, platzieren Sie das Bild mithilfe der Funktion *Foto als Hintergrund auf beiden Seiten* (siehe Abbildung) auf der Doppelseite – für eine Doppelseite im A4-Format in akzeptabler Qualität benötigen Sie mindestens eine 10-Megapixel-Aufnahme im Vollformat, also ohne Ausschnittvergrößerung..

Diese spektakuläre Wintersportaufnahme soll unsere Aufmacherseite zieren. Aufmacherdoppelseiten im A4-Format können in ausreichender Qualität nur mit 10 Megapixeln aufwärts verwendet werden.

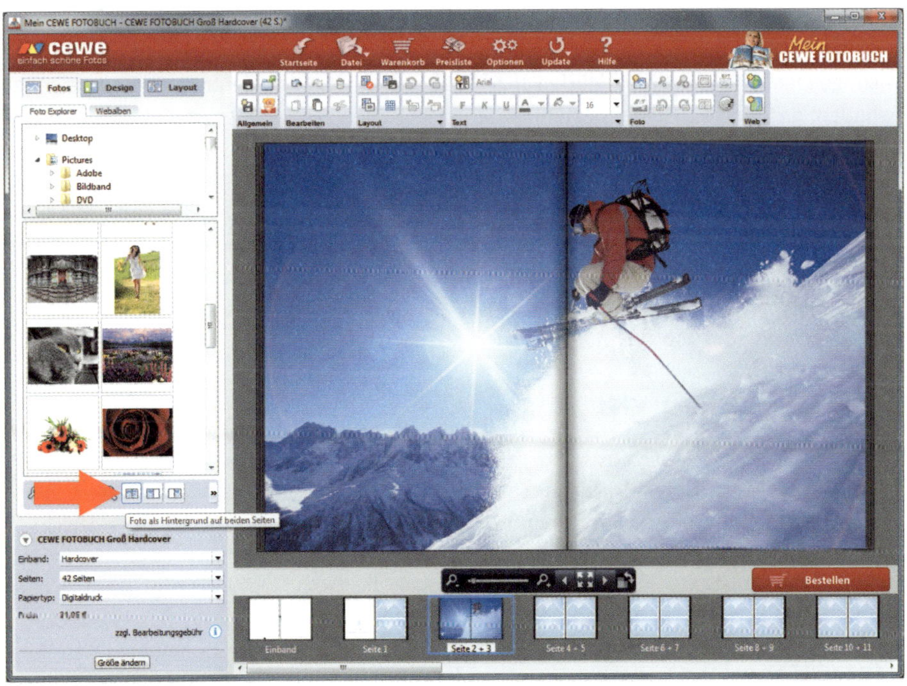

Das Aufmacherbild wird zunächst einmal testweise auf eine Doppelseite gelegt. Reicht die Auflösung nicht aus für eine hohe Druckqualität (was hier glücklicherweise nicht der Fall ist), wird Ihnen das durch ein rotes Ausrufezeichen angezeigt.

Der erste Platzierungsversuch fördert ein etwas ernüchterndes Ergebnis zutage. Zunächst einmal verschwindet der Kopf der Skifahrers fast im Bund im Zentrum der Doppelseite. Wenn Sie Bilder über eine Doppelseite laufen lassen, müssen Sie stets darauf achten, dass wichtige Motivteile nicht zu nah an den Bund rücken, da sie ansonsten nicht mehr sichtbar sein könnten.

Wichtige Elemente eines Fotos dürfen sich nie zu nah am Bund im Zentrum der Doppelseite befinden, da sonst die Gefahr besteht, dass sie im Bund verschwinden und damit unsichtbar werden.

Das zweite Problem ist die Ausrichtung der Aufnahme: Zwar erfüllt der von links nach rechts eine aufsteigende Diagonale bildende Berghang den visuellen Anspruch an eine »positive« Bildwirkung, doch aufgrund unserer Lesegewohnheiten von links nach rechts wird unwillkürlich der Eindruck vermittelt, dass es im Foto bergauf geht. Hier hilft nur eine Spiegelung des Motivs.

Aufpassen beim Spiegeln!

Wenn Sie ein Foto wie in unserem Beispiel für die Verwendung als Aufmacher spiegeln möchten, müssen Sie extreme Vorsicht walten lassen. Gespiegelte Porträtaufnahmen erzeugen beispielsweise eine subtil verzerrte Darstellung der porträtierten Person, sodass Spiegeln von Porträts zu den großen No-gos gehört. Ferner müssen Sie das Bild nach Werbeaufschriften, Computerdisplays, Schildern und Ähnlichem durchsuchen, die keinesfalls als Spiegelschrift dargestellt werden dürfen. Außerdem sollten Sie darauf achten, aus einem Rechts- keinen Linkshänder zu machen.

2. Motiv spiegeln und neu ausrichten

Im Beispielbild ist das Gesicht des Skifahrers nicht gut zu erkennen, und glücklicherweise fehlen auch Beschriftungen an Kleidung und Skiern. Aus diesem Grund lässt sich das Bild problemlos horizontal spiegeln. Löschen Sie zunächst das als Hintergrund eingepasste Aufmacherbild mit der `Entf`-Taste und ziehen Sie es als normales Bild aus dem Foto Explorer auf die Doppelseite. Dann ziehen Sie die Eckpunkte des Bildrahmens über die Seitenränder hinaus, sodass das Bild beide Seiten bedeckt. Mit dem Mausrad können Sie nun ein wenig in das Bild hineinzoomen und den Ausschnitt bei gedrückt gehaltener Maustaste so verschieben, dass sich der Skifahrer nicht mehr so nah am Mittelbund befindet.

Durch eine geringfügige Ausschnittvergrößerung und die Erweiterung des Bildrahmens nach rechts unten rücken Sie den Skifahrer weg vom Bund.

Belassen Sie das Bild markiert und klicken Sie in der Sektion *Foto* der Werkzeugleiste auf das Icon *Foto bearbeiten*. Im *Bearbeiten*-Menü des Bearbeitungsfensters wählen Sie die Option *Vertikal spiegeln* und schließen den Dialog mit *Änderungen übernehmen*.

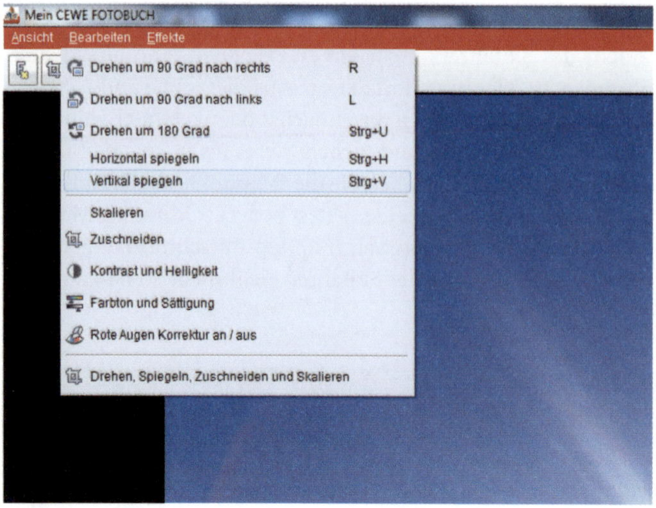

Im Bearbeitungsmodus des Editors spiegeln Sie das Foto mit dem Befehl *Bearbeiten/Vertikal spiegeln*.

Durch die Spiegelung landet der Skifahrer wieder im Bund, sodass Sie den Bildrahmen nach links unten verschieben müssen. Nun sitzt das Foto perfekt auf der Doppelseite, und durch die absteigende Diagonale des Berghangs entsteht der visuelle Eindruck von bergab.

Das perfekt eingepasste Aufmacherbild nach Spiegelung und Ausrichtung im CEWE-Editor.

Platz gewinnen mit Photoshop Elements

An unserem Beispiel sehen Sie gut, wie knifflig es sein kann, relativ zentriert aufgenommene Motive auf einer Doppelseite auszurichten. Wenn Sie im Besitz von Photoshop Elements sind, können Sie sich die ganze Ausrichterei sparen und ein Foto mit der Funktion *Neu Zusammensetzen* in eine Richtung ausdehnen, ohne das Motiv zu verzerren. Das Aufmacherbild wurde in Elements geladen und die Funktion *Bild/Neu Zusammensetzen* aktiviert. Mit der Funktion *Als geschützt markieren* und einem sehr großen Pinsel (800 Pixel) haben wir Sonne und Skifahrer markiert und dann den mittleren rechten Bearbeitungspunkt weit nach rechts aus dem sichtbaren Bereich herausgezogen. Ergebnis: Der Skifahrer rückt weiter an den rechten Bildrand, und das Gebirgsmassiv links nimmt mehr Platz im Bild ein – ideal für die nachträgliche Verwendung als doppelseitiger Aufmacher.

Die fertige Aufmacherseite in der Vorschauansicht des Editors, aber noch ohne Text. Durch die Spiegelung verläuft der Berghang von links oben nach rechts unten und erzeugt damit einen starken visuellen Eindruck von »bergab«.

3. Text in eine Seite einfügen

Im Ski-Motiv findet sich jede Menge homogener, einfarbiger Bildbereiche, in die Sie Text hineinsetzen können. So bietet es sich geradezu an, die Überschrift *SKI EXTREM* im blauen Bereich in der oberen linken Ecke zu platzieren. Mit zwei untereinandergestellten Textkästen, einer Schriftart mit viel Fleisch, wie der verwendeten Antique Olive Compact, und Schriftgrößen von 108 (*SKI*) respektive 42 (*EXTREM*) Punkt lässt sich ein kompakter Überschriftenblock basteln, bei dem das Wort *EXTREM* in der Breite genauso weit läuft wie die Lettern *SKI*.

Die Headline bildet mit weißer Schrift einen perfekten Kontrast zum Dunkelblau des Himmels. Durch Anpassung der Schriftgrößen und Ausrichtung der Textkästen entsteht ein kompakter, aufeinander abgestimmter Überschriftenblock.

Ein kleiner Einleitungstext kann wichtige Informationen enthalten oder einfach nur einen Teaser für die nachfolgenden Seiten darstellen. Im Beispiel landet der neunzeilige Text in Höhe der Überschrift am oberen rechten Seitenrand. Als Schrift wurde die dezente Arial Narrow gewählt, da sich Schmuck- und Headline-Schriften wie die Antique Olive Compact im Fließtext nicht gerade durch gute Lesbarkeit auszeichnen.

Der Einleitungstext rechts oben bildet einen visuellen Kontrapunkt zur Überschrift auf der linken Seite.

Als Variation können Sie den Textblock mit der Einleitung auch schwarz formatieren und in das Schneegestöber direkt unterhalb des Skifahrers verschieben. Auch diese Lösung hat ihren Reiz, da sie eine visuelle Treppe von der Überschrift über den Skifahrer bis zum Einleitungstext bildet.

Der weiße Schnee bietet Platz für die schwarzen Lettern des Einleitungstexts, wobei durch den starken Kontrast hervorragende Lesbarkeit gegeben ist.

Noch eine Variation: Die Überschrift im Blau des Himmels sitzt links unten und bildet mit dem Einleitungstext rechts oben eine gedachte aufsteigende Diagonale. Das erzeugt in Verbindung mit der absteigenden Diagonale des Berghangs eine sehr starke visuelle Spannung auf der Doppelseite.

4. Mögliche Text-Bild-Variationen

Natürlich muss sich das Aufmacherbild nicht zwangsläufig über beide Seiten erstrecken. Wenn Sie zum Beispiel ein Motiv mit relativ unruhigem Hintergrund haben oder viel Einleitungstext unterbringen müssen, kann eine Textspalte am rechten Rand der Doppelseite die Lösung sein. Im Beispiel wurde der Bildrahmen ein wenig nach links verschoben, das Motiv wurde im Rahmen angepasst, und Überschrift sowie Einleitungstext fanden ihren Platz in der so entstandenen weißen Randspalte am rechten Seitenrand.

Dank der Randspalte auf der rechten Seite kann das Motiv viel besser im – nun etwas schmaleren – Bildrahmen positioniert werden.

Oft und gern verwendet wird auch die untere Randspalte für Überschrift und/oder Einleitungstext. Dadurch wirkt das Bildmotiv wie eine überbreite Cinemascope-Aufnahme, und der Text erhält den Charakter einer Bildunterschrift. Aufgrund der extremen Breite des Bildes haben wir für dieses Beispiel auf die mit Photoshop Elements künstlich gestreckte Variante des Aufmacherfotos zurückgegriffen.

Kinofeeling dank Cinemascope-Breitbild mit darunter angeordneten Textelementen.

7.10.4 Abwechslungsreiche Gestaltung der Bilderseiten

Die eigentlichen Bilderseiten machen den Großteil Ihres Fotobuchs aus. Entsprechend abwechslungsreich sollten Sie diese Seiten gestalten, damit keine Langeweile aufkommt und ein professioneller Buchcharakter entsteht. Die nachfolgenden Profitipps helfen Ihnen bei der ästhetisch anspruchsvollen Gestaltung der Bilderseiten.

Schneller layouten mit Seitenvorlagen

Jeder Fotobucheditor, darunter auch der CEWE-Editor, bietet Layoutvorlagen für Bilderseiten. Im CEWE-Editor finden Sie diese für ein Bild sowie zwei, drei oder mehr Bilder pro Seite unter der Registerkarte *Layout* in der Unterrubrik *Seitenlayout*. Die gewünschte Vorlage ziehen Sie ganz einfach per Drag-and-drop über die Buchseite.

1. Große Bilder und kleine Bilder

Ein wirkungsvoller Layouttrick ist die Kombination aus formatfüllenden Bildern und einzelnen Bildern auf einer Doppelseite. Im Beispiel wird die linke Buchseite von einem abfallend angeordneten Fotomotiv dominiert, während die rechte Seite drei luftig angeordnete Einzelbilder enthält.

Links ein formatfüllendes Bild im Aufmacherstil, rechts drei luftig angeordnete Einzelbilder vor einem farblich abgestimmten Hintergrund.

2. Farbe bekennen

Werfen Sie Ihre Bilder nicht wild durcheinander, sondern sortieren Sie vor der Buchgestaltung farblich zueinander passende Bilder in entsprechend benannte Unterverzeichnisse ein (z. B. *Rot*, *Blau*, *Gelb* etc.). Im Editor platzieren Sie dann die farblich aufeinander abgestimmten Aufnahmen auf den Doppelseiten.

Farblich zusammenpassende Aufnahmen sorgen für Harmonie auf Doppelseiten. Eine solche Harmonie kann aber über mehrere Doppelseiten hinweg auch sehr schnell langweilig werden!

Zu viel Farbharmonie wirkt jedoch häufig schnell langweilig – deshalb können Sie einmal versuchen, Bilder mit komplementären Farbkontrasten auf zwei gegenüberliegenden Seiten anzuordnen. Die Komplementärkontraste im Einzelnen:

Blau <-> Gelb/Orange

Rot <-> Grün/Cyan

Gelb <-> Dunkelblau/Violett

Indem Sie auf solche Kontraste setzen, können Sie überaus spannende Doppelseiten erzeugen.

Kontrastprogramm: Links überwiegen Blautöne, rechts sanftes Gelb und Orange – dieses Seitenpaar baut dank Komplementärfarben eine starke visuelle Spannung auf.

Auch bei der Wahl des Hintergrunds können Sie wunderbar mit Komplementärfarben spielen und damit fantastische Ergebnisse erzielen. Im Beispiel kontrastieren überwiegend blaue Fotos mit einem knallorangen Hintergrundmuster aus der *Multicolor*-Rubrik des CEWE-Editors.

Das knallt: blaue Strandfotos auf orangefarbenem Hintergrundmuster.

3. Landkarten und Satellitenbilder

Ihre Urlaubs- und Reisefotobücher können Sie schnell und problemlos mit Landkarten und/oder Satellitenbildern aufwerten. Wenn Sie ungefähr wissen, wo eine bestimmte Aufnahme gemacht wurde, können Sie mit dem Karten-Feature des CEWE-Editors und hochauflösenden Satellitenbildern von Google Earth eindrucksvolle Buchseiten kreieren.

Um eine Landkarte einzufügen, wählen Sie in der Kategorie *Web* das untere Icon für *Neue Landkarte.* Es öffnet sich der Dialog *Kartenausschnitt wählen*, in dem Sie im linken oberen Fenster eine Grobauswahl treffen und diese im großen Vorschaufenster rechts mit den Plus- und Minustasten verfeinern. Unter *Wählen Sie Ihren Stil* entscheiden Sie sich für die grafisch attraktivere Variante *Stil 2*, bevor Sie mit Übernehmen bestätigen und die Landkarte damit als neues Bild auf der Buchseite platzieren. Achtung: Bei der Bestellung des Fotobuchs fällt dabei eine geringe Lizenzgebühr an, die im Dialog rechts oben angezeigt wird.

Im CEWE-Editor können Sie gegen eine geringe Lizenzgebühr mit wenigen Mausklicks Landkarten in Ihre Reisetagebücher übernehmen.

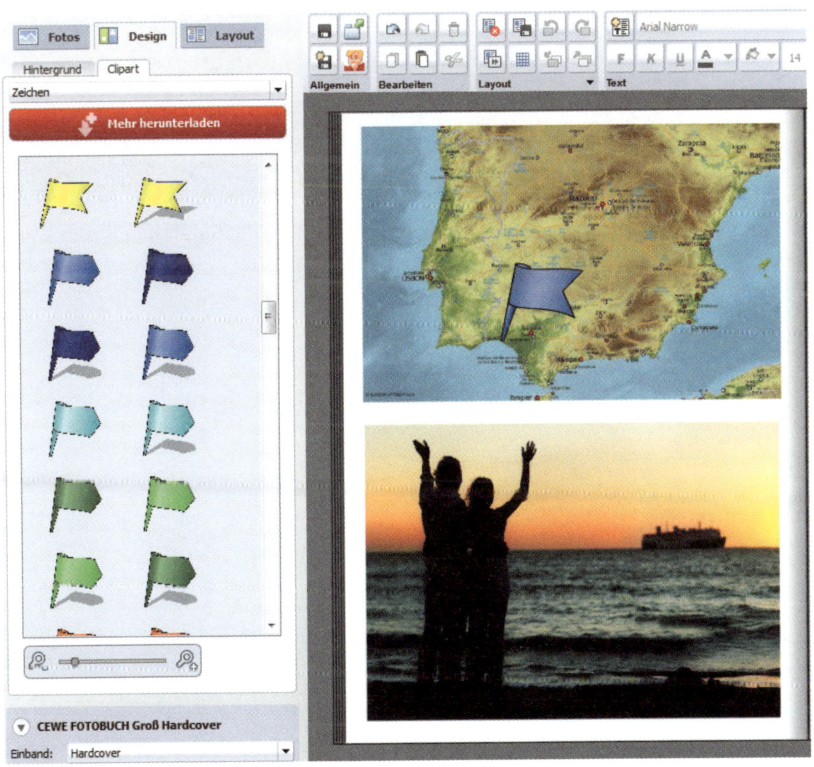

Grüße aus dem Süden: Mit den Fähnchen oder Pins aus der Rubrik *Design/Clipart/Zeichen* markieren Sie den Ort der Aufnahme auf der Landkarte.

Noch beeindruckender als die Landkarten sind hochauflösende Satellitenaufnahmen von Google Earth. Laden Sie den Google-Earth-Client unter *www.google.de/intl/de/earth* herunter und navigieren Sie zum Ort der Aufnahme. Um einen Schnappschuss des Satellitenfotos in Ihrem Bildverzeichnis zu speichern, wählen Sie die Option *Datei/Speichern/Bild speichern*. Zurück im Fotobucheditor, ziehen Sie das neue Bild ganz einfach über die Seite und passen den Ausschnitt so an, dass die Navigationselemente und Texte nicht mehr zu sehen sind. Wie zuvor bei den Landkartenbildern können Sie auch bei den Satellitenbildern die Clipart-Pins zur exakten Positionsangabe verwenden.

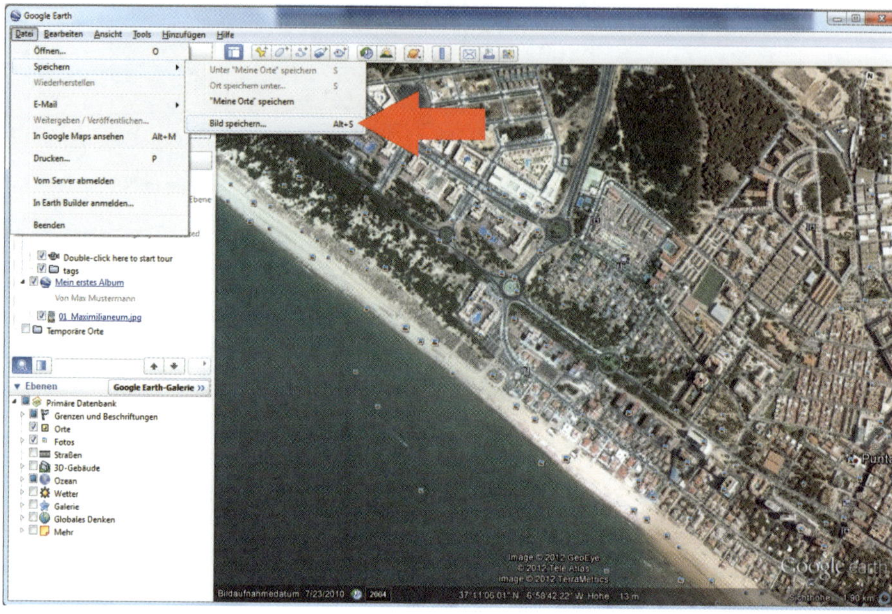

Google Earth: Mit der Option *Bild speichern* verewigen Sie Satellitenaufnahmen Ihres Urlaubsorts zur Weiterverwendung im Fotobuch auf Ihrer Festplatte.

Geografie für Fortgeschrittene: die fertige Doppelseite mit Landkarte, Foto und Satellitenbildern.

4. Extreme Bildformate für mehr Spannung

Wer seine Bilder immer nur im originalen Seitenverhältnis (bei den meisten Digitalkameras 16:10) abbildet, ermüdet den Betrachter schnell. Ein netter Trick gegen langweilige Bilderseiten sind extreme Hoch- oder Querformate. Im Beispiel haben wir zwei Architekturaufnahmen einmal im Hoch- und einmal im Querformat angeordnet. Die Höhe des Wolkenkratzers und die Ausdehnung des Fußballstadions kommen durch die Wahl der ungewöhnlichen Rahmenformate besonders gut zur Geltung.

Der Textblock oben rechts füllt nicht den gesamten restlichen Bereich der Doppelseite, sodass in diesem Beispiel eine wichtige Designregel Anwendung findet: »Mut zur Lücke« respektive »viel Weißraum«. Durch den relativ großen Weißanteil auf der Doppelseite wirken die Bildmotive noch intensiver.

Standardformate: Diese zwei Architekturaufnahmen dienen als Vorlage für die Gestaltung der nachfolgenden Doppelseite.

Extreme Hoch- und Querformate sowie jede Menge Weißraum: Diese ästhetische Doppelseite könnte direkt aus einem Magazin für Architektur entsprungen sein.

5. Rahmen und Passepartouts mit Bedacht nutzen

Jeder Fotobucheditor bietet eine Vielzahl von Rahmenvarianten und sogenannten Passepartouts, wobei es sich um Masken handelt, in die das Bild eingefügt wird. Bei herkömmlichen Rahmen gilt die Regel: niemals zu starke Rahmenbreiten verwenden! Besonders bei Porträts kommt es nämlich dann zum ungewollten Look einer Todesanzeige.

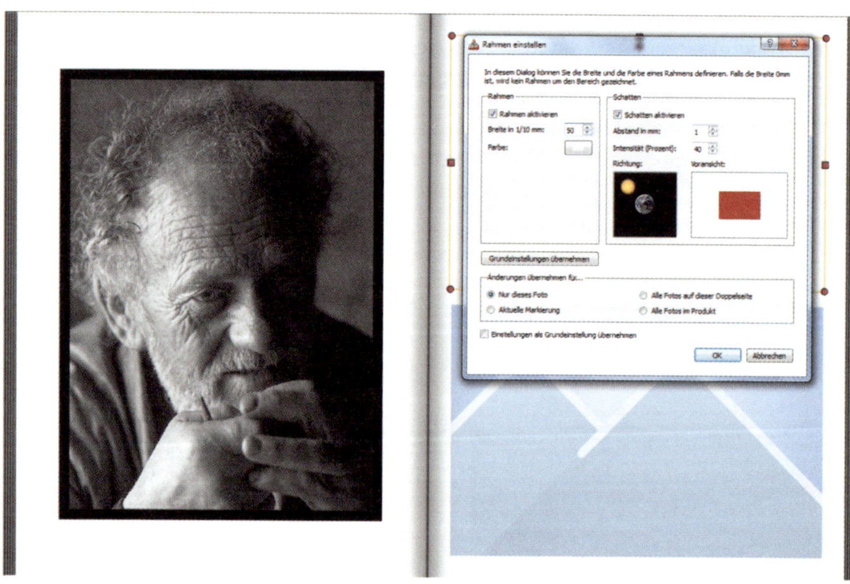

Schwarze Rahmen mit einer Breite jenseits der Stärke von drei Millimetern sehen nicht nur sehr derb aus, sondern machen aus Porträts ganz schnell Abbildungen für eine Todesanzeige!

Halten Sie Rahmen stets so dezent wie möglich – ein bis drei Millimeter reichen in den meisten Fällen völlig aus. Auch sollten Sie stets prüfen, ob ein Bildrahmen überhaupt notwendig ist – in den meisten Fällen können Sie ganz darauf verzichten. Lediglich wenn sich ein Foto nicht kontrastreich genug vom Hintergrund abhebt, sollten Sie einen dünnen Rahmen in einer kontrastierenden Farbe um das Foto herum aufziehen.

Ein Rahmen kann den Charakter einer Abbildung verändern: oben ein schönes Clipartelement als attraktiver Freisteller, unten dasselbe Motiv, gezwängt in einen Rahmen.

Eine weitere Gefahrenquelle für Designfehlgriffe sind die Formrahmen oder Passepartouts in den Fotobucheditoren. Zwar wirken die vielen zur Auswahl stehenden Formrahmen überaus verlockend, doch man sollte der Versuchung widerstehen und Passepartouts – wenn überhaupt – äußerst sparsam einsetzen.

Eine schöne, schlichte Doppelseite aus einem Hochzeitsalbum mit zartrosa Hintergrund und dezenten, zum Hintergrund passenden Bildrahmen.

Dieselbe Doppelseite mit vollkommen verkitschten Passepartout-Rahmen. Während das Ornament links für eine Aufmacherseite noch durchaus geeignet wäre, sind Herz und Schmetterling rechts definitiv zu viel des Guten.

Eine interessante Rahmenvariante sind Verlaufsrahmen oder -passepartouts. Diese weichen die harten Bildrahmen auf und lassen das Foto mit dem Hintergrund verschmelzen.

Tipp: Im CEWE-Editor sind nur drei Verläufe ab Werk installiert – eine Vielzahl weiterer Verlaufsrahmen finden Sie nach einem Klick auf *Mehr herunterladen* im Auswahldialog ganz unten.

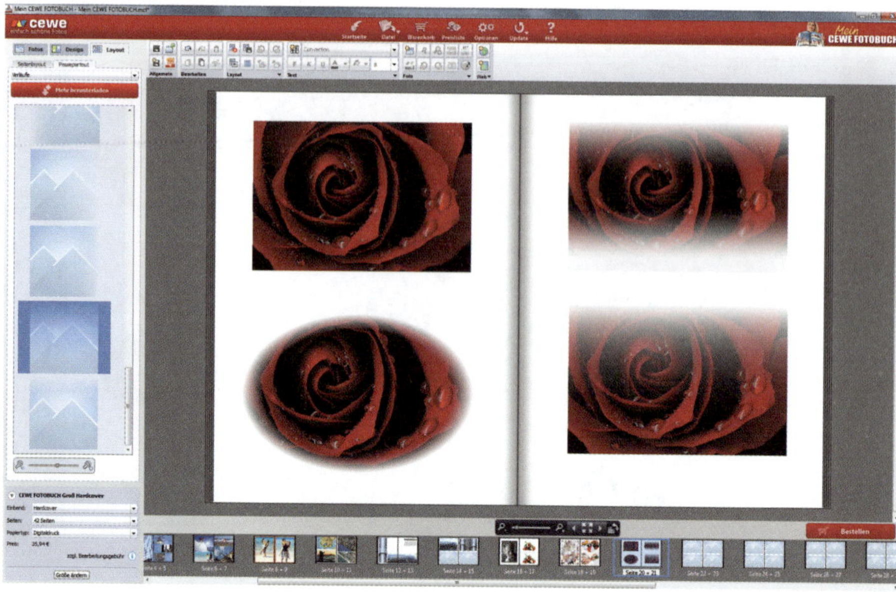

Verlaufsrahmen lösen harte Bildränder auf und lassen das Motiv mit dem Hintergrund verschmelzen.

Index

A

A 68
A3-Format 221
A4-Bogen 221
Action 34
Actionmotive 20
Aktiver Autofokus 46
Apple iPad 218
Archivierung 27
ASA 22
Asymmetrie 200
Auflösung 218, 227
Aufmacher 198
Aufmacherseiten 255, 322
Aufnahmeprogramme 65
Augenhöhe 88
Auslösegeschwindigkeit 11
Auslöser 15, 29, 30
Ausrüstung 10
Ausschnittvergrößerung 220
Außenaufnahmen 33
Außermittige Motive 51
Autofokus 45
 steuern 47
Autofokusmesspunkt 48
Autofokussysteme 46
Autorenzeile 249
Av 68

B

Balgengeräte 22
Bauchnabelperspektive 87
Beleuchtung 88
Belichtungsmessung 53
Belichtungswerte anpassen 56
Belichtungszeit 29
Bewegungen 34
Bildauflösung 227
Bildergeschichte 196
Bilderstapel 267
Bildformate 339
Bildgestaltung 73
Bildgröße 218
Bildqualität 15
Bildrahmen 317
Bildrauschen 22
Blende 29, 30, 60, 71, 79, 83
Blendenautomatik 67
Blendenflecken 90
Blendenöffnung 83
Blendenzahl 83
Blickfang 74
Blitz 31
Blitzfotos 17
Brennen 28
Brennweite 20, 21, 58, 79
Bridge-Kamera 13

C

Canon SELPHY CP790 25
CDs 28
CEWE-Editor 236, 240, 315, 321, 343
CEWE Fotobuch 236
 Autorenzeile 249
 Buchrücken 251
 Buchtitel 245
 Format 239
 Fotobuch bestellen 264
 Fotobuch gestalten 244
 Innenseiten 253
 Leeres Fotobuch 241
 Rahmen 250
 Software-Download 237
 Titelseite 245
CEWE-Vorlage 246
Cliparts 262, 315

Collage 267
Collagen 190

D
Datensicherung 28
Detailaufnahmen 191
Details 190
DIN-Formate 221
Dokumentgröße 218
Drittel-Regel 80, 224
Druckauflösung 227
DSLR 10, 14
DVDs 28
Dynamik 250

E
Einbandseite 315
Einbeinstativ 51
Einleitungstext 330
E-Mail-Anhänge 106
E-Mail verschicken 205
Empfindlichkeit 22
Erstellen 203
Erweiterung auswählen 275
EVIL 10, 14
Externe Festplatten 26
Externes Laufwerk 26
Extreme Bildformate 339

F
Facebook 209
Facebook-Account 209
Farbe bekennen 334
Farben 44
Farbreferenztafeln 41
Feldtiefe 153
Festplatte 26
Flickr 206
Fokus 193
Fokusring 47
Fokussierung 45
Format 218
Fotoabzüge 218, 231
Fotobücher 189, 216
Fotobücher perfekt gestalten 312
Fotodrucker 25
Fotoformate 219
Fotografentyp 11
Fotokasten 313
Fotomail 203
Fotos auslagern 26
Fotospiel 269
Froschperspektive 85, 86
Führungslinien 75, 84

G
Gegenlicht 93
Gegensätze 192
Geschichten 195
Gestaltungstricks 73
Gitternetz 80
Goldener Schnitt 79, 118, 224, 320
Graukarte 40

H
Halbtotale 190
Hauptmotiv 74, 76, 77
Häuserschlucht 86
Helligkeit 129
Helligkeitsverteilung 84
Helligkeit und Kontrast 124
Himmel austauschen 287
Hintergrund 83, 197
Hintergründe 261
Hintergrundgrafiken 315
Hochformat 75
Hochzeitspaar 190
Horizont 81

I
Inhaltsverzeichnis 320
Intelligente Korrektur 104
ISO 22
ISO-Empfindlichkeit 62

J
JPEG 64

K
Kamerasystem 11
Kameraverzerrung 134
Kapiteltrenner 321
Karton 10, 90
Kodak Gallery 232
Kompaktkamera 10, 11
Kompaktkameras 21

L
Landkarten 336
Landschaften 18
Layoutvorlagen 333
Licht 29, 90, 91, 92
Lichtstärke 60
Lichtstimmungen 43, 89
Linien 84

M
M 69
Makrofotografie 22
Manuelle Belichtung 69
Maßstab 81
Mehrfeldmessung 55
Messmethode 53
Messpunkt 48
Mischlichtsituation 41
Mittagslicht 92
Mittelfalz 308
Mittelgrund 82
Mittenbetonte Messung 55
Mitziehen 20
Motiv ausrichten 325
Motivprogramm 30
Motiv spiegeln 325
Muster 315

N
Nahaufnahmen 21
Nahlinsen 22
Nebenmotiv 77
Neu-zusammensetzen-Werkzeug 281

O
Objektiv 29
Objektive 15
Optische Tiefe 91
Organisieren 163
Out-of-Bounds-Effekt 271

P
P 66
Panorama 227
Panoramen 43
Passepartouts 340
Passiver Autofokus 46
Perfekt gestalten 312
Personenerkennung 171
Perspektive 85
Perspektive korrigieren 132
Photoshop Elements 194
- abdunkeln 125
- Alben 167
- Arbeitsfläche erhalten 120
- Assistent 98, 102
- aufhellen 125
- Aufmacherseite 304
- Ausschnittrahmen 105, 118, 222
- Bearbeiten 100, 102, 115
- Begradigen 119
- Beleuchtung 110
- Bewertung festlegen 175
- Bildausschnitt 117
- Bildband 294
- Bilderservice 231
- Bilderstapel 98, 184
- Bildgröße 218
- Bildgröße erhalten 120
- Bildschärfe 114
- Blendeneffekte 194
- CEWE-Editor 310
- Collage 157
- Datei öffnen 104
- Drehen 119
- Drittel-Regel 224
- Editor 102
- Einstellungsebene 140
- Erstellen 102
- Farbe 111
- Farbkorrekturen 127
- Feldtiefe 98
- Fokus setzen 194
- Fotoabzüge 221
- Fotoabzüge bestellen 231
- Fotobücher 267
- Foto freistellen 115, 221
- Foto laden 109
- freistellen 100
- Gerade-ausrichten-Werkzeug 120
- Goldener Schnitt 226
- Grafiken 300
- Histogramm 140
- In Schwarzweiß konvertieren 199
- Intelligente Korrektur 109
- Kantenerweiterung 136

Lichter 111
Miniaturgröße einstellen 166
Mitteltöne 111
Neues Album 167
Organisieren 100, 163
Organizer 95, 167
Papierabzüge 142
Personenerkennung 170
Perspektivenverzerrung 133
Photomerge Panorama 227
Platz gewinnen 327
PSD-Bildband 307
schärfen 121
Schnell 102
Schnellkorrektur 104, 107
Smartpinsel 97
Smart-Tags 173
Stichwörter 176
Stichwort-Tags 172
Suchanfragen 182
Suchen 180
Textwerkzeug 99
Tiefen 110
Titelseite 298
Tonwertkorrektur 138
Versionssatz 187
Visuelle Suche 182
Vollständig 102, 115
Weitergabe 102
Workflow 107
Photoshop Showcase 212
Pinselgröße 146
Porträts 16, 31
Poster 221, 281
Präsentation online 214
Produktfotos 35
Profitipps 312
Programmautomatik 66
PSD-Format 288

Q

Querformat 75

R

Rahmen 340
RAID 27
RAID-System 26
RAID-Technologie 27
Räumliche Tiefe 82
RAW 62, 64
Referenzkarte 40
Regeln 73
Requisiten 197
Rote Augen 17

S

S 67
Satellitenbilder 336
Schärfe 83, 193
Schärfentiefe 21, 33, 79
Scharfstellen 45
Schatten 92
Schattenrisseffekte 93
Schmutztitel 253
Schnappschüsse 15
Schnelle Bewegungen 20
Schriftfarben 258
Schwarz-Weiß-Aufnahmen 198
Sensor 29
Serienbilder 195
Share to Facebook 210
Share to Flickr 207
Smartphones 218
Smartpinsel 289
Sofortdrucker 25
Spannung 200
Speicherkarten 30
Spezialobjektive 22
Spiegeln 324
Spiegelreflexkamera 10, 14
Spotmessung 56
Story 195
Symmetrie 78
Systemkamera 10, 14

T

T 67
Tablet PCs 218
Text 250, 289
Text-Bild-Variationen 331
Textblock 330
Text erstellen 290
Text platzieren 328
Tiefe 82

Titelentwürfe 319
Titelseite 316
Titeltext 316
Totale 190
Tv 67

U
Umschlagseite 318
Unschärfe 83, 193
Urlaubsbilder 19
Urlaubsposter 279

V
Verschluss 29, 30
Verschlusszeit 29, 62, 71
Versionssatz 188
Visuelle Treppe 330
Vogelperspektive 86
Vollautomatik 31

W
Weißabgleich 37, 38, 39
  Belichtungsreihen 43
  Farbintensives Licht 43
  Graukarte 40
Weitergeben 203
Wolkenkratzer 86
Workflow 95, 107, 118

Z
Zeitautomatik 68
Zeitliche Abfolgen 195
Zwischenringe 22

Bildnachweis

Freude am Fotografieren

S. 9: Christian Haasz
S. 10: Ulrich Dorn
S. 12: FUJIFILM
S. 13: Canon
S. 14: Olympus, Canon
S. 16-18: Christian Haasz
S. 19: Helge Süß
S. 21-24: Christian Haasz
S. 25: Canon
S. 27-27: Western Digital
S. 28: Christian Haasz

Im richtigen Augenblick

S. 29-30: Olympus
S. 31-32: Christian Haasz
S. 33: Ulrich Dorn
S. 34-36: Christian Haasz
S. 37: Ulrich Dorn
S. 38: Christian Haasz
S. 39: Ulrich Dorn
S. 40-41: Christian Haasz
S. 42: Ulrich Dorn
S. 43: Klaus Kindermann
S. 44: Ulrich Dorn
S. 45-46: Christian Haasz
S. 47-48: iStockphoto
S. 49: Christian Haasz
S. 50: Fotolia
S. 51: Christian Haasz
S. 52: Ulrich Dorn
S. 54: Peter Schmid-Meil
S. 55-63: Christian Haasz
S. 65: Ulrich Dorn
S. 66: Olympus
S. 67: Ulrich Dorn
S. 68-71: Christian Haasz

Fesselnde Bildgestaltung

S. 73: Fotolia
S. 74: iStockphoto
S. 75-78: Christian Haasz
S. 79: iStockphoto
S. 80: Christian Haasz
S. 81: iStockphoto
S. 82: iStockphoto, Christian Haasz
S. 83: Christian Haasz
S. 84-85: Peter Schmid-Meil
S. 86-87: iStockphoto
S. 88-90: Christian Haasz
S. 91: iStockphoto
S. 92: Christian Haasz
S. 93: Ulrich Dorn
S. 94: iStockphoto

Digitale Dunkelkammer

S. 95-161: Bastian Reiter

Durchblick im Bikdarchiv

S. 163-188: Bastian Reiter

Fotos im Internet zeigen

S. 189: Kucsma Gábor (bigstockphoto.com)
S. 190: Loriklaszlo (bigstockphoto.com)
S. 191: Emin Kuliyev (bigstockphoto.com)
S. 192: Loriklaszlo, ChaseinDC (bigstockphoto.com)
S. 193: Emin Kuliyev (bigstockphoto.com)
S. 194: Yuriy Burlachenko (bigstockphoto.com)
S. 195-196: Yuri Arcurs (bigstockphoto.com)

S. 197: Warren Goldswain, Claire Norman, Sandra Cunningham (bigstockphoto.com)
S. 198-200: Vasiliy Koval (bigstockphoto.com)
S. 201: Yuri Arcurs (bigstockphoto.com)
S. 202: Nikhil Gangavane (bigstockphoto.com)

Online-Alben, Fotobücher und Abzüge

S. 204-217: Bastian Reiter
S. 218: Apple
S. 219-266: Bastian Reiter
S. 265: Liliia Rudchenko, dirkr (bigstockphoto.com)
S. 266-268: Bastian Reiter
S. 269-277: Liliia Rudchenko (bigstockphoto.com)
S. 278-282: dirkr (bigstockphoto.com)
S. 283: dirkr, Ilker Canikligil (bigstockphoto.com)
S. 284: dirkr (bigstockphoto.com)
S. 285: Ilker Canikligil (bigstockphoto.com)
S. 286-287: dirkr (bigstockphoto.com)
S. 288-293: Liliia Rudchenko (bigstockphoto.com)
S. 294-297: Bastian Reiter
S. 298: Bastian Reiter, Tatjana Strelkova (bigstockphoto.com)
S. 299-302: Tatjana Strelkova (bigstockphoto.com)
S. 304-305: mcfields (bigstockphoto.com)
S. 313: Matka Wariatka (bigstockphoto.com)
S. 315-319: Bastian Reiter
S. 323-332: Cathy Yeulet (bigstockphoto.com)
S. 334: ChaseinDC, Cathy Yeulet, Yuri Arcurs, Bastian Reiter (bigstockphoto.com)
S. 335: Bastian Reiter, Claire Norman (bigstockphoto.com)
S. 336: Cathy Yeulet (bigstockphoto.com)
S. 340: Bastian Reiter, Vasiliy Koval
S. 341: Warren Goldswain (bigstockphoto.com)
S. 342-343: Emin Kuliyev (bigstockphoto.com)
S. 344: mcfields (bigstockphoto.com)